イギリスにおける
人殺しと
裁判の歴史

殺人者たちの「罪」と「罰」

MURDER: THE BIOGRAPHY
Kate Morgan

ケイト・モーガン
近藤隆文／古森科子 訳

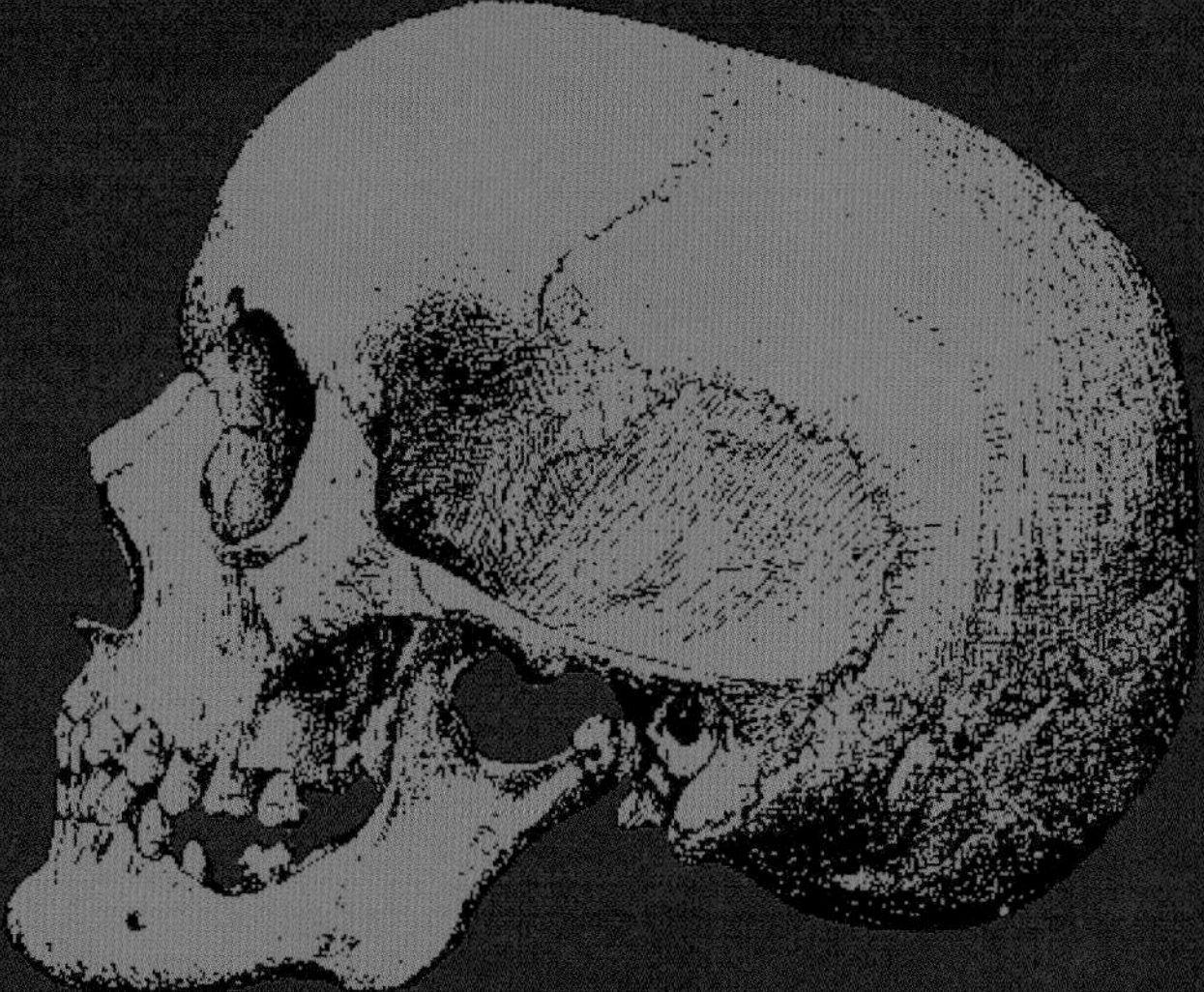

草思社

Vera Effigies Viri clariſs EDOARDI COKE
Equitis aurati nuper Capitalis Iuſticiarij
ad Placita coram Rege tenenda aſsignati
R. White sculpsit

法学者で『イングランド法提要』の著者、サー・エドワード・クック（1552-1634）の肖像画

事件当時の版画に描かれたメアリ・アシュフォードと、その加害者とされるエイブラハム・ソーントン

“脳なし兄弟”。かつてはムーアフィールズにあったベスレム病院の門の上に設置されていた。
いまは同病院の現所在地ベカナムにある〈心の博物館〉に常設展示されている

ダニエル・マクノートン。
サザク自治区時代のベドラムに患者として収容されていた1856年ごろに撮影されたもの

リチャード・パーカーが飢えた船員仲間の手にかかって最期を迎えた救命艇。ファルマスで展示されていた

ファルマスにある現在の旧カスタム・ハウス。
1884年、この場所でダドリー、スティーヴンズ、ブルックスは
身の毛のよだつ体験をチーズマン氏とラヴァティ巡査部長に語った

ルース・エリスがデイヴィッド・ブレイクリーを銃撃したパブ〈マグダラ・タヴァーン〉、2020年撮。
建物中央の窓の下のタイルに残る「弾痕」は、じつは1980年代にドリルで壁にあけられた

クロイドンのティーンエイジャー、デレク・ベントリー。
1953年、共同企図法のもと謀殺罪で死刑に処された

シルヴィア・ノット殺害事件を捜査していた警察に
拘引されるシリル・チャーチ

1992年に夫ディーパク謀殺の有罪判決が破棄され、
法廷の外で喜ぶキランジット・アルワリア（左端）と支援者たち

1986年にレジナルド・ハンコックと
ラッセル・シャンクランドの謀殺の有罪判決を
受けて、カーディフを練り歩く抗議者たち

スタワーブリッジ近郊にひっそりと建つ「イチイ農家」。1978年に新聞配達少年のカール・ブリッジウォーターが殺害されたあと、何十年も手つかずのまま放置されていた。その後、土地と家屋は修復された

ゼーブルッヘ港で〈ヘラルド・オブ・フリーエンタープライズ〉の上に立つ救助作業員と引き揚げ作業員。フェリーの転覆を招いた、開いた船首扉がはっきりと見てとれる

殺人者たちの「罪」と「罰」

殺人者たちの「罪」と「罰」　目次

第九章　謀殺：手引き

本文中、〔　〕は訳注を表す。
巻末の用語解説に項目のあるものは†で示してある。

MURDER : THE BIOGRAPHY
by
Kate Morgan

イントロダクション

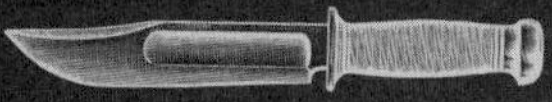

汝、殺すなかれ

「緋色の海が広がりだす」

その録音物は蓄音機の雑音ではじまり、ついで手回しオルガンが不気味な遊園地風のメロディを奏でる。葦笛のような甲高い声がドイツ語で歌いだすと、"r" の文字に転がる巻き舌が不吉に響く。ドイツ語を話せない人でも、この歌の童謡風のリズムはどこか聞きおぼえがあって、心穏やかではいられない。

Und der Haifisch, der hat Zähne, Und die trägt er im Gesicht...

(そうさ鮫には、牙がある、顔じゅうに……)

歌い手はベルトルト・ブレヒトで、曲は「メッキー・メッサーのモリタート (Der Moritat von Mackie Messer)」、ブレヒトと作曲家のクルト・ヴァイルが書いた一九二八年の音楽劇『三文オペラ』の冒頭を飾るナンバーである。この『オペラ』で描かれるのは、ヴィクトリア朝ロンドンの裏社会に巣くう乞食たちや盗賊団の物語だ。親玉の悪党マクヒース (Macheath) は、街路や路地での凶悪な行為で知られ、それが曲中で観客のために挙げ連ねられる。一九五〇年代にはオフブロードウェイで上演され、一九五五年にルイ・アームストロングがぴったりの訳詞をつけた陽気なジャズチューンに仕立てて録音した。「メッキー・メッサー」は変貌を遂げ、

「マック・ザ・ナイフ（Mack the Knife）」という新たなアメリカ人のアイデンティティを与えられたわけである。

数年後、ボビー・ダーリンが別のカバーバージョンを発表し、この曲はラウンジ歌手のスタンダードとなって、フランク・シナトラやエラ・フィッツジェラルドなど、数え切れないほど多くの人にカバーされてきた。だが、伝統的な「モリタート（*Moritat*）」、つまり「人殺しのバラッド」の二〇世紀版という不気味な起源は、見落とされやすい。そうした作品がドイツやヨーロッパ各国で数世紀にわたって親しまれ、殺人、復讐、正義などの物語がシンプルな旋律に乗せて歌われる。トム・ジョーンズの「デライラ（Delilah）」も同じくこの伝統に負うところのある現代の歌だ。痴情の果ての残忍な罪が殺人者の視点から描かれ、曲はおぼえやすくサビが耳に残る。

メッキー、そしてのちのマックは、いわば民衆の英雄《フォークヒーロー》としての殺人者の化身であり、毀誉褒貶《きよほうへん》が相半ばするといっていい。その活躍を称えることは殺人のもつ身の毛もよだつような魅力の核心に迫るもので、私たちは興味をそそられると同時に嫌悪感を抱くのだ。彼の行為は楽しげに列挙され、歌はその発覚を逃れてみせる能力を祝福する。アームストロングとダーリンのバージョンでは、マックの振る舞いがかなり浄化されているものの（ドイツ語の原詞はもっと暗黒的で、複数の女性の強姦と殺害が告発される）、彼への隠しきれない称賛、さらには愛情がこの曲の現代の全バージョンに通底していることに変わりはない。ダーリンはマックを洗練されたギャングとしてスイング感たっぷりに描き直し、一九五九年のグラミー賞最優秀レコード賞を獲得した。だが原型となるバラッドを書いて歌っていた詩人たちなら、依然として「マック・ザ・ナイフ」に死と血塗られた復讐の物語を認めるだろう。

私たちの歴史を通じて、他人の手による無惨な死は私たちが口ずさむ歌や、物につける名前、伝え合う物語に組み込まれてきた。スコットランドの民間伝承では、〝スルーア（sluagh）〟という悪意ある精霊の群れが、夜空に出没するといわれている。もはや地表にしばられることもなく、ヘブリディーズ諸島を飛びまわっては、生きている者、とくに罪を犯した者を探し出し、連れ去って致死の高さから地上に落とす。めったにお目にかかれないその物理的な姿は、一群の黒い鳥、たいていカラスたちに見える。この漆黒の鳥は昔から予兆、あるいは死の先触れとして民話に登場してきた。戦場や墓地といった死の現場に否応なく引き寄せられ、屍肉をあさる。この気味の悪い結びつきを何より明白に示しているのが、カラスの群れを意味する集合名詞――すなわち、〝殺人《マーダー》（murder）〟である［murder は「殺人」「謀殺」を意味する一方、a murder of crows で「一群のカラス」という意味にもなる］。

恐ろしい行為やそれを犯す人々の物語に対する欲求は、人間の本質の変わらぬ部分だ。それは中世の〝モリタート〟から、ヴィクトリア朝の三文小説《ペニー・ドレッドフル》を経て、今日私たちが飽かずに消費する実際にあった犯罪のドキュメンタリーやポッドキャストにまでたどることができる。媒体がバラッド・シート〔俗謡を印刷して売られた片面刷りの紙〕からネットフリックスに変わっても、表面下の物語は同じ。実話だろうとフィクションだろうと、殺人は万人受けする題材だ。基本的には善対悪の物語で、犠牲者と悪漢の役割がはっきり示される。その中心にはミステリーの要素、解き明かすべき謎があることが多い。二〇世紀前半に量産された探偵小説はこの魅力の縮図であり、犠牲者とその死はたいてい、殺人犯を暴く手がかりの収集と分析から知的満足感を得る手段にすぎなかった。そしてもちろん、現実であれ想像であれ、他人の身に降りかかった恐怖の出来事について読めば、覗き見的な、わがことのようにぞっとする感覚も味わえる。

生のまっただなかで、死に浸る――まさにそこが私たちの好むところだ。ジョージ・オーウェルは一九四六年のエッセイ「イギリス風殺人の衰退」で、殺人は一八五〇年から一九二五年の黄金時代にピークを迎えたと断言したが、七五年以上たった現在は衰退の一途だという彼の報告はかなり誇張されていたと思われる。フィクションでもニュースでも、殺人はほかのどの犯罪とも異なる魅力を放ち、私たちの殺人に対する欲求は旺盛で飽くことを知らない。毎晩テレビを通して家に招き入れ、ベッドサイドテーブルにそれが描かれているペーパーバック本を置いて眠りにつく。いまや小さな町の殺人だろうが郊外の殺害事件だろうが、無名だからといってポッドキャストやドキュメンタリーで詳細を詮索されないものはない。演劇では、殺人の物語がシェイクスピアからソープオペラに至るあらゆる作品で繰り返し筋書き上の仕掛け《プロット・デバイス》に用いられる。ジャンルとしても、ヴィクトリア期の人々が探偵小説を広めて以来、犯罪小説《クライム・フィクション》は文学の巨大勢力となった。フィクションの場合は、いまでも犯人の逮捕と正義が果たされるという暗黙の結論でクライマックスを迎えるのが普通だが、現実では犯罪の解決は物語の半分にすぎない。逮捕された殺人者が有罪判決を受けた謀殺犯となるまでには、多くのハードルがある。

ダークな魅力はさておき、殺人という行為そのものは真っ白なキャンバスで、そこにはあらゆる意味が投影される。単純な復讐や怒りの行為にもなれば、金銭的な動機や殺人者のみが知る理由から引き起こされもするだろう。政治的な便宜を図る道具としても、個人の名誉の表現としても用いられてきた。一見無差別に殺す者もいれば、自分の命がかかっているために殺害する者もいる。いずれの場合も中心にあるのは、きわめて現実的で、危険なまでに複雑な、果てしなく興味をそそる犯罪、刑法の歴史上、最も神聖化された罪だ。「殺人者」というレッテルには、ほかのどの犯罪よりもはるかに大きな汚名がつきまとう。殺人（謀殺）は裁判所が有罪判決時に終身刑を科さなければならない唯一の犯罪であり、一九世紀から二〇世紀にかけて長年にわたり、命を奪う刑が正当とされる唯一の犯罪だった。法律がそのすべての礎石となっている。

この犯罪は、大衆文化やその他の文化のあらゆる側面に浸透しているとはいえ、単純明快なものではない。殺人に関する法律は、古来の規則、奇妙な司法判断、曖昧な解釈がごた混ぜになっている。殺人に関して、私たちは本当は半分も知らない。ところが、殺人について見たり読んだりすることに慣れるあまり、自分が知っている以上のことを知っていると思っている――生半可な知識は危険なものになりかねない。

この本の仕上げをしていたころ、私たちと殺人との関係の矛盾と魅力を集約した話が報道された。名前や詳細は重要ではなく、というのも、これは毎年数多く起こる同様の悲劇のひとつかもしれないからだ。ある男性が女性を殺害し、状況的にはありえないと思われたが、本人は事故だと主張した。結局、謀殺[†]〔〝殺意〟のある殺人〕の容疑は晴れ、故殺[†]〔〝殺意〟のない殺人〕で有罪と宣告される。記事自体はこの事件をほどよく公正にまとめたものだったが、記者名の下にある読者コメントに目を通すと、怒りや誤解、対立する意見が渦巻いていた。

一部の人たちは、この男は悪事を見逃されたのであり、判決は誤審だと言っていた。明らかに荒らしと思われる人たちは、犠牲者の死を自業自得とし、殺人者の行動を公然と支持していた。しかし、多くのコメントから明らかになるのは、英国における謀殺と故殺の法的現状について私たちが総じて無知であることだ。安楽椅子弁護士とばかりに、この殺人は事前の計画など、一見して予謀によるものでもないため、謀殺とはみなされないと主張していた者も多い。

法律について現実とは数段異なる発言を、権威者然とぶつける者もいた。

ささいなことに思えるかもしれないが、キーボード勇者たちのこうした意見を軽く見てはいけない。いずれ陪審員になったり、刑事司法に関する世論調査に答えて政府の治安政策を動かしたりする人たちだからだ。このような誤解は、司法制度は結局のところ私たち全員にとってどう役立つのか、という点できわめて現実的な影響をおよぼしかねない。もし私たちが出版物や画面上の陰惨な物語や生々しい死で自分の暗黒面《ダークサイド》を満足させようというのなら、そのぶん、そうした呪縛をかける犯罪の危険な現実について学ぶ義務がある。

統計学的にいえば、私たちの殺人に対する集合的執着は、殺人に遭遇する可能性とはまるで釣り合わない。英国の国家統計局（ＯＮＳ）は毎年、過去一二カ月の国の死亡者数に関して、その原因や理由、事情を発表する。例年、心臓病とがんが上位を占めるのは驚くにあたらない。ただ、ＯＮＳは住民の不自然な死因に関するデータも収集していて、そのひとつに英国の「殺人率」がある。それによると、二〇一九年三月までの一二カ月にイングランドとウェールズで死亡した五一万九〇〇〇人のうち、六七一人が殺人の犠牲者だった。人口が約五八〇〇万人とすれば、殺人による死亡率は一〇〇万人あたり一一人に等しい。

ここまで数値が小さいとなると、殺人の傾向を人口レベルで追跡することは困難だ。ＯＮＳでは、犠牲者の数をその死が公式に殺人として記録された年をもとに計上するため、変則的な結果になることもある。国の殺人率が急激に上昇したのは二〇〇三年、ハロルド・シップマン医師に殺害されたとされる一七三人が、事件の公開審問によって正式に殺人の犠牲者として記録された年だが、その犯行自体は一九七〇年代にまでさかのぼる。

同様に、一九八九年ヒルズボロ・スタジアムの悲劇で犠牲となった九六人の死が統計に現れたのは、約三〇年後、新たな検死審問による故殺の評決が記録されてからだった。単発の事件でも、テロ攻撃など死者数が多い場合は、特定の年の殺人率が同じく跳ね上がる。二〇一七年から二〇一八年は悲劇が相次ぎ、マンチェスター・アリーナでの爆発物事件やロンドン橋テロ事件などで、全国の殺人件数は数年来なかった上昇を示した。

それでも、最新のデータから大まかな結論をいくつか引き出すことは可能だ。殺すのも殺されるのも圧倒的に男性が多く、犠牲者の六四パーセント、殺人容疑者の九二パーセントを占める。男女とも、自宅が最も命取りになる場所であり、殺人事件の大多数は犠牲者の住居で発生している。驚くべきことに、女性の犠牲者の四〇パーセント以上が現在または過去のパートナーに殺されていたが、男性は友人や知人に殺害されるケースが最も多い。シップマン医師のような連続殺人犯が見出しをさらう一方で、〝見知らぬ者の危険性〟は統計では証明されない。女性の犠牲者で見知らぬ者に殺されたのはわずか六パーセントだ。もっとも、男性の犠牲者ではこれが二二パーセントに上昇する。

年齢と民族からも著しいばらつきが生じる。二〇一九年の統計では、黒人が殺人（謀殺）の全犠牲者に占める割合は一四パーセント、過去二〇年で最も高い数値となったが、そのうち約半数が二四歳未満だった。ほかの民族グループで若年層の犠牲者が減少する傾向とは対照的だ。女性の殺人者は概して男性より年齢が高く、高年齢層では女性がほぼ倍の割合で多くなっている。鋭利な刃物はここ数十年にわたって殺人者たちに好まれてきた方法であり、現在も男女を問わず最も多く使用されている凶器だ。銃は記録された死の五パーセントに関与しているにすぎない。

冷たく厳然とした統計で示される殺人の陳腐さは、「マック・ザ・ナイフ」の演劇的な、ロマンティックですらあるイメージとはまるで異なる。しかも、おそらくより恐ろしい。見出しやデータ項目ひとつひとつの背後には、実在の人物の生と死がある。本書では、英国における〝殺人（murder）〟の真実の物語を、この国で最も古く、最も悪名高い部類の法律の観点から見ていく。約一〇〇〇年前に法で定められて以来、この最も恥ずべき犯罪は、何よりも実在の人物によって決定づけられてきた。法廷で事件を審理される殺人者と犠牲者、彼らの運命を左右する裁判官、陪審員、弁護士、そして法の施行後も人々の命を握ってきた政治家や君主たち。この英国の殺人史は、命を奪うことが正当化あるいは容赦されるとしたら、それはどんな場合なのか、また、ときに極悪な行為におよぶ善良な人々をどう酌量すべきなのか、といった大きな問題を孕んでいる。

こうした犯罪の話と切り離せないのが刑罰の問題だ。その歴史の大半を通じて、法は「命には命を」という原理に則って施行されていたが、殺人だけが致死の刑罰を招いたわけではない。一八世紀のイングランドは、いわゆる「血の法典」[†]の時代に入り、死刑の適用が急激に拡大され、法令につぐ法令で極刑とされる犯罪の数がどんどん増えていった。その潮目が変わりはじめた一八二六年、『ニューゲイト・カレンダー』（名うての刑事裁判を集めた大衆本）の編集者たちはこう述べている。

> 大英帝国の刑法は、外国の著述家たちから、軽い罪の場合に殺生を好みすぎると非難されている。彼らによれば、死刑はきわめて重大な犯罪にのみ科すべきであり、わが国の博愛主義者たちも彼らと意見が一致している。この件について調査する機会のない者たちは、死によって罰すべき犯罪が一六〇種類を超えるとの主張をとうてい信じまい。

私たちは殺人（謀殺）がほかのどの罪よりも高位にあることに慣れている。それは刑法上、ほかのどの犯罪よりも地位が高い。一八六一年から一世紀あまりのちに極刑が廃止されるまで、謀殺は死をもって罰せられる事実上唯一の犯罪だった。一八六八年以降、身の毛のよだつ処刑の手続きはひそかに獄中で行なわれ、ほかの犯罪にはない神秘性が有罪判決を受けた殺人者の最後の瞬間に添えられた。

絞首刑がようやく廃止された一九六五年、死刑に代わって終身刑が宣告されるようになった。謀殺はいまなお有罪判決時に裁判所が終身刑を科さなくてはならない唯一の犯罪だ。しかし、すべての謀殺が平等なわけではない――すべての殺人者を平等に扱うべきか否かという問題は、長きにわたり司法制度を悩ませてきた。終身刑にせよ死刑にせよ、一律に刑罰を科すのは、同じ刑法上の罪に問われる犯行でも恐ろしさや有責性は無限に異なることを考慮していない。また一九世紀に医学と精神医学が進歩した結果、裁判所も一部の殺人者は罰と同じだけ助けを必要としていることを認識しなくてはならなかった。

殺人の真実はどんなフィクションよりも奇妙で、暗鬱とし、人の心をつかんで離さない。それは物語の継ぎはぎ細工、罪と罰の物語であるばかりか、正義と不正義の物語、人間と土地、ごく個人的な悲劇の物語だ。そのどれもが絶え間ない社会の変化と政治的激動を背景に起こっている。この歴史をたどることで、こうした死が今日の私たちの生活に与えてきた影響が見えてくるだろう。結局のところ、いちばん怖い話はきまって本当の話なのだ。

謀殺（murder）の登場と故殺（manslaughter）の誕生

一〇〇〇年前のイングランドは、基礎的な法制度が生まれはじめたばかり、人間の命がまさに汚らわしく、野蛮で短い時代であり、暴力による死は避けがたい現実だった。どの人にも固有の〝贖罪金《ウァーギルド》（*wergild*）†〟として、命に金銭的価値がつけられていた。もし殺されたら、殺人者はその人物の贖罪金に相当する〝賠償《ボート》（*bot*）†〟を故人の親族に提供しなくてはならない。一般的にはそれで一件落着となった。ボートの支払いによって殺人者の行為は無罪となり、法はそれ以上の関心をもたなかったのである。

状況が変わりはじめたのは、九世紀にヴァイキングがイングランドの海岸に上陸してからのことだ。ヴァイキングがイングランド東部および北東部一帯に築いた王国は、デーンロー（Danelaw）と呼ばれ、占領したノース人〔古代スカンディナヴィアの人々〕の規則や習慣に支配されていた。そのなかにイングランドの地でデーン人を殺すことを不法とするものがあった。これこそ殺害という独立したカテゴリーが法によって認められた最初期の例であり、つづく数世紀のあいだに**murder**（殺人、謀殺）という独特な犯罪を生み出す道が整えられる。

一〇世紀ごろ、泥、大青《ウォード》、古英語、歪曲されたフランス語からなる原初のスープから、*mordor*†の概念が登場した。法が殺人にも分類があることを認めたのはこれが初めてのことだ。

mordor の本来の意味については学者のあいだでも意見が分かれているが、[*]直接派生したのではないにせよ、明らかに関連があったのは、フランスの概念 *mordre* やドイツ語の *morth* である。どちらも秘密や隠蔽の要素のある殺害を意味し、殺害行為そのものよりも、その策略ゆえに特殊なカテゴリーとみなされた。一一世紀前半のクヌート王の時代までに、*mord* あるいは *mordor* は一般に密かな殺人、それも〈贖罪金〉を支払うだけではとうてい償えない殺人を指すものと解釈されるようになる。それからまもなく、エドワード懺悔《ざんげ》王の治世である一〇四二年から一〇六六年のノルマン征服までに制定された法律で、この犯罪は *murdrum*[†] と改称され、死刑に値するものとされた。不法な殺人は、単なる市民間の賠償の問題というより、国家によって罰せられる事件となったのである。Murder の長く魅力的な犯罪歴がはじまった。

現代の murder という罪は *murdrum* の直系だが、両者が示す犯罪には天と地ほどの違いがある。*murdrum* は、語源の *mord* に含まれる密かな殺害という原義を保っていた。それ以外の殺害は、たとえ故意であっても、刑の軽い殺人とされ、場合によってはまったく犯罪とはみなされなかった。中世になると、犯罪の意味が変化し、それが今日に至ってなお私たちの理解の基礎を成している。焦点は行為の秘匿性から殺害の動機となる悪意へと移っていった。一三世紀の法律書では、殺人が *voluntarium*（意図的）と *casuale*（偶発的）に分けられ *Murdrum* は概して *voluntarium* な殺害の分類に含まれていた。一四世紀を通じて、この言葉は公式記録や法律文書に頻繁に登場するようになり、しだいに〝謀殺（murder）〟へと英語化されていく。一方、第二の分類として謀殺の下位に置かれる〝故殺（manslaughter）〟の概念が生まれるには、もうしばらく待たねばならない。この言葉が初めて記録されるのは一五〇〇年代前半の法律文書で、その後、世紀の半ばにようやく弁護士や裁判所がこの二種類の殺人の違いに大きな関心を寄せるようになる。

高名な法学者のサー・エドワード・クックが影響力のある大部な法律書『イングランド法提要[†]（*Institutes of the Lawes of England*）』を執筆する一七世紀前半には、殺人事件に対する法的措置はいくぶん洗練されたものになっていた。クックは当代きっての法学徒で、一五七八年に法廷弁護士の資格を得ると、それを皮切りに法曹界で輝かしいキャリアを築き、法務長官や首席裁判官などを歴任して、エリザベス一世とジェームズ一世の双方に仕えた。法務長官として主要訴追人と国王への法的助言者を務め、当時の大きな裁判の多くを手がけている。議論を呼んだジェームズの即位をきっかけに、さまざまな策略や陰謀が生まれ、クックは多数の反逆罪訴訟の処理に追われた。一六〇三年には、サー・ウォルター・ローリーを反逆罪で起訴、

＊J・R・R・トールキンは、架空世界〝中つ国〟で冥王サウロンが支配する国の名を決める際に、この言葉を借用したといわれている。

ジェームズに代わってレディ・アラベラ・スチュアートの擁立を狙う陰謀への関与が発覚したためだ。とりわけ有名なのは、一六〇五年の火薬陰謀事件で生き残った関係者たちの裁判だが、大規模な裁判としてはこれを最後に、一六〇六年には司法官に昇格し、クックは民訴裁判所首席裁判官（Chief Justice of the Common Pleas）となった。奇《く》しくも、ウェザースプーン〔大手パブチェーン〕のカンブリア州ケジックにある店舗がこの名称を冠している。

クックは明らかに如才ない政治的策士で、裁判官に任命されたあとは議会や国王にとって苦労の種となりながらも、どうにか地位を維持していた。一六一六年、ジェームズはついに我慢の限界に達し、クックは裁判官の職を解かれる。この失脚もその後の政治家としてのキャリアを阻むものではなく、一六二一年にはジェームズの命を受けてリスカード選挙区の下院議員となった。一六二九年に政界を引退し、クックはバッキンガムシャーの地所で長い（一七世紀としては）老後生活をおくる。一六三四年、八二歳という高齢で閉じた生涯に、二度の結婚をし、一二人の子供をもうけ、本業の傍ら膨大な量の法律関連書を執筆した。

では、血なまぐさい謀殺と故殺というテーマについて、威厳あるクックは何と言っているのだろうか？

謀殺とは、健全な記憶力を持ち、分別のつく年齢に達した者が、王国のいずれかの

州内で、当事者によって表明され、または法によって暗に示される計画的犯意をもって、国王の平和の下、本質的に理性ある生物を不法に殺害することである。

クックによると、殺人が故殺とみなされるのは、「突発的で、それゆえchance-medley（過失殺人、偶発的行動）と呼ばれる」場合である。これは歴史的な用語だった。文字どおりには「熱い戦い」を意味するフランス語*chaude melle*が転訛したもので、事前に計画された「冷血な」謀殺と区別し、自然発生的な「熱情に駆られた」（それでも故意の）襲撃は、過失殺人または故殺として扱われた。謀殺と故殺の法的境界線は歴史を通じて、殺人に関する法令上とくに論争を呼んできた問題で、クックの声明のあとも、ふたつの犯罪の境界線の位置づけは二〇〇年にわたって裁判所を悩ませつづける。しかし総じて、クックの言葉は法律の決定的な文言として受け入れられ、イングランドの謀殺罪の基礎をなす福音さながらとなっている。

謀殺を構成する二つの要素　アクトゥス・レウスとメンズ・レア

クックが発表してから四〇〇年、この定義はさほど改善されず、取って代わられてもいない。数世紀のあいだに判例法によってその要素が精巧になり、新たな側面が導入されはしたが、基本的にはこれがいまも謀殺の法的定義である。もちろん、クックがこの犯罪を創造したわけではない。当時理解されていたとおりに法律を書きとめただけだ。それでも彼の宣言は、長年にわたって無数の法学徒に呪文のごとく唱えられ、歴代の裁判官や弁護士が目の前の犯罪に適用することで命を吹き込まれ、イングランド法における謀殺罪の定義として久しく用いられてきた。謀殺とは本当のところ何を意味するのか、その真相を突き止めるべく、ここではジェームズ一世時代にクックがペンを執ってからこのかた、謀殺、故殺、そしてすべての殺人に関する法律の概念と理解の形成に役立った犯罪や事件を探ってみよう。

「殺人[†]（homicide）」という包括的な用語の下には、多数の犯罪が、凶悪さ、責任の重さ、ひいては悪名の高さの降順に並んでいる。この恐ろしい山の頂上にあるのが謀殺で、これは被害者を殺害する、あるいは深刻な危害を加える意図の存在によって定義されるものだ。すべての謀殺は殺人だが、すべての殺人が謀殺というわけではない。謀殺の下にあるのは故殺で、後述するように、「すべての犯罪のなかで故殺はどうやら最も定義が難しい。多種多様な状況下の殺人に関わるからである」。それどころか、故殺罪が適用される人間の悲劇の範囲は、本来は謀殺的なものからほぼ偶然のものまで多岐にわたる。故人の敵対的な行動に応じて故意に殺害する者から、不注意や怠慢のため自分の行動がもたらす結果に留意しない者にまでおよぶのだ。

重大な過失による故殺という概念が発展することで、どんなときに、誰によって故殺が犯されるかの発想が広くなり、従来、殺人とは縁遠かった状況、たとえば、医療現場や、一時期は道路上などで発生する死もここに取り込まれてきた。これによって二〇世紀には多くの企業を有罪とする道も開かれ、粗悪な雇用慣行や公共の安全の軽視から死亡事故を起こす組織や団体が、法律で非合法と認定される殺人の範囲に含まれるようになっている。

最後に、この〝殺人ピラミッド〟はほかの犯罪からなる幅広い基盤に支えられている。それは謀殺や故殺の法的要件を満たさない特定の状況下の死にかかわるもの、交通死亡事故で生じる運転過失致死、嬰児《えいじ》殺し、安全衛生法に基づく一部の犯罪などだ。こうした犯罪はさほど重大ではないとみなされることが多い。謀殺法からは離れているが、そこに由来し、つながってはいる。またいとこの子といったところだろうか。

クックが定義した謀殺罪は、ふたつの要素で構成される。当時もいまも、謀殺の有罪宣告をするには、陪審が双方について合理的な疑い†を超えて納得しなければならない。ひとつめの要素は他人を殺害することで、法律用語では「犯罪行為《アクトゥス・レウス》（*actus reus*）†」つまり、禁止行為と呼ばれる。ふたつめは精神的な要素、すなわち「犯罪意図《メンズ・レア》（*mens rea*）†」だ。これは要するに、罪を犯す意図であり、ここから犯罪の「責任」という概念が生まれる。謀殺で有罪になるには、人を殺すだけでは不充分で、故意に行なったものでなければならない。概して、意図的な行為のみ犯罪とされるべきだからだ。クックの言葉を借りれば、「当事者によって表明され、または法によって暗に示される計画的犯意をもって」なされた殺人ということになる。

「計画的犯意」という表現は辞書にも載り、長年にわたって数多くの娯楽作品のタイトルとなってきた〔計画的犯意＝malice aforethoughtは「殺意」とも訳される〕。だが、一方で謀殺法について最もありがちな誤解を生み、今日でもこの犯罪に関する論争や討議に大きく影響をおよぼしている。クックの「計画的犯意」の現代的な解釈は、「殺害する、あるいは重大な身体的危害を加える意図」である。大衆文化では、それが事前の計画への執心に翻案されてきた。これは意図があることを示す強力な証拠となる反面、定義上の必要条件ではない。殺害に先立ってアイスピックを購入したり、ジョギング中や犬の散歩中の人がつまずきそうな浅い墓穴をここぞという場所に掘ったりしておく必要はない。重要なのはひとつ、死に到る行為の時点で何を意図していたかだ。その意図が引き金を引く直前に初めて明確になっていようが、つぎの瞬間には人の命を奪うことの重大さに気づいて消えていようが関係ない。一九五五年、恋人デイヴィッド・ブレイクリーの殺害容疑で裁判にかけられた際、ルース・エリスは、このあと見ていくように、訴追側から彼を撃ったときの意図を問われた。彼女の答えはおそらく、法廷で発せられた最も明快かつ簡潔な謀殺の犯罪意図《メンズ・レア》の表明であり、これが自身の破滅を招いたものと思われる――「決まっています。彼を撃ったとき、わたしは彼を殺すつもりでした」

謀殺とは何でないか

この数世紀のあいだに、殺人法はサー・エドワード・クックが最初に定めた範囲から、今日、法廷に持ち込まれる犯罪へと注目すべき変化を遂げてきた。このことを理解するには、大々的に報じられる事件のほかにも数々の事例を掘り下げ、時を経て法の形成に大きく寄与した犯罪や人物、今日の私たちにとっての意味、ここに至るまでの道のりを探っていかなくてはならない。

人の命を絶つ方法や手段は長年のあいだに増えてきたとしても、その根本的な理由は永遠に不変だ。強欲、欲望、怒り、利得が、命を奪う典型的なきっかけであるのは今も昔も変わらない。しかし、謀殺とは何かについてクックが大胆に宣言してから一世紀ばかり、法律にとって最も重要な問題は、謀殺とは何でないかを決めることだった。命を奪うことがやむなしとされる、あるいは許される理由は、法廷を騒がせた一部のきわめて劇的な事件から生まれてくる。

そうした事例は、舞台となった時代と場所について多くを明らかにし、今日の私たちの心に響きつづける。五世紀前に謀殺法が最後に定義されて以来、殺人者を有罪とする状況は幾度となく変転、発展し、のちの各世代の恐怖や執着を反映してきた。法律そのものは数世紀にわたって何千もの鋳型で形成されてきたが、その担い手となるのは真の悪人というより、不運な人、思慮を欠く人、思い違いをした人が多い。殺人法の歴史の大部分は、日常的な人間関係がわずかにこじれ、関係者全員に恐ろしい結末をもたらした物語なのである。

第一章

決闘場

「……太陽が昇ってから
星が現れるまで……」

一七〇七年六月初旬の暑い夏の夜、テムズ川に太陽が沈むころ、ロンドン塔の庭を外壁に向かい、ヨーマン・ウォーダーズ〔塔の衛兵隊〕が小さな列をなして行進した。金属音とともに城塞の門を閉じ、塔長官の部屋に引き返して厳かに鍵を金庫に入れ、翌日の日の出にふたたび門が開かれるまで保管するのである。衛兵隊が兵舎に戻るなか、敷石の上を進み、階段を塔の衛兵室まで登っていた人影がひとつ。その正体はジョン・モーグリッジ、衛兵の鼓手のひとりで、親友のウィリアム・コープ長官代理を訪ねるところだった。ふたりはモーグリッジが近々将校に任官するのを祝して夜の酒盛りを計画していた。衛兵室ではろうそくの光が粗末な木のテーブルに並べられた葡萄酒の壜にきらめき、モーグリッジの到着を待っていた。

コープは勝手に「〔自分の〕知り合いの女性」をパーティに招待しており、夜が更けて葡萄酒の壜が空になるにつれ、雰囲気はしだいに下品になっていった。だが、モーグリッジは少々冗談がすぎてしまったらしい。コープの女友達を遠まわしに侮辱すると、長官代理が立ちあがって、口に気をつけろと怒鳴った。腹を立てたモーグリッジは、壜を一本つかんでコープに投げた。相手がやり返すと、モーグリッジは頭に向かって飛んできた壜をよけ、友人に飛びかかった。コープの配下の兵士がガラスの割れる音に驚き、衛兵室に駆け込んできた。そこで目にしたのは、モーグリッジがうつぶせになったコープを見下ろすように立ち、コープの胸から突き出た剣の柄を握ったままの姿だった。コープがその名誉を守るために命を捧げた女性は、部屋の隅にうずくまっていた。石の床は葡萄酒と血が入り混じって赤く染まっていた。

モーグリッジはコープ長官代理殺害の嫌疑をかけられ、当時シティ・オブ・ロンドンの裁判所としても使われていた市庁舎《ギルドホール》で審理を受けた。彼は友人を襲ったのはコープが頭に葡萄酒壜を投げてきたことに対する正当な反応であり、したがって故殺罪にしかならないのではないかと主張した。ギルドホールの判事たちは、この事件を検討するにあたり、法律上、他人の命を奪うことが正当と認められるほどの挑発†とはどんな行動なのか熟考した。ここで彼らの定めたルールが、謀殺と故殺の境界設定における転換点となる。

裁判所は、侮辱だけでは不充分であり、挑発は被害者側の直接的な行動から生じたものでなければならないと明言した。「いかなる言葉、非難、悪評も、相手をこれほどの怒りに駆り立てるのに充分ではない」。殺人者に対して「鼻を引っ張るか、額を指ではじく」といった身体的な攻撃を加えたならば充分になる。ほかの男を自分の妻との性交中に捕まえるのもしかり。挑発はまた、被告人が不当な自由の剝奪に対して反撃したり、強盗を逮捕したりした場合にも生じる可能性がある。こうした観点から、裁判官はモーグリッジの行動を好意的に見ようとはしなかった。

しかし、この事件は故殺のみと裁定された判例とは何ら関係なく、それゆえ、当法

廷は勧告どおりにモーグリッジを謀殺で有罪と判定する。

この事件は劇的なひねりに事欠かず、大胆にもモーグリッジは判決が下されるまえに裁判所から逃亡した。どうにかイングランド海峡をフランダース（フランドル）へと渡り、数カ月間身を潜めた。フランス語とスペイン語に堪能だったため、簡単に新しい身分を得られたが、またしても酒で身を滅ぼす。彼の逮捕には多額の賞金がかけられ、その報せはヨーロッパ大陸にも届いていた。ある夜、モーグリッジがゲント市の居酒屋で呑んでいたところ、地元の人間がその達者な英語力を不審に思った。そこで当局に引き渡すと、ウィリアム・コープを殺した逃亡犯であることがすぐに確認された。イングランドに送還されたモーグリッジは自らの行為の責任を問われ、一七〇八年四月に処刑された。

ジョン・モーグリッジの裁判は、イングランドの裁判所が謀殺と故殺の罪を明確に区別する初期の試みだったが、この何より恥ずべき殺人の区分が長く定着することはなかった。この裁判で定められた規則では、他者からの身体的暴行に対する抵抗が挑発の根拠となることが明示された。しかし、モーグリッジの事件から何年ものち、法律はさらに進んで、自衛本能による殺害は故殺と謀殺双方の嫌疑に対する完全な抗弁になると認める。この考えが前面に表れるのはジョージ王朝時代のロンドンでもきわめて悪名高い謀殺の裁判で、そこではポン引きや売春婦と、首都の芸術界屈指の輝かしいスターたちが争うことになった。

文学者がポン引きを殺したのは正当防衛なのか?

ナショナル・ポートレート・ギャラリーの中期ジョージ王朝時代の保管所には、一七七〇年代に画家サー・ジョシュア・レノルズが手がけた、世に知られていない肖像画の模写がある。描かれているのは立派な中年の紳士で、恰幅がよくて眉毛が濃く、頭髪と同じ色合いの茶の上着を身につけ、小さな本を目の近くに持って集中している様子だ。この気取らない学者風の紳士はジュゼッペ・バレッティ、イタリアからの移住者で、一七五一年にロンドンにやってくると瞬く間にこの都市のきわめて有力な文学者たちのあいだで地位を築いた。

一七一九年にトリノで生まれたバレッティは、母国イタリアで著名な文筆家、文芸評論家となった。著書にイタリア語・英語辞典などがある。ロンドン到着後に、イングランド随一の辞書編集者サミュエル・ジョンソン博士と知り合うと、ふたりの文学者はすぐに親しくなった。一七六〇年、イタリアに一時帰国したバレッティは〝グッド・ドクター〟と文通をつづけ、ジョンソンの友人でのちの伝記作家、ジェームズ・ボズウェルの著書『サミュエル・ジョンソン伝』には、ジョンソンがバレッティに宛てた温かくゴシップに満ちた手紙の長い抜粋が収録されている。

きみがヨーロッパの相当な地域を流浪している間、私は起きたり横になったり、話したり考えたりしているが、わがバレッティのお愉しみは何ひとつ羨んだことがない。あるいは、ほかの諸君が彼とともに過ごしていることは羨んでいるにせよ、外国の人々にイングランド人の気質を知ってもらえてうれしく思う。われわれの習慣を詳しく調べ、われわれの文学を首尾よく研究した旅人のおかげなのである。

ボズウェルはこの時期の書簡をジョンソンが書いたなかで最高の部類だと評価した。大陸での長期滞在を終えて一七六六年にイングランドに戻ったバレッティは、ロンドンの文壇でふたたび活躍する。ジョンソンに加え、ジョシュア・レノルズと俳優のデイヴィッド・ギャリックも親しい友人となった。

一七六九年一〇月六日の夜、バレッティはロイヤル・アカデミーでの会合に向かおうとヘイマーケットを歩いていた。アカデミーは一年前にレノルズを校長として設立されたばかりで、レノルズの友人であるバレッティはその外国通信担当事務局長という名誉職を与えられていたのである。現在シアター・ロイヤルがあるあたり差しかかると、夜の貴婦人が戸口から流し目を送ってきた。この都市の性産業はおおむねコヴェント・ガーデンに集中していたが、そこがロンドン唯一の赤線地区というわけではなく、じつは現在ウェストエンドと呼ばれる地域の大半は、日没後の商売で有名だった。このヘイマーケットも俗に「ヘル・コーナー」の名で知られ、ソーホーの売春宿やメイフェアの高級娼館とは対照的に、とりわけ街娼に好まれていたのだ。『ロンドン　邪悪な都市（*London: The Wicked City*）』でファーガス・リナーン（Fergus Linnane）が描く一八世紀後半から一九世紀前半の光景が、その数年前にバレッティが遭遇した状況とほぼ一致している。

娼婦たちは街の最もファッショナブルな場所、とくに主だった劇場の内外を練り歩き、声をかけたり、通りすがりの男性のコートの袖をつかんだり、淫らなしぐさや提案をしてみせた。コヴェント・ガーデンやヘイマーケット、リージェント街、クレモーン・ガーデンズ、フリート街、サマセット・ハウスの前、そしてセントジェームズは、性的機会のバザールだった。

バレッティによると、その女性は「私の陰部のあたりで乱暴に手を叩き、私はたいへんな苦痛を覚えました。それでかっとして彼女の手を叩き、怒りの言葉を浴びせたのです」。バレッティが好色な襲撃者を払いのけたあと、女性の叫び声を聞きつけたポン引きのエヴァン・モーガンが友人ふたりとともに駆けつけた。バレッティは逃げようと角を曲がり、ヘイマーケットとレスター・スクエアの間にある狭い路地、パントン通りに入ったが、数ヤードと進まないうちにモーガンと仲間たちに追いつかれた。つづくもみ合いのなか、バレッティはポケットナイフを取り出してモーガンを刺すと、よろよろとオクセンドン通りに出て、食料雑貨店に避難した。治安判事が店主に呼び出され、バレッティは逮捕された。翌日、モーガンが死亡し、容疑は謀殺となった。

オールド・ベイリー†（中央刑事裁判所†）での裁判で、バレッティは襲われて命の危険を感じたと主張した。殺害に関する証言はさまざまで、バレッティがモーガンからどの程度の脅威を受けていたかは定かでなく、モーガン本人が武装していたことを示す証拠もなかった。モーガンは亡くなるまえに、ミドルセックス病院で患者仲間に自分なりに事の顛末を話していた。彼はバレッティが先に襲ってきて、友人のひとりを刺してから、つかみ合いになったモーガンに二度切りつけたと言って譲らなかったという。その後、バレッティは向き直り、いま一度突き刺してきたとのことで、それが腹部への致命傷となったらしい。モーガンの友人たちは法廷で彼の説明を裏づけるように、自分たちは困っている女性を助けにきただけで、被告人が一方的に攻撃してきたのだと主張した。バレッティ自身はもみ合いの記憶こそあやふやだったが、ある一点についてははっきりしていた。「たしかに気の毒ではありますが、あの男は自身の向こう見ずで性急な行動のせいで死んだのです」

ほかの証人たちも夜間にヘイマーケット周辺を歩く危険性を証言した。オールダトン少佐なる人物は前年によく似た状況に出くわし、パントン通りの角で男女の一団に襲われたと語っている。とはいえ、バレッティの擁護はおおむね性格の問題に帰着した。モーガンの不健全な同業者たちに対して、証人席にはバレッティを支持する当時の著名人たちが並んでいた。ジョンソン、レノルズ、ギャリックといった高名な友人たちも証人としてバレッティのもの静かな、まじめで優しい性格を証言している。華やかな弁護陣に感銘を受けた陪審は、正当防衛†を理由にバレッティを無罪とした。

ジョージ王朝時代のロンドンでは、高い教養のある者と下層の人々が驚くほど混交していた。『ニューゲイト・カレンダー』に収められたバレッティの裁判の記録を見ると、この一件の真の悪漢はバレッティと彼のナイフではなく、彼に声をかけたウェストエンドの夜の住人たちだったことが明らかになる。「毎晩、大都市の通りに出没する捨て鉢な女の数には同情の余地があるが、彼女たちが猥褻な行為に加えて侮辱までした場合は、最大限に厳しい罰を受けてしかるべきだ」

バレッティの友人たちはこの発言に同意するのをためらったかもしれない。サー・ジョシュア・レノルズは絵のモデルとなる高級売春婦を何人か抱えていたし、ジョンソンとボズウェルの周囲には、詩人で作家のサミュエル・デリックもいた。ボズウェルがロンドンに到着したときに庇護者となった人物である。ボズウェルは『ジョンソン伝』に、自身が望んでいたジョンソンとの面会を手配するという当初の約束をデリックが果たさなかったことをやや不満げに書いているが、デリックが「ロンドンの流儀についての最初の教師であり、この都市のあらゆる方面へと、文芸と娯楽《スポーツ》の双方にわたって案内してくれた」ことは認めていた。ボズウェルの偏愛の対象やデリックの経歴を考えると、この記述はいささか取り澄ました感がある。

スコットランドの領主の後継ぎという運命を逃れ、ボズウェルは一七六〇年に二〇歳で初めてロンドンを訪れると、早速ロンドンの「スポーツ方面」に通じるようになった。彼は一六歳のときから日記をつけていて、その広範な記録には性的な出会いへの言及が散見されるが、相手は売春婦が多い。デリックは文学的に友人たちと同格ではなかったものの、出版の分野で注目すべき、そして悪名高い成功をおさめている。一七五七年、地元のポン引きで知人のジャック・ハリスが記録していたと見られる手書きのリストをもとに、ウェストエンドの売春婦の人名簿『ハリスのコヴェント・ガーデン・レディーズ目録（*Harris's List of Covent Garden Ladies*）』をゴーストライターとして執筆、出版した。自身のより詩的な取り組みにヒントを得て、デリックはハリスによる名前と住所のリストに当該女性の美文調の説明を加え、彼女たちの専門的な能力を称賛した。このごく粗い造りのガイド本は三八年にわたって刊行されており、ボズウェルが一冊も所有していなかったとは考えられない。

この裁判はバレッティのハイブラウな仲間内での地位にはほとんど影響がなく、無罪判決にまでついてまわるスキャンダルのにおいも、彼の将来性を傷つけはしなかった。ジョンソンはストレタム・パークに暮らす裕福な友人、スレール家での仕事を紹介し、バレッティは子供たちにイタリア語やスペイン語を教える家庭教師となる。しかし、ほかの者はそこまで物わかりはよくなかった。『ジョンソン伝』ではバレッティとその裁判について慎重に中立を保っているボズウェルも、自身の日記では別の話を伝えている。彼はバレッティを嫌っていて、その気持ちはおたがいさまだったらしい。バレッティの雇い主であるスレール家を訪れた際、玄関先で気まずい鉢合わせがあった旨を記し、このイタリア人が法にふれたことをほのめかしている。

召使が［扉を］開けると同時にバレッティが現れた。私はそっけなく機嫌を尋ねた。彼の青ざめた顔には殺人の血がにじんでいるように思われた。私はすぐにこの不愉快な輩から離れ、スレール夫人とジョンソン博士が朝食をとっている応接間へ移動した。

レノルズによる肖像画が発注されたのはバレッティがストレタムにいたころだった。だが状況は悪化し、一七七六年一二月の手紙でジョンソンはボズウェルに、バレッティは「嫌気がさしたのか、機嫌を損ねたのか、気まぐれに」スレール家を去ったと報告している。バレッティは一七八九年、七〇歳の誕生日を迎えた二週間後に、第二の故郷ロンドンで亡くなった。

武力で自分の名誉を守る権利——決闘

ボズウェルが敵意ゆえに偏見を抱いたのは間違いないにせよ、バレッティの無罪判決に議論の余地がなかったわけでもない。事件から二年後、友人たちとこの話をしたとき、ボズウェル自身はこの殺人を冷酷な謀殺だとみなしていると述べたが、ある者は明らかな正当防衛だと主張し、別の者は故殺だと考えていた。こうした意見の相違も驚くにはあたらず、殺人法が自己や名誉、さらには無実を守ることをどこまで許容するかについては長い混乱の歴史がある。身体的な攻撃から身を守ることは、たとえ死をもたらす結果になろうと、一貫して謀殺罪に対する完全な抗弁となってきた。米国の多くの管轄区域では、この正当防衛の概念が致死の力による財産の防衛を含むまでに発展しており、これは「城の原則《キャッスル・ドクトリン》」と呼ばれることが多い。現在、許可なく住居に侵入してきた者を殺すことは複数の州で認められている。自身が直接的な脅威にさらされていなくてもだ。

イングランド法では正当防衛の概念をここまで広く解釈することに抵抗し、むしろ武力によって自分の名誉を守る人間の権利という考え方に焦点を当ててきた。その起源は、紀元四世紀ごろから中央ヨーロッパの一角を占めていた古《いにしえ》のブルグント王国にまでさかのぼる。ブルグント族の王グンドバートは決闘裁判†を着想した功績があるとされており、これをヨーロッパの大半の地域に広めた。この考え方はノルマン人とともに大ブリテン島に伝わって刑法施行の重要な要素となる。中世に入ると、形式化の進んだ裁判制度が、陪審裁判の普及も含め、ヘンリー二世によって導入されるが、グンドバートの発案は神の介入という論理に基づいていた。つまり、戦いに神の意志が介入し、善意の当事者の勝利を確保すると考えたのである。

決闘自体、特定のものものしい儀式とともに行なわれなければならなかった。六〇フィート（一八・二九メートル）四方の決闘場が選ばれ、裁判官と決闘者の弁護人が戦いを見守る。当時両者はそれぞれ棒で武装し、日の出とともに決闘が開始された。被告人がまず無罪の申し立てをして象徴的な手袋を投げ、それを相手が拾いあげる。戦いは夜空に星が現れるまでつづけられた。このとき、被告人がまだ立っているか、相手を殺していれば、被告人の勝利とみなされ無罪となる。しかし、星が出るまえに戦いを放棄した場合は、執行猶予の可能性もなく処刑されることになっていた。

イングランド法が一三世紀から一四世紀にかけて、より洗練された裁判制度を発達させるにつれ、決闘で犯罪者を裁く慣習は歴史の彼方へ消えていった。しかし、武力で自分の名誉を守ることの正当性は、ルネッサンス期のイタリアで騎士道や中世にまつわるあらゆるものに憧れた民間人によって復活する。グンドバートの時代と同じく、一六世紀にこの考えはふたたびヨーロッパじゅうに広まり、イングランドに到達した。郷紳《ジェントリ》や貴族階級のあいだで人気は高まり、彼らは紳士どうしの争いを解決する、表向き文明的な（ただし、致死の）方法に惹かれる。

決闘《デュエル》の習慣は一七世紀から一九世紀にかけて西ヨーロッパや南北アメリカ全体に行きわたった。

イングランドでは、ジョージ王朝時代に頂点に達したが、これはナポレオン戦争で軍隊が注目されたことが一因だ。軍隊で決闘は熱烈な支持を受けていた。士官が戦いを挑まれた際に自身や連隊の名誉を守らないことは、犯罪とされたためである。

こうした準軍事的、貴族的なつながりが決闘に正当性を添えていたが、かといって完全にお墨付きが与えられていたわけではない。その歴史を通じて、この慣習は暗い法の奥地を占め、公式には禁止されているが、非公式には容認され、奨励もされていた。オリヴァー・クロムウェルも、その後のチャールズ二世も、イングランドの決闘の習慣に反対し、果たし合いの申し入れや戦いへの参加を禁止する法律を可決させたため、決闘はつねにその結果をほかの各法律で裁かれることとなる。たとえば、死に至った場合の殺人罪から、どちらの当事者も致命傷を負わなかった場合の乱闘罪や暴行罪などだ。

しかし実際には、決闘の結果、死に至った場合でも、生き残った側は謀殺犯の汚名を回避できるのが普通だった。陪審員は通常、決闘参加者に謀殺罪を宣告することを嫌がり、有罪宣告をしてもその評決は恩赦によって無効にされることが多々あった。やがて、謀殺の有罪判決が少ないことから、決闘者は謀殺の有罪判決を逃れられるという不文法が生まれる。ただし、条件として公正に戦い、確立された決闘規則を守らなければならず、しかもそれは多種多様だった。

それぞれの国には独自の決闘作法があり、形式や騎士道精神の度合いもさまざまだった。すべてに共通していたのは、正式な挑戦の申し入れと受理、そして各陣営の「介添人《セコンド》」の指名を必要条件としたことだ。「審判人とコーナーマン、仲介人を兼ねる者」と表現される介添人は、中世騎士道時代の従者の役割を想起させた。実質的に、決闘者ドン・キホーテに対するサンチョ・パンサといっていい。介添人は決闘の日時や決められた武器の用意など、全プロセスの手配について指揮を執る。決闘が実施されるまえに、できるだけ当事者の和解を図ることも求められた。

一八四二年、エイブラハム・リンカンは州銀行の破綻をめぐってイリノイ州の会計検査官から決闘を申し込まれた際、双方の介添人のおかげで争いを回避することができた。イリノイ州の決闘禁止法に抵触しないようミシシッピ川に浮かぶ島で行なわれる予定だったが、戦いを見たくて川岸に集まった群衆は満足することなく散っていった。

これは法律の問題であると同時に階級の問題でもあった。決闘をするのは紳士《ジェントルマン》や貴族階級に限られていたに等しい。身分の低い者が関わるのは単なる喧嘩だった。中世以降、貴族は故殺罪による処刑に直面しても、古来の習わし「聖職者の特権†」を主張すれば死刑を免れることができた。これは教会の一員に対して一部極刑の執行を猶予するという奇妙な慣習で、のちに貴族や、法廷で所定の宣誓文を読むことのできるすべての人に拡大される。識字能力は何らかの宗教的な使命を与えられた一応の証拠となったためだ。

それゆえ、陪審は判決を故殺罪に軽減すべく力を尽くし、上流階級の被告人が聖職者の特権を主張して絞首刑を免れるようにした。陪審が決闘者を謀殺で有罪にすることを避けようと重ねた努力が、謀殺と故殺の法的境界線の発展に重要な役割を果たしている。一七〇七年のジョン・モーグリッジの裁判がそうだったように、もはや法廷で吟味されるのは殺人者の行動だけではなくなった。陪審の視線は戦いの前段階の故人の行動にも向けられ、相手の行為を容赦する根拠が探される。そして多くの場合、彼らはそれを見つけ出すのだった。

ハイド・パークは人気のスポットで、一八世紀末を舞台にした小説『怒潮（*The Angry Tide*）』でも、ウィンストン・グレアムの描いた主人公ロス・ポルダークはここで怪しげな国会議員モンク・アダリーと決闘している。アダリーとポルダークは下院で表向き一組の手袋をめぐって口論するが、実際に問題なのはポルダークの妻デメルザの愛情にほかならない。翌朝、アダリーはロスに果たし状を書き、ハイド・パークでの決闘を申し込む。ロスはアダリーを殺すが、事前の取り決めどおり現場から逃走する。ロスがアダリーの死に責任を負っていることは、同僚の国会議員のあいだや、広くロンドンの社会で公然の秘密となり、厄介な敵のジョージ・ウォーレガンがこの銃撃事件に公的な関心を喚起しようとするが、うまくいかない。当時実在した法務長官、サー・ジョン・ミットフォードがカメオ的に小説に登場し、この一件に対して驚くほど否定的な態度を見せる。

この架空の議会がらみの決闘はおそらく、ある春の朝、トットヒル・フィールズの露にぬれた芝生の上で、リチャード・ソーンヒルとサー・チャムリー・デーリング議員が決闘した実際の事件に着想を得たのだろう。ふたりは友人だったが、ある晩、ハンプトン・コートの酒場トイ・インでの夕食中に酔っぱらって口論となった。取っ組み合いの末、サー・チャムリーが優勢になり、ソーンヒルをしたたか殴る。ふたりは壁板に激突し、ソーンヒルは歯を数本失った。回復に努め思案に暮れた二日後、ソーンヒルはかつての友人に好戦的な調子で手紙を書いた。

一七一一年四月八日

拝啓

当方、明朝は外出可能であるため、ぜひ剣と拳銃を用意の上、手合わせ願いたい、と強く申し上げる。これを届けた立派な紳士とともに時間と場所を調整されたい。

トットヒル・フィールズがよいと思う。ハイド・パークはこの時期、人が多くていけない。

敬具

リチャード・ソーンヒル

トットヒル・フィールズはウェストミンスターのテムズ川付近にあった開けた土地で、その境界は今日のリージェンシー・ストリートとタッチブルック・ストリートにほぼ一致している。現在、土地の大半を占めるのは大聖堂とウェストミンスター校の運動場だ。一八世紀前半の時点では大都市のはずれに位置し、人目にふれる心配はなかった。銃声を耳にしそうな者がいるとすれば、トットヒル・フィールズ懲治場の囚人たちのみであり、数十年後、この同じ刑務所にジュゼッペ・バレッティが収容され、エヴァン・モーガン謀殺の裁判を待つこととなる。酒場での接近戦ではサー・チャムリーに分があったが、射撃の腕はソーンヒルのほうが上で、最初の銃弾で相手に致命傷を与えた。

結局、トットヒルはふたりが期待したほど閑散とした場所ではなく、ソーンヒルは銃声を聞きつけた通行人にたちまち取り押さえられた。彼は逮捕され、謀殺罪で裁判にかけられ、故殺の有罪判決を受ける。陪審はケント州選出の名誉議員から殴られたというソーンヒルの陳述に同情的で、当のサー・チャムリーも草葉の陰から旧友に助けの手を差し伸べた。全責任は自分にあり、すべては赦されるという旨の臨終の言葉を遺していたのだ。しかし、議員の友人たちはそこまで寛大ではなく、ソーンヒルの自由と生涯は長くはつづかない。同年八月、彼はターナム・グリーンで二人組の男に襲われて撲殺された。犯人たちはサー・チャムリーを殺した報いを受けろと叫びながら、殴る蹴るの暴行を繰り返したといわれている。

上流階級が実践していたにもかかわらず、決闘とそれに対する手ぬるい法的措置はとうてい非難を免れるものではなかった。『ニューゲイト・カレンダー』の編集者はソーンヒルの無罪判決に感心せず、こう宣言している。

おぞましい慣習！　わが国にとって不名誉であり、すべての神と人間の制度に等しく反している！　願わくは、果たし状を送るほど卑劣な者は皆、殺人者として死す運命にあると立法府の定める時が来ることを。

このように議会に決闘の禁止を訴えても、無視されるものと相場は決まっていた。そして決闘に巻き込まれた国会議員はサー・チャムリーだけにとどまらない。米国大統領に加え、英国の首相も四人以上が決闘をしたことで知られ、小ピット（ウィリアム・ピット）とウェリントン公爵にいたっては首相在任中に拳銃を手に取った。しかし、一九世紀が進むにつれ、国民のあいだで決闘の魅力が薄れ、人々の態度が硬化しはじめる。こうした事件に対して裁判所はより厳格に殺人法を適用するようになった。一八三八年八月、二五歳の元服地屋チャールズ・マーフィンがウィンブルドン・コモンでの決闘でミスター・エリオットに殺された。エリオット本人は逃亡したが、彼の友人で決闘の「介添人」を務めたヤングとウェバーの両氏が逮捕され、謀殺罪で裁かれる。法廷は明快だった。

事前の取り決めに基づき、血が冷めるだけの時間が経過してから、ふたりの人間が凶器を持って対戦し、うちひとりが殺された場合、その死を招いた側が謀殺罪に問われ、介添人も同罪となる。

イングランドで決闘が注目されるようになったのは、サー・エドワード・クックが独自の視点から国法のあり方について論文を作成していたころで、彼は殺人に関するあらゆることを論じるなかで決闘を取りあげていた。一部の後継者たちとは異なり、クックは自身の解釈による法律について明確に述べている。〝血のたぎった状態（hot blood）〟での決闘は、参加者が何らかの侮辱に対してすぐに武器を手に取り、一方が他方を殺しにかかるもので、これは謀殺ではありえない。全過程がひとつの連続した行動であるため、計画的犯意はないのである。しかし、決闘をのちの時間や日に行なうよう手配し、血が冷める時間をとった場合は、その予謀ゆえに謀殺としなければならない。やがてこの区分が名前を貸すかたちで生まれたのが、あの何よりぞっとする言いまわし、〝冷血な謀殺／冷酷な殺人（cold-blooded murder）〟である。

謀殺とは別種類の殺人である故殺の概念は、クックが執筆していた当時ようやく生まれはじめたところで、ほぼ同時期に決闘そのものも普及した。司法関係者のなかにも決闘者の権利を支持し、自ら参加する者さえいたのはまちがいない。一八世紀前半に挑発という概念が登場すると、紳士である決闘者を無罪にしようとする陪審の正当性は一層高まった。命をまともに銃撃にさらしてまで自分の名誉を守る姿勢ゆえ、決闘は街の喧嘩や酒場の口論よりも上位にあるとみなされた。一八八〇年代後半の著作で、著名な弁護士兼法史家のジェームズ・スティーヴンズは、決闘に適用される殺人法についてクックの総論を繰り返したが、決闘に関連した謀殺の有罪判決は歴史上まれであることを指摘している。

決闘が許容される要因となった階級的な偏見は、ジョージ王朝時代の司法制度のあらゆる側面に反映されていた。死に際しても貴族階級は特別待遇を受け、死刑を宣告された貴族は斬首された。絞首刑よりも威厳のある処刑方法とみなされたためである。一七六〇年、フェラーズ伯爵がこの長い伝統に終止符を打つ栄誉を得る。フェラーズには、レスターシャーにある一族の邸宅、ストーントン・ハロルド・ホールで家族や使用人に対して奇行におよぶという前歴があった。理由もなく召使いに鞭を打つのはいつものことで、一度など兄夫婦の寝室に拳銃を振りかざして押し入り、夫妻は午前二時に寝間着姿で家から逃げ出さざるをえなかったという。

ある日の午後、フェラーズは執事のミスター・ジョンソンを家に呼びつけた。ジョンソンが雇い主の部屋に入ると、フェラーズは床にひざまずくように命じ、そして胸を撃った。ジョンソンの死の床に呼び出された医師は伯爵の行動に仰天し、道を踏み外したこの貴族を拘束して法の裁きを受けさせるべく地元の人々を集めた。その一団が屋敷に近づいてくるのを見て、フェラーズは捕まるまいと家の方々に逃げたため、一団は彼を逮捕するまでしばらく廊下や客間を追いかけまわすはめになった。

貴族であるフェラーズは上院の貴族議員によって裁かれるとされ、ロンドン塔に連行されて裁判を待った。評決は疑いの余地もなく、彼は絞首刑を宣告された。これを侮辱と受け取ったフェラーズは、高貴な身分にふさわしく塔での斬首を認めるよう国王に嘆願した。しかし国王は拒否し、一七六〇年五月五日、大群衆が見守るなか、行列はロンドン市内を進み、伯爵を塔からタイバーン絞首台へと運んでいった。フェラーズの最後の旅に同行した大臣が群衆の大きさについて意見を述べると、伯爵はむっつりした様子で、「いままで貴族が絞首刑になるのを見たことがないからだろう」と答えた。もちろん、決闘でジョンソンを殺していれば、フェラーズは名声を傷つけることなく法廷を出られただろうが、そうはならず、イングランドで初めて絞首台につるされた貴族として歴史に残る定めとなった。

決闘裁判の慣習を蘇らせた男

決闘は起源となったノルマン時代の「決闘裁判」から広く発展し、一九世紀になるころにはそうした経緯もほぼ忘れられていた。しかし、ジョージ三世の治世にイングランドで決闘の慣習が最盛期を迎えようとしていたころ、ミッドランズ〔イングランド中部〕の田舎で行なわれた謀殺事件の裁判では、決闘の歴史的ルーツである決闘裁判の概念に立ち返ることで劇的な効果がもたらされる。「ビューコリク〔牧歌的〕」と「バーミンガム」が同じ文で使われることはあまりないが、一八〇〇年代前半当時、英国第二の都市の周辺の風景はいまとは大違いだった。アーディントン、タイバーン、ラングリーは現在、市の北郊に吸収され、二車線道路や戦後に建てられた二軒一棟住宅、工業団地が広がっている。しかし二〇〇年前はいまだ農村部のウォリックシャー北部、サットン・コールドフィールドの町の南に点在する村々で、バーミンガムの中心部からは徒歩で半日ほどの場所だった。

メアリ・アシュフォードは二〇歳で、ラングリーの村に近い叔父の農場で使用人兼家政婦として働いていた。当時の版画を見ると、繊細な顔立ちと流れるような巻き毛がジェイン・オースティンが描いた多くのヒロインを思わせる。一八一七年の聖霊降臨節の月曜日、メアリは友人のハンナ・コックスと一緒に宿屋のタイバーン・ハウスで開かれるダンスパーティに出かけた。そのパーティでエイブラハム・ソーントンという地元の建築業者と出会った。版画にとらえられたメアリの澄んだ愛らしさとは対照的に、当時のソーントンのスケッチに描かれているのはずんぐりした青年で、ぼさぼさの黒髪の下に細い目、突き出た眉と、『高慢と偏見』のミスター・ダーシーというより『嵐が丘』のヒースクリフに似ている。ソーントンはダンス会場でメアリにひと目惚れし、友人にどうにかして彼女を意のままにしたいと言ったらしい。ふたりは夜遅くに連れ立って会場をあとにした。翌朝四時ごろ、メアリはハンナの家に前夜置いていった服を取りに訪れている。メアリの生きている姿を見たのはハンナが最後だった。

夜が明けてまもなく、出勤途中の地元の労働者二名が血まみれの畳まれたドレスと靴一足を、アーディントンのハンナの家から北東二マイル（約三・二キロ）にある小さな池のそばで見つけた。池がさらわれ、メアリの遺体が引き揚げられた。顔は青白く、泥の筋で汚れ、毛髪にオークの落ち葉が付着していた。すぐそばの草むらに血痕と争った形跡が見つかった。土についたふた組の足跡がその場所までつづいていたが、不吉にも、そこから池の縁まではひと組しかなかった。付近の農場主の家で台所のテーブルを使い、地元の外科医が大まかな検死を行なった。その結果、メアリは強姦されたのち、池の濁った水のなかで溺死したことが確認された。彼女がソーントンと一緒にダンスパーティから帰るのを多くの人が目撃していたため、ソーントンは速やかに逮捕された。ソーントンはメアリと性交渉をしたと認めたが、それは合意のうえであり、野原に置き去りにしたとき彼女は生きていたと主張した。彼は謀殺と強姦の罪で起訴され、一八一七年八月にウォリック巡回裁判†で審理にかけられた。

　裁判当時、世論はソーントンに断固として反発していた。メアリが性交渉に同意したという彼の主張はありそうもない話に思われた。訴追人はメアリを「きわめて魅力的な物腰で、愛らしい人柄の、人生の最盛期を迎えた若い娘」と評し、その娘が「残酷な仕打ち」を受けたと語った。地元の教区牧師がとりわけ装飾的な散文で書いた事件当時の記録では、メアリを「女神ウェスタに仕えた英国の乙女」に喩えて、「獅子に捕えられた子羊の抵抗とはいかばかりだったか?」と問うている。有罪判決は簡単に出ると予想された。

　ところが、ソーントンを中傷する人々は計時の問題を見過ごしていた。一九世紀前半のイングランドの田園地方では、時計を携行する者はごくわずかで、日光と教会の時計の鐘に頼ることが多く、しかもその時間は教区によって大きく異なっていた。裁判の証人のひとりはバーミンガム時間を守っていると述べていて、とすると五マイル（約八キロ）と離れていないアーディントンの地元の人たちより四〇分ほど早く行動していたことになる。このためメアリが襲われた時間を特定することは不可能だったし、ソーントンが法廷で立てた一一人の証人は、全員、おおよその殺害時刻に数マイル離れた路上で彼を見たことを確認した。ジョージ・ホルロイド判事は陪審に向けたまとめとして、つぎのように結論づけた。

> 以上のことから、各時計の差を考慮に入れると、囚人は凶行を犯してからほぼ三マイル半（約五・六キロ）を一〇分という短い時間で歩いたものと考えられる。

さすがにこれは陪審員にとって信じがたく、ソーントンはすぐにメアリの謀殺と強姦双方の容疑を解かれた。

しかし、世論という法廷はそう簡単には納得しない。地方紙『リッチフィールド・ペーパー』は地元住民がさらに行動を起こそうとしているとして、「この残虐な強姦殺人事件でソーントンに無罪判決が下されたことは、国の端から端まで、あらゆる階層の人々にとうてい隠しようのない失望感を引き起こした」と報じた。実際、メアリの家族や隣人たちは、この問題をそのまま放置しておくことに甘んじなかった。商才に長けたある弁護士の勧めでメアリの弟ウィリアムが、一〇〇年近く忘れ去られていた古い法律をもとにソーントンをふたたび告発する。ウィリアム・アシュフォードは図らずも「謀殺私訴†」という古い原則を復活させていた。さかのぼることノルマン時代、謀殺事件の被害者の近親者は第一審で無罪となった被告人を再度告発できたのである。

この事件の弁護士たちは、過去にそれで成功した判例をふたつだけ見つけることができた。ジェームズ・カフは一七二九年、再審ののちホウバンのグリーン・レタス・インで同僚の使用人メアリ・グリーンを謀殺した罪で処刑され、一七〇九年には運命にふさわしい名のクリストファー・スローターフォードが、恋人で被害者のジェイン・ヤングの遺族による謀殺私訴を受け、ギルフォードで絞首刑に処されていた〔スローター（slaughter）には「虐殺」「殺戮」などの意味がある〕。だが、この私訴は一世紀以上にわたって影を潜め、一般的には廃れたものと考えられていたのを、ウィリアム・アシュフォードがソーントン事件で提起したのである。それだけめずらしい手続きとなると、ウォリックの地元裁判所では処理しきれない。事件はロンドンの王座裁判所〔国王臨席のもと主に刑事事件を扱った。一九世紀後半に高等法院王座部へ発展的解消される〕に移管され、当時の首席裁判官エレンバラ卿が裁判長を務めることになった。

ソーントンの無罪判決に対する抗議はあったにせよ、彼がまったく支持されなかったわけではなく、このような古くさい方法で陪審の評決を回避する試みに人々は不快感を抱いていた。結局のところ、囚人が同一の犯罪で再度裁かれることを防ぐ、長年保たれてきた〝二重の危険〟の原理を無視することになるからだ。現代でも控訴院†が扱うのは、被告人による、有罪判決または刑期に対する上訴にほぼ限定される。訴追人は裁判所の判決の特定の要素に対してのみ上訴を認められ、被告人の無罪判決に対しては上訴を提起できない。ソーントンを支援するために「正義の味方（A Friend to Justice)」が執筆・発行した小冊子でも、この事件での上訴の使用は激しく非難されている。

人道的かつ賢明なる人々は、この不幸な男を苦しめてきた憎悪の情にうんざりしている。人々が目にしたのは、一審を不服とし、躍起になって第二審を請求する個人の集まりだ。この集団はイングランド法の明白な精神ときわめて神聖な原則に反し、古い黒字体で綴られた野蛮さに従っている。その野蛮さは現代の良識によって拒絶されたあげく、専門の教授にさえほぼ忘れられ、ノルマンフランス語と飾り物の疑似ラテン語の厚い層に覆われているために、その奥を探ることもほとんどできていない。

そんななか、ソーントンはアシュフォードを自分の得意な勝負に引きずり込む。中世の法律と制定法の著名な専門家、ニコラス・カニンガム・ティンダル弁護士を弁護団に加えた。法廷でアシュフォードの告発に答えるために、歴史的な法廷劇のひと幕を自ら演出した。はっきりした声で、場にふさわしい分別とともに、「無罪、私はその主張を身をもって守る用意があります」と告げた。法廷の前の席にいた弁護士から、ひと組の手袋を受け取り、ソーントンはその片方を高く上げた手にはめた。もう片方はアシュフォードに拾わせようと目の前に投げた。

ソーントンの芝居じみた宣言は法廷全体の不意を衝いた。彼は法制史の長く忘れられていた別の断片を引き合いに出し、〝決闘裁判〟での裁きを選択する古の権利を行使したのである。中世に初期の法廷制度が生まれてから、この慣習はおおむね廃れたため、ソーントンの挑戦以前に記録されていた最後の例はチャールズ一世の治世にさかのぼる。あわてたアシュフォードの弁護士たちは、自分たちの言い分の皮肉に気づかなかったのか、〝決闘裁判〟は時代遅れの法律であり、ソーントンがそれを援用できるはずはないと主張した。そして、ソーントンがメアリ殺害の罪を、メアリの弟を謀殺することで放免されるのは不合理であると指摘した。これに対し、エレンバラ卿が鋭く反論した。「これはイングランド法であり……謀殺と呼んではならない」と。こうしてアシュフォードの控訴権を支持した裁判所は、自らの理屈に従ってソーントンの要求を受け入れるしかなくなり、その過程で、数百年にわたって埋もれていた身体的な戦いによる裁判の権利が、たしかに依然としてこの国の法であることが宣言された。

ウィリアム・アシュフォードはやせこけた一〇代の若者で、とても頑健とはいえなかった。猪首で体格のよい挑戦者と戦ってもまず勝ち目はない。ソーントンと彼の弁護士たちに出し抜かれたことに気づいたアシュフォードは、控訴の取り下げを認められ、メアリの死をめぐる法的論争はそこで終わった。ソーントンの無罪判決を受け、議会は早急に歴史的な過ちの修正へと動きだす。一八一九年「謀殺等の私訴に関する法」で謀殺私訴と決闘裁判が廃止され、八〇〇年の法制史に正式に終止符が打たれた。

しかし、事件に対する憶測はそう簡単には打ち消されなかった。ソーントンにはその後も噂がつきまとい、裁判前に獄中でさまざまな人間にメアリ殺害を告白したという報告もあった。ある囚人はソーントンから聞いた話として、メアリを乱暴に犯し、もみあっているうちに彼女が「自分の下で」死んでしまったので、穴に放り込んだそうだと訴えた。別の目撃者によれば、ソーントンはメアリを殺したのではなく、「彼女の死のきっかけ」になったのだと主張したらしい。合意があろうがなかろうが、自分とセックスしたことを恥じて、メアリは穴に身を投げざるをえなかったというわけだ。しかし、そうした話とは無関係に、控訴審での弁護が成功したため、ソーントンがメアリ謀殺の容疑でさらに審理を受ける可能性はなくなった。

もはやタイバーンや周辺の村では歓迎されず、ソーントンは都合がつきしだい、アメリカに移住した。一八一八年、リヴァプールからの出航時に偽名を使ったのは、それまでほかの船で何度か乗組員に正体がばれ、縁起が悪いと追い出されたためである。その後どうなったかは定かでない。ボルティモアに定住し、東海岸の漁船団で財を成したとする説もあれば、アメリカからオーストラリアに渡り、そこで資産家になったという説もある。伝えられるところでは、一八六〇年ごろに亡くなった。

バーミンガム周辺では、この物語はもっと長く記憶のなかで生きつづけ、事件に不穏な尾ひれをいくつか残している。当時のバラッド歌手や三文文士たちは歌や戯曲をつぎつぎにつくっては街頭で二、三シリングで売っていた。そんな作品のひとつ、『殺されたメイド、あるいは時計は四時!!!(*The Murdered Maid; or The Clock Struck Four!!!*)』と題された三幕の劇は、舞台をノルマンディの城という華やかな場所に移しながらも、メアリの悲話の重要な出来事はそのまま描いている。一九八〇年代にメアリの死に関する展覧会が地元で開催されると、裁判から一世紀以上たってなお、サットン・コールドフィールドで営業していたソーントンの事務弁護士《ソリシター》たちが地元紙に手紙を書き、かつての依頼人が謀殺罪を免れたと強く示唆していることに抗議した。

近いところでは一九七三年、ある晩にメアリの幽霊が目撃されたようだ。彼女が命を落とした野原に造られた袋小路をさまよっていたという。その一帯はメアリが最後に目にしたときから見る影もなく変わった。草原や畑は住宅団地や大型商業施設に取って代わられ、アーディントンやタイバーンはもはや村と呼ぶことはできない。田舎道や荷馬車道はM6高速道路の下に埋もれ、M6はすぐ西にあるスパゲッティ・ジャンクションの交差点に接続している。

メアリの霊の訪問はあの世からの警告だったのかもしれない。幽霊の目撃が報告されたちょうど一年後、この地域はメアリの死と不気味なほど類似した恐ろしい謀殺事件に見舞われたからである。メアリが地上最後の夜に歩いた田園地帯の唯一の名残は、パイプ・ヘイズ・パークだ。近代的な遊戯施設や駐車場から離れ、古いオークの木の節や緩やかな谷が長い年月を経てなお変わらぬ姿を見せている。公園の中心にあるのはパイプ・ヘイズ・ホール、大内乱（ピューリタン革命）の直前に建てられた貴族バゴット家の領主館《マナーハウス》で、二〇世紀前半にバーミンガム市議会が買い取り、一九五〇年代以降は養護施設として使用されていた。

一九七四年、二〇歳のバーバラ・フォレストがその施設で働いていた。聖霊降臨節の月曜祝日、バーミンガムへの夜間外出から戻らないまま、遺体が約一六〇年前にメアリが発見された場所からわずか一マイル（約一・六キロ）の公園の端で発見される。彼女はレイプされ、絞殺されていた。バーバラの殺人事件を捜査する地元刑事部の警官たちは、ふたつの事件の符合によほど怯《おび》えたと見え、警察の記録保管庫をあさり、メアリの謀殺に関する書類を調べた。第一の容疑者は養護施設の同僚のひとりで、名前はリチャード・ソーントン。同名のエイブラハムと同じく、裁判の結果、リチャードの嫌疑は晴らされた。メアリ殺害事件と同様、ほかに容疑者は特定されず、事件はいまも解決していない。

殺人にいたる理由を視野に入れる

一八世紀から一九世紀前半にかけての謀殺は独自の啓蒙時代を迎えていた。もはやそれは兵舎や狭い脇道での下劣な喧嘩にとどまらない。殺人は様式化され、形式化され、文明化されることすらあった。犯罪化については一貫性を欠いていたとしてもである。聖書における犯罪としての高い地位は、必ずしも法的な扱いには反映されなかった。とくに、ほかにも多くの、より軽い犯罪が同じ致命的な刑罰に値した時代はそうだ。しかし、死刑に相当する罪の数が減るにつれ、謀殺は一頭地を抜きはじめる。故殺の概念が発展したことで、より微妙なアプローチが求められるようにもなった。

その最初の試みが、ジョン・モーグリッジの裁判で行なわれ、殺人法のいまだ議論の絶えない要素——挑発——の基礎を築いた。さらにリチャード・ソーンヒルらの殺人者が、被害者から受けた苦痛や侮辱、無礼は殺人の罪を軽減するに足ると訴えて成功したことから、法律は殺人の方法だけでなく、殺人にいたる理由に目を向けはじめる。

死をもたらす反応を正当化する挑発的行動ということの考え方は、しだいにあらゆる状況下の殺人事件に適用されるようになる。謀殺法がとりわけ二〇世紀以降に直面した課題のひとつは、さまざまな状況で殺人を犯した者にこの概念をどう適用すべきかということだった。これは今日でも変わらず、挑発という抗弁を使用し、適用すること自体、謀殺法のきわめて挑発的な側面となっている。しかし、現代の殺人法の種が芽吹いているあいだも、謀殺のさらに太古の根は依然として存在感を示していた。中世の決闘裁判の慣習にまつわるものものしい儀式は、はかない復活を遂げたのち、エイブラハム・ソーントンの裁判の結果、永遠に消えたのだった。

ジョン・モーグリッジやリチャード・ソーンヒルらの謀殺事件裁判の核心にあったのは、被害者が自らの行動によって殺人を招いたのではないかという疑いだった。潔白なメアリ・アシュフォードでさえ、弁護士たちは超人的な美徳の鑑《かがみ》として語らなくてはならなかった。そもそもソーンヒルと交際したのがいけないと陪審員に判断されないためである。陪審は評決の理由を口外してはならないので、ソーントンに対する無罪判決の事由が被害者の責任なのか、時間認識のずれなのかを知ることはできない。こうした問題が法廷における謀殺事件の長い歴史上、厄介な裁判で繰り返されてきた。

それでも、一八世紀から一九世紀への変わり目には、被害者の行動から犯人の行動へと焦点が移っている。人は法の前では平等だが、この法がすべての人に平等に適用されるべきかどうかは別の問題だ。心の複雑さへの関心の高まりを先導者として、法廷に立つ人々、とくに行動や性格が社会の期待にそぐわない人々に対する裁判所の扱いが変化することになった。謀殺法がこのあと取り組むのは、怒りを誘う被害者の行動ではなく、自身の内にある得体の知れない葛藤から殺人に駆り立てられた人々をどう扱うか、という問題となる。

第二章

悪の狂気

「青い悪魔に悩まされていると
彼は語った」

おそらく世界の大量輸送機関のなかでも類がないほど、ロンドン地下鉄にはその草創期にまでさかのぼる豊かな怪談の鉱脈がある。ベスナル・グリーン駅では、第二次世界大戦の空襲で避難中に圧死した人々の悲鳴がいまもときおりホームに木霊する。ベイカールー線には幽霊のような乗客が定期的に乗車するが、車両の窓に映る姿しか見ることはできない。リヴァプール・ストリート駅でも、静かな夜には死者の悲痛な叫び声がいまなお聞こえる。それも驚くには当たらないのだろう、この駅は中世ロンドンのきわめて悪名高い施設の跡地に建てられた。ロイヤル・ベスレヘム病院、よく知られた不名誉な通称でいえば、ベドラム†（Bedlam）である〔bedlamは「癲狂院」転じて「大騒ぎ、大混乱」の意味で使われるようになった〕。

ベスレヘム（Bethlehem）（または「ベスレム†（Bethlem）」）は一二四七年、小修道院として設立された。敷地はビショップスゲイト地区内にあり、現在は駅のコンコースに覆われている。中世を通じて、宗教施設は病人や不運な人を保護することが多く、実質的に最初期の病院となっていた。一三〇〇年代半ばには、ベスレムは心の病に苦しむ人々を受け入れはじめ（台帳の記述によると「理性を奪われた六人の男性」のころから）、宗教改革の時点ではそうした患者を収容するロンドン唯一の施設に転じていた。同時期にヘンリー八世から王家の印章を授けられ、「王立《ロイヤル》」ベスレム病院として知られるようになる。

一六七六年に新たな土地ムーアフィールズに移転したころには、「ベスレヘム（Bethlehem）」

をコクニー式に縮めた「ベドラム（Bedlam）」という通称が広く使われるようになっていた。この「新ベスレム」の入り口の門はポートランド石から彫られた二体の巨大な男性像を冠していた。門のアーチの両側に横たわる彼らがそれぞれ象徴していたのは、「躁《マニア》」と「憂鬱《メランコリア》」、当時の医学で認識されていた精神障害のふたつの大まかな分類である。「マニア」は両手両足をしばる鎖に怒って身をよじらせる姿で、対照的に「メランコリア」は静かに横になり、穏やかながらも虚ろな表情を浮かべていた。地元の人々はこの彫像を「脳なし兄弟」と呼ぶようになった。

一八世紀から一九世紀にかけて、ベスレム王立病院やそれに類する施設は、その時代で最も悪名高い殺人者たちの受け入れ先となる。彼らはしばしば異常な状況で他人の命を奪っていた。殺人者の精神的な障害や疾病によって、当人の行動に対する刑事責任をどこまで軽減できるのか、そして軽減すべきなのか。そうした問題から政治的対立や精神疾患、個人的責任が法廷で渾然一体となり、この時代のとりわけ興味深い事件は生み出される。バークとヘアの連続殺人事件でエディンバラが謀殺の歴史に名を残す三〇年ほどまえ、ある奇妙な裁判が行なわれ、エディンバラ社会の上層を揺るがすと同時に、精神疾患患者の刑法上の扱いをめぐる革命のかりそめの始まりを告げることとなった。

心神喪失の申し立てをした男

アーチボルド・ゴードン・キンロッホは一七四九年ごろ、第五代ギルマトン准男爵サー・デイヴィッド・キンロッホの真ん中の息子として生まれた。先祖代々の屋敷ギルマトン・ハウスは、エディンバラの東二〇マイル（約三二キロ）に位置し、いまもキンロッホ家に受け継がれている。ジョージアン様式の端麗な邸宅で、高級な結婚式場として生まれ変わりはした。だが大天幕やロールスロイスとは別に、この館の歴史には暗い要素がある。

一七九五年二月、サー・デイヴィッドはギルマトンで家族に見守られながら世を去った。准男爵の地位は存命中の長男フランシスに自動的に引き継がれ、アーチボルドは一三〇〇ポンドの遺産を受け取ったが、父の遺言を受けての金額が不満だった。さらに、フランシスが亡き父の書類をごみだと思って大量に燃やしてしまったと知り、怒りをかき立てられた。アーチボルドはその書類に自分に遺贈されるはずだったほかの財産の詳細が含まれていたのだと思い込んだ。弟に非難されて不安になったフランシスが、エディンバラの弁護士に相談すると、遺言書は問題ないとの見解が示された。ほかの点では兄弟の関係は良好であり、友人たちはフランシスの愛情と寛容さを称えたが、弟の気まぐれは父親の死後数カ月のあいだに明らかに妙な方向に転じていた。

一七九五年四月になると、一家はアーチボルドの行動を心配するあまり、いまで言う「介入」に乗りだすことにした。少々骨を折り、ギルマトンまで戻ってくるよう説得して、地元の医師と看護師を手配しておき、それから数日間、拘束衣を着せて診療しようというわけである。何かおかしいと感じたのだろう、帰宅したアーチボルドは危機的な状態に陥った。ラッパ銃〔筒先の広がった短銃〕を抱えて家じゅうを部屋から部屋へとさまよい歩き、床に体を投げ出しては泣き叫ぶ。フランシスは弟の行動に狼狽《ろうばい》し、就寝時には扉を施錠した。これは要らぬ用心で、アーチボルドは夜な夜なギルマトンの近くの森を徘徊《はいかい》していたのだった。

四月一四日の夜、フランシスはギルマトンでの晩餐に客を招いたが、アーチボルドは階上に引っ込んでいた。友人たちの回想によると、フランシスは頻繁にテーブルを離れて弟の様子をうかがい、見たところ躁状態の彼をなだめられる唯一の家人に思えたという。午前三時ごろ、アーチボルドが装塡した拳銃二挺をズボンのポケットに隠し持って階下に降りてきた。宴はまだつづいていて、ダイニングテーブルではポートワインがまわされているところだった。フランシスは弟をベッドに連れ戻そうとしたが、階段を上る途中でアーチボルドがポケットから拳銃を抜き、フランシスの胸に押し当てた。

物音を聞きつけて客人たちが部屋を飛び出すと、拳銃が閃光を放つのが見え、フランシスが倒れながら叫んだ、「これまでだ」。客人たちは彼を自室に運び、使用人たちがアーチボルドを床に押さえつけて拘束衣を着せた。医師の手当てを受けたものの、不幸な准男爵はこの世に長くとどまれず、負傷が原因で四月一六日に息を引き取った。アーチボルドにとっては複雑な心境の一日となったにちがいない、兄の死によって准男爵の地位を得た直後に兄殺しの容疑で逮捕されたのである。

　裁判は一七九五年六月三〇日、エディンバラ最高法院で開始された。答弁を求められたアーチボルドは、謀殺罪に対するあの最も忌まわしい抗弁に訴えた――心神喪失†を理由とする無罪である。自身の正気のほどを弁護に用いたのはアーチボルドが最初ではないにせよ、その裁判の記録は謀殺事件における心神喪失の申し立てとして最初期の、最も完全な記録の部類に属している。家族、友人、使用人はアーチボルドの不安定な精神状態について法廷で証言した。これは青年期の兵役に端を発しているように思われた。一家の伝統的な「スペア」のひとりとして、アーチボルドは軍隊に入ると何年にもわたって世界中を転々とし、コーク〔アイルランド〕、ノヴァスコシア〔カナダ〕、西インド諸島で軍役に就いた。セントルシアに駐留していた一七八〇年ごろに重い熱病を患った。病状が悪化すると、兵士二名にベッドに押さえつけられるはめになり、将校仲間が見舞いにきても誰なのかわからなかった。療養のためバルバドスに移送される船旅の途中、使用人が同じ熱病にかかり、発作に襲われて海に身を投げた。

　アーチボルドは肉体的には完全に快復したが、友人や同僚は戸惑っていた。彼らが知るアーチボルド、部下に対する寛大さと優しさで名高く、品行方正さとスマートな軍人らしい外見で、連隊じゅうで尊敬されていた男はもういない。除隊から数年後、古くからの知人がストランド街でアーチボルドに出くわしたとき、だらしない身なりでぶつぶつ言う目の前の紳士を危うく見逃すところだった。何よりも驚いたのは、アーチボルドの茶色だった髪が真っ白になっていたことだ。だが、アーチボルドの変化は髪の色よりもはるかに深くまで達していた。

兄を撃つ六年前、アーチボルドはエディンバラのグラスマーケットにある下宿で手首を切って自殺を図ったことがあった。さらに、友人たちには自身が「青い悪魔」と呼ぶ人影に悩まされていると話していた。陸軍時代の友人で、セントルシアでともに軍務に従事し、病中、病後のアーチボルドを見舞ったサミュエル・トウェンティマン中佐は、きっぱり語っている。

私自身、微塵《みじん》も疑ったことはない。サー・アーチボルドの知性はあの熱病の影響で錯乱し、周期的に発作を起こして精神に異常を来たした結果、自身の行動を制御できなくなったのである。

精神錯乱の周期が詳《つまび》らかになると、アーチボルドは法的には宙ぶらりんの状態に置かれた。イングランド（およびスコットランド）の法律では長らく、精神異常と判断された者は有罪にならないとされていた。精神異常が完全な抗弁となったのは、正気でない者は、刑事上の有罪判決の必須要素、「犯罪意図（*mens rea*）」の成立に不可欠な心的態度をまとめる能力がないからである。一八世紀後半までの数百年間、刑事裁判で精神異常と判断された者は無罪放免となり、家族や社会一般の監督下に戻された。とくに危険な「狂人」については、釈放後も浮浪罪に関する法律をもとに裁判所がさらに対処することもあったが、それはまれなケースに限られた。

国は精神病患者向けの施設や治療を一切提供せず、私設の療養院が増えていった。その費用をまかなえる者の場合、これは家族が厄介者を人目から遠ざける便利な手段となり、奇行と富の二重苦を抱えた患者の場合は、誠実さに欠ける親族がその財産を引き継ぐルートともなった。

しかしアーチボルドの場合は、能力障害が完全に慢性的ではなく、断続的であることが示唆された。訴追人はこれに乗じ、相続をめぐるアーチボルドの失望も合わせて詳述することで、フランシス銃撃は狂人の行動ではなく、むしろ優遇された兄に対する計算済みの復讐殺人であると主張した。法律上、部分的狂気などという概念は認められず、すべてか無かだった。対アーチボルド訴訟では、彼がさほど狂っていないおそれがあるとされた。訴追人によると、

その程度の憂鬱および意気消沈は、狂気に近いかもしれないが、それでも善と悪、道徳的な正と誤を見分けるに足る判断力を伴っており、これまでもこれからも、謀殺

など残虐な犯罪に関する裁判の妨げや、刑罰に対する抗弁になることはない。

陪審はアーチボルドが兄を殺したことについては有罪としたが、その行為の時点では正気を失っていたと宣言した。この結論の影響で、彼は殺害については有罪とされたものの、謀殺については罪に問われないこととなった。だが法廷の裁判官たちは、この評決によってアーチボルドが釈放された場合、本人と社会全般の双方に危険がおよぶことを懸念した。異例の措置として、終身刑、ただし一万ポンドを支払えば釈放され、自宅監禁になるという判決が宣告された。

アーチボルドをグラスマーケットでの自殺未遂後に介抱し、法廷で被告人側の証言をしたエディンバラの医師、ウィリアム・ファーカーソン博士が必要な保護を提供し、アーチボルドは市のトールブース刑務所から釈放され、同医師の世話になった。ふたりはロイヤル・マイルのすぐそば、ワールズエンド・クローズにあったファーカーソンの家で暮らしたが、アーチボルドは裁判からわずか五年後に五〇歳前後で亡くなった。その死が彼の疾患と関係していたかどうかは記録されていない。

国王を銃撃した男のその後

当人たちは気づかなかったかもしれないが、アーチボルド裁判の判事たちは精神疾患と犯罪に対する法律上の扱いの転換点で大きな役割を果たした。つづく五〇年のあいだにセンセーショナルな謀殺の裁判が相次ぎ、精神疾患への法律や社会の理解を革命的な方法で変化、発展させていく。

アーチボルドの有罪判決は、イングランドとスコットランドの法律の鍵となる相違点を象徴していた。彼を心神喪失としたことで、スコットランドの裁判所は事実上、部分的狂気という新たなカテゴリーを認め、イングランドの殺人法がこれに追いつくのは一五〇年以上のちに限定責任能力†の抗弁が生まれるのを待たねばならない。アーチボルドの異例の判決は、自らの致死行為に責任がないとされた者の法律上の扱いに、より直接的で根本的な変化をもたらす前兆でもあった。その最終的な引き金は、アーチボルドの悲しい事件の直後に引かれる。ほかならぬ国王本人の命を狙った事件によって。

精神的な混乱や病気は、地位などものともしない。キンロッホ裁判では被告人側の主張の冒頭で、アーチボルドの弁護士が心神喪失は「あの高次の恐ろしい天罰のひとつであり、誰もが、最も賢い者も最も優れた者も等しく陥りやすく、たとえ王座にあろうとも免れない」と指摘した。これはもちろん、当時の君主ジョージ三世のことを述べたもので、国王自身、在位期間を通じて妄想や躁病の発作に悩まされていたのだった。

アーチボルドの裁判から五年後の一八〇〇年、健康が良好だった時期のことだが、国王ジョージがドルーリー・レイン王立劇場のロイヤルボックスに座っていると、せっかくの夜をさえぎるようにピストルの弾が耳元をかすめていった。銃撃犯はジェームズ・ハドフィールド、君主を殺して自分が処刑されれば、キリストの再臨を実現できると信じる人物だった。ハドフィールドは元兵士でもあり、戦闘中に頭部に重傷を負い、脳に障害が残っていた。国王を狙撃する二日前には、幼い息子を殺そうとしていたという。暗殺は未遂に終わり、ハドフィールドは謀殺罪ではなく、反逆罪で裁判にかけられた。

ハドフィールドは明白な心神喪失を根拠に無罪となり、弁護団は裁判での弁護にいち早く医療専門家を起用した。だが、おかげで国王殺害の未遂犯が野放しとなったのはいうまでもない。国会は犯罪狂人法†を急いで通過させ、心神喪失を理由に無罪となった者は国王陛下の御意†のまま留置されることを定めた。「国王陛下の御意」とは期間不定の拘禁刑で、きわめて重い罪を犯した者に適用される。これはいわゆる「特別評決」であり、無罪判決とは名ばかりだった。『イングランドの犯罪と心神喪失（*In Crime and Insanity in England*）』（第一巻）で犯罪学者のナイジェル・ウォーカーはこう述べている。

精神異常犯罪者は、偶然や正当防衛によって危害をおよぼした者として道徳的には無実かもしれないが、精神異常者を無実として扱う危険性はあまりにも大きかった。解決策は、口先で無実を唱えつつ、法で確実に拘禁しておくことだった。

これが推し進められ、ハドフィールドは国内で唯一彼を収容可能な施設に無期限で拘禁される定めとなる。〈脳なし兄弟〉の下を通り、ベスレム王立病院の崩れかけた門をくぐった。ムーアフィールズの建物はかなり荒廃した状態となり、ハドフィールドが到着したときにはロンドンの泥のなかに静かに沈みつつあった。

ハドフィールド事件のあとに制定された法律は、意思能力の欠如を理由に重大な違法行為について無罪となった者が社会にそれ以上の危険をおよぼしてはならない、という問題に対処していた。しかし、臨床上ではなく法律上、心神喪失か否かの判断を裁判所がいかにして決定するかは、依然としてごく曖昧だった。それが変わるのは、政治的な不満がまたひとつ公の場で表面化し、体制が揺らいでからであり、今回それは致命的な結果を招くことになる。

暗殺（assassination）の概念

政治的暗殺という発想はアメリカで生まれたものだと思われがちだが、ジョージ王朝やヴィクトリア朝のイングランドでも驚くほど広まっていた。〝暗殺者《アサシン》（assassin）〟という言葉は、起源をたどると〈ハッシャーシーン〉に行き着く。十字軍時代に敵の人員を秘密裏に殺害することを専門としていたムスリム兵士の秘密結社だ。〝暗殺《アサシネーション》（assassination）〟という概念はこの本来の意味を保っていて、政治家や宗教家など注目度の高い犠牲者を、通常は報酬目当てや観念的な動機から計画的に殺害することを、より感情的な（そして感情に訴える）「謀殺」と区別するために広く用いられる。実をいうと、ジョージ三世の命を狙ってベスレム王立病院に監禁されたのは、ハドフィールドがふたりめだった。一七八六年、マーガレット・ニコルソンがセントジェームズ宮殿の外で国王を刺そうとして、終生病院に閉じ込められている。

一八一二年、財務大臣スペンサー・パーシヴァルは庶民院のロビーを歩いていたある日の午後遅く、扉の陰から放たれた銃弾に倒れた。撃たれたパーシヴァルは「殺人だ！」と叫んで崩れ落ち、議長室に運ばれた直後に息を引き取った。パーシヴァルの暗殺者はジョン・ベリンガム、リヴァプール出身の保険ブローカーで波乱に富んだ過去の持ち主だった。青年期にロシアに渡り、白海に面した極北の都市アルハンゲリスクの商人のもとで働いた。だが金銭問題をめぐって雇い主と仲たがいし、その商人を相手取った訴訟で敗れてロシアの債務者監獄に収容される。獄中で彼は困ったときに英国大使館が力になってくれなかったことを、くよくよ思い返していた。

釈放されてイングランドに戻るころには、恨みがつのり、その対象は英国政府全体におよぶまでになっていた。一国民を外国の勢力のなすがままにしたと思えたのである。大蔵省やパーシヴァルに直接、何度か手紙を出して災難に対する補償を求めた。大臣から要求を退けられ、政府は法廷で会うとの通告をもって最終的に拒絶されると、ベリンガムはこれを「自分の手で正義を下してよいという白紙委任状」と受け止め、「自分の主張が受けていないと思われる配慮を……効果的に確保できるものと本人が狂信する手段に訴えることを決意した」。法廷では雄弁に自己を擁護し、パーシヴァルを襲撃したのは個人的な憎しみからではなく、ロシアで苦しんだ歳月と、自分に無関心な政府への苛立ちの結果だと訴えている。友人たちも彼がイングランドに戻ってからずっと錯乱状態にあったと証言した。

マンスフィールド首席裁判官は、ベリンガムが実際に心神喪失であるか否かという問題に対して取るべき姿勢を陪審に説明した。

実のところ、疑いの余地なく証明されねばならないのは、彼が告発されている残虐な行為を犯したとき、謀殺が神と自然の摂理に背く罪であるとは考えていなかったという点である。

陪審は一五分足らずの審議を経て心神喪失の申し立てを退け、ベリンガムに謀殺の有罪判決を下した。法廷でのベリンガムの演説は、違法で不当な扱いを受けたとして政府を長々と非難するものであり、自身が法律の機能を理解していないと結論づける余地を残さなかった。だが三〇年後、ウェストミンスターの別の暗殺者が重要な役割を果たし、ベリンガムを絞首台に送った心神喪失に関する法律が改正されることになる。

心神喪失に関するルール――「マクノートン準則」

ダニエル・マクノートンは一九世紀前半のスコットランドで平穏かつ勤勉に暮らす木材旋盤工だった。その人柄の評判はさまざまである。グラスゴーの長屋の貸し部屋で共同生活をしていた印刷工の記憶では、夜中に歩きまわり、ぼそぼそと暗い声でつぶやく癖があったらしい。陰気で無愛想な性格だといわれていたが、これに異論を唱える知人たちもいて、鳥に餌をやったり子供が遊ぶのを見たりして楽しんでいたと語っている。精神状態はともあれ、働き者で、木工の仕事は繁盛していた。正式な教育はほとんど受けていなかったが、余暇も勤勉にすごし、シェイクスピアを研究したり、哲学書を読んだり、独学でフランス語を勉強したりしていたという。

しかし、三〇歳を過ぎたころから、主に警察や教会の役員といった権威ある人々に対する偏執的な思考にとらわれるようになった。その思考は与党であるトーリー党（保守党）への執着へと発展し、自分はトーリー党から迫害の対象に選ばれたのだと信じ込むにいたる。まだ無記名投票ではなかった当時、選挙でトーリー党候補に反対票を投じたのを恨まれているのではないかと推測した。その不安を地元の警察に報告するところまでいったが、何の対策も講じられず、権力者たちは結託して自分に敵対しているとの確信を強めた。

一八四二年後半、マクノートンは首都に向かい、ロンドン東部のポプラー自治区に部屋を取った。クリスマスまでにはある計画ができあがっていた。それから三週間、ウェストミンスターやホワイトホールをうろつき、警戒しつつ機会をうかがう。だが彼自身も監視されていた。国会周辺を巡回していたロンドン警視庁のシルヴァー巡査は、こんな報告書を提出している。「身長五フィート六インチ（約一六八センチ）ほどの怪しげな人物、国会議事堂を頻繁に訪れ、保守党員に近づく。がっしりして……つばの広い帽子をかぶっている」。兵士のリチャード・ジョーンズもマクノートンの存在に気づき、不審に思った。ジョーンズは彼に声をかけ、連隊への勧誘を口実に、この不機嫌なスコットランド人を近くの居酒屋へ呑みに連れていった。とところが、ジョーンズがこのあたりをうろうろしている理由をしつこく尋ねても、マクノートンは人を待っていただけだと頑なに繰り返し、詳しい話をしようとしなかった。パブを出たジョーンズは最初に見つけた警察官にこの話を伝えた。しかし、警察は介入せず、マクノートンはその後も監視をつづけた。

一八四三年一月二〇日の午後、マクノートンはホワイトホールをダウニング街に向かって歩くひとりの人物を尾行した。照準を合わせた標的はエドワード・ドラモンド。ロバート・ピール首相の私設秘書だった。マクノートンはホース・ガーズ（近衛騎兵旅団本部）付近で追いつき、背中を至近距離から撃つと、これで首相を暗殺したものと勘違いする。そして逃げようとはせず、銃撃の現場で逮捕された。当初、ドラモンドは重傷を免れたと思われ、歩いて帰宅して治療を受けることができた。弾丸は体内から取り除かれ、予後も良好だった。ところが、その後、合併症を起こして体調が悪化し、被弾した五日後に亡くなった。

逮捕時にマクノートンが警察に残した供述から、苦痛に満ちた精神状態がうかがえる。

故郷の街のトーリー党員がこうするよう強要したのです。どこへ行っても彼らは追いかけてきて、迫害し、私はまるで心穏やかではいられなくなっている。彼らはフランスでも、スコットランドでも、イングランドじゅうでも追いかけてきた。それこそ、どこへ行っても追いかけてくるのです。彼らのせいで私は眠ることも休むこともできない……まちがいなく彼らによって私は衰弱へと追いやられた。きっと昔の自分には戻れない。昔は健康で体力があったのに、いまはそれどころではありません。彼らは私に無実の罪を着せ、それどころか私を殺したいと思っている。それは証拠で示すことができるはずです。それ以上言いたいことはありません。

オールド・ベイリーで開かれた公判で、マクノートンは心神喪失を訴えた。訴追側は彼が精神的に病んでいることを、被害妄想を証拠として認めざるをえなかった。さもなければ、厄介な立場に置かれていただろう。政府が自分に対して陰謀を企てているというマクノートンの信念は良くて妥当、悪くても充分考えられると主張するはめになっていたからだ。そこで争点となったのは、マクノートンの苦悩の性質と程度だった。訴追側は、彼の妄想だけでは完全な心神喪失であることを証明して無罪を確保するには不充分だと主張した。妄想が心におよぼした影響は、善悪の判断能力を失わせるほどでなくてはならなかった。

マクノートンの弁護団は事実上、部分的な心神喪失を謀殺の抗弁として認めるべきだと主張した。ふだんの生活における精神の健全さは関係なく、殺害時に妄想の影響下で行動していたのであれば、心神喪失とみなされなければならない。その裏づけとして、弁護団は殺害行為そのものにおける彼の挙動に言及した。彼は白昼堂々、目撃者を前にロンドン有数のにぎやかな通りでドラモンドを撃つと、その場で逮捕されるのを待っていた。とても計画的な殺人者の手口とはいえず、もしそうならもっと目立たない場所と時間を選んだはずである。

マクノートンを診察した医師たちは、その行動をモノマニアの一種、すなわち特定の問題、主題、人物への異常な執着だと断定した。その患者はほぼすべての主題について理性的で一貫性があり、どこから見ても正気だが、特定の執着については別で、まったく、もしくはほとんど制御できない。マクノートンの医師たちの証言には重みがあり、訴追者は判事の指示を受けて訴訟を取り下げた。陪審は心神喪失を理由に無罪の評決を下す以外に選択肢はなかった。

マクノートンは命令により、ベスレム王立病院に無期限で収容される。病院は一八一五年にふたたびテムズ川南岸サザク自治区のセントジョージズ・フィールズに移転していた。* この無罪判決は社会のあらゆる階層を騒然とさせた。マクノートンのような、商売を繁盛させることができ、政府の最高責任者の殺人を計画、実行する才覚のあった男が、心神喪失と主張して成功したとしたら、弁護の限界はどこにあるのだろうか？

＊当時の病院棟の一部は現在、帝国戦争博物館として使用されている。

そうした懸念から、この事件は貴族院†でも審議され、提起された法的要素についてさらに検討が加えられた。といっても判決に対する上訴ではない。当時それは不可能だった。ただし、マクノートンの裁判で被告人が実際に心神喪失であると法廷が説得された経緯をめぐって、あまりにも論争と混乱が広がったため、政府は法律貴族〔控訴裁判所の構成員に任命された上院議員。常任上訴裁判官〕に依頼し、法律をさらに明確にして囚人が正気か否かを判定する法的基準を設定することにした。

一見して、マクノートンは完全に正気を失っていたとはいえない。彼には意識清明な期間が充分あって事業を成功させていたし、ドラモンド殺害に先立って治療を受けたことも施設に入ったこともなかった。イングランド法では一時的または部分的な心神喪失が認められていないにもかかわらず、心神喪失とみなされ、したがって謀殺の罪には問われないというのは正しいのだろうか？　貴族院は、被告人がきわめて特殊な基準を満たしている場合は、正しいとして納得した。彼らが提示した心神喪失に関する「ルール」は「マクノートン準則†」として歴史に残り、今日でもイングランドの裁判所だけでなく、英連邦諸国や米国などの国際的な管轄区域でも適用されている。

貴族院はこう明言した。出発点はすべての被告人は正気であるとの推定でなければならない。ただし、この推定は被告人が自身の心神喪失の充分な証拠を提示できれば、反駁できる。そのためには、以下の基準を満たさなければならない。

心神喪失を根拠に抗弁を成立させるには、その行為を犯している時点で、被告人が精神の病のために理性を欠いた状態にあり、自身の行為の本質と特性を知らなかったこと、あるいは知っていたとしても、悪い行ないをしているとの自覚はなかったことが明確に証明されなければならない。

つまり、「マクノートン準則」とはかなり大げさな名称で、せんじつめれば心神喪失を理由に自分の行動の結果に対する責任がないことを裁判所に納得させるにあたり、被告人が証明しなければならない四つの重要なポイントのことだ。第一に、被告人は基礎となる医学的疾患（「精神の病」）を立証し、第二に、この疾患が精神的プロセスや理解力に影響を与えていること（「理性を欠いた状態」）を証明しなければならない。裁判所が以上の二点に納得した場合、心神喪失の訴えを成功させるにはあとふたつハードルがある。被告人は犯行当時、自分が何をしているか（「行為の本質と特性」）を理解していなかったこと、あるいは物理的に何をしているかは自覚していても、その行為が禁止されている（「悪い行ないをしている」）とは認識していなかったことだ。

この新しいルールは、さかのぼること一八一二年にジョン・ベリンガムの訴訟で適用された心神喪失の定義を基にしている。その訴訟では、パーシヴァルの謀殺が犯罪であることをベリンガムが知っていたかどうかのみが問題とされ、精神疾患には一切言及されなかった。今回の事件の特異な点として、マクノートンが実際は自身の名を冠したルールに照らして裁かれてはいないことがある。ルールは彼が天寿を全うすべく精神病院に収容された数カ月後、判事たちが独自に作成したものだった。仮にそのルールがマクノートン自身に適用されていたら、おそらく有罪になっていただろう。

一八六四年、マクノートンはベスレム王立病院から移送され、なだらかに起伏するバークシャーの田園地帯に新設された国立精神病院の黎明期の一患者となった。いまや悪名高いブロードムア病院†だが、その設立は議会が任命した「精神異常委員会」の活動によるもので、同委員会は一九世紀半ばには「犯罪狂人」のための公営専門施設の建設を提言していた。犯罪狂人とは、刑事裁判で心神喪失の無罪判決を受けたのち、国王陛下の御意のままに拘禁された人々のことである。ベスレムがサザクに移転した一八一五年当時、病院の建物のうち政府が出資した二棟に犯罪狂人が収容されていた。もっとも、こうした四人専用の施設は国内にはほかになく、全国の小規模な州立精神病院に一般の患者とともに収容された人のほうがずっと多い。

ブロードムアは最初に開設された精神異常犯罪者のための専門施設で、ダニエル・マクノートンらの患者がこの施設に移されると、ベスレムの犯罪者棟は閉鎖され、取り壊された。ブロードムアにつづいたのがノッティンガムシャーのランプトン†で、一九一二年のことだ。さらに、リヴァプールのモスサイドにもまもなく開設される予定だったが、第一次世界大戦勃発後、軍によって砲弾《シェル》ショックを受けた兵士の病院に徴用された。ここはやがてイングランドで三番目に警備が厳重な精神障害者施設、アッシュワースとなる。

この三つの施設はどれも刑事司法制度につかず離れず運営される病院であって、刑務所ではない。ムーアズ殺人事件〔一九六三年－一九六五年〕の犯人イアン・ブレイディはアッシュワースに三〇年以上収容され、ソーアム殺人事件〔二〇〇二年〕のイアン・ハントリーは正気で裁判に耐えられると判断されるまでランプトンに拘禁された。ブロードムアは通常、最も危険な患者を専門としており、平均以上の知能を持つ精神病質もしくは統合失調症の患者が多い。ギャングのロニー・クレイは、ホワイトチャペル地区のパブ〈ブラインド・ベガー〉での一九六六年ジョージ・コーネル謀殺事件で終身刑を宣告されたが、刑期中に妄想型統合失調症と診断され、ブロードムアに移送された。ヨークシャーの切り裂き魔ピーター・サトクリフは三〇年を同病院で過ごしたのち、二〇一六年に法廷でブロードムアにとどめておく臨床的根拠がなくなったと判断され、通常の刑務所に移された。クレイと同様、サトクリフが獄中で妄想型統合失調症と診断されたのは、一九七五年から一九八〇年のあいだにイングランド北部で発生した一三人の女性の謀殺と九人の謀殺未遂で有罪となり、二〇回にわたる同時執行の終身刑に服しているときのことだった。

ダニエル・マクノートンはブロードムアに転院してわずか一年後、五二歳の若さで亡くなった。だが彼の事件には興味深い脚注があり、すべてが見かけどおりではなかった可能性を示唆している。ホワイトホールでの逮捕時、警察がマクノートンを調べたところ、多額の銀行領収書を所持していたことがわかった。それこそ莫大な金額、七五〇ポンド（現在の四万五〇〇〇ポンド相当）である。どのようにしてその金額を調達したのかという問題は、法廷では追及されなかった。その資金のおかげで、マクノートンは自身を弁護する法律家や医師の寄せ集めチームを組むことができたのだ。

ある陰謀論では、マクノートンの見かけ上の心神喪失は作り話で、実際は首相を暗殺するために何者かに雇われた殺し屋だったとされてきた。誤った標的を撃ってしまったことに気づき、謀殺の有罪判決と絞首台を避けるために迫害やパラノイアといった話をとっさに思いついたというわけだ。また、獄中で銃撃や裁判について頑なに語ろうとしなかったのは、誰かを守るために黙っていたのだと解釈されている。

となるとイングランドの法制史上、最も有名な犯罪狂人が実際はどれほどの精神異常だったのか疑問が残る。ロバート・ピール首相の任期は、チャーティストや反穀物法同盟が主導する強烈な抗議運動と時期が重なっていた。ピール自身、政敵による暗殺の標的にされるのではないかと恐れていたほどだ。著書『善悪の判断（*Knowing Right from Wrong*）』で事件を包括的に再検討したリチャード・モランは、この評決が精神疾患と同じく、政治的な都合によるところも大きい可能性を指摘している。

マクノートンのケースは心理的説明を用いれば政治犯の信用は容易に落とせることを示している。彼の行為を病んだ精神の産物と解釈することで、心神喪失の評決はダニエル・マクノートンの名誉を傷つけ、彼に代表される政治思想を糾弾した……マクノートンの迫害の申し立ては精神疾患の症状とされ、彼の政治的意見は病気そのものとみなされるようになった……かくして、おそらく意図的な政治犯罪行為が、犯罪狂人の無意味な行為に変えられたのである。

しかし、この話は検証できないし、仮にマクノートンの狂気が本当に演技だったとしたら、彼はそれを首尾よくつづけてみせたことになる。それも二〇年以上にわたって厳重な監視下に置かれながらだ。ベスレム王立病院の患者記録には、彼は「不治の病人」であり、監禁中に臨床的改善の兆しは見られなかったと書かれている。

少女の首を切り落とした男の精神状態

心神喪失を理由とする抗弁はすべての刑事犯罪に適用される。しかし、マクノートンの無罪判決後、彼の名を冠するルールがからんだ最も有名かつセンセーショナルな事例は、謀殺事件の公判だった。結局のところ、非道な行為であればあるほど、陪審は被告人がその行為時に正気を失っていたと認める傾向があった。一八六一年に対人犯罪法†が発効し、死刑の適用は謀殺のみに限定される。これにより、死にいたらない幾多の犯罪に極刑が無差別に適用されることはなくなり、ほかのあらゆる犯罪の上に君臨する謀殺の地位が確立された。以来、故殺と判断する充分な根拠がない場合、心神喪失の抗弁が成立するか否かは、謀殺の容疑で審理される者にとって生死にかかわる問題となった。

とくに衝撃的あるいは暴力的な殺人の場合は、この抗弁が悪用され、〝前後即因果の誤謬〟のようなものが生じるおそれがあった――ある殺人がきわめて残忍だとしたら、それはきっと狂人にしか犯せなかったものだという理屈である。それゆえ、心神喪失の抗弁に懐疑的な人々は、この抗弁を狂人というより単なる悪人が絞首台を逃れるために利用することを懸念した。ショッキングな謀殺事件が少なくなかった当時、とりわけ凶悪なある犯罪にそうした懸念が象徴されるのだが、その裁判はまったく別の理由で歴史に残ることになる。

一八六七年八月二四日土曜日の夕刻、労働者のトマス・ゲイツが仕事場から家路をたどり、暑い夏の日につづく暖かな夕明かりを浴びながら、ハンプシャーの町オールトンを囲むホップ畑を歩いていたときのことだった。畑を縁取る生け垣のそばに置かれたホップ用の支柱二本に足を取られそうになった。足元を確かめようと下を向くと、支柱のあいだにある黒ずんだものに目を奪われた。少女の生首だった。それもせいぜい七、八歳にしかならない。ゲイツはどうにかして気を静め、その首を持って丘を駆け下りていくと、田舎家が並んでいるあたりに数人が集まり、盛んに話しているのが見えた。

その日の午後、ある家の子供がホップ畑で遊んでいたが、友達と一緒に帰ってこなかったため、町の人々は心配しはじめていた。そして彼らが小道を見上げると、ゲイツがぞっとするような重荷を抱えて走ってきたのだった。ゲイツは指示されるまま一軒のコテージに向かい、扉をノックした。扉を開けたのはミセス・ハリエット・アダムズで、実りのない午後の捜索から帰宅した彼女は、ここで恐ろしい光景を突きつけられた。ゲイツが抱える切り落とされた頭部は、長女ファニーのものだった。

ファニーの友達数名が語った話は、すべての親にとってこのうえない悪夢だった。彼女たちがコテージから小道を上がってすぐの畑で遊んでいると、ある男が近づいてきた。のちに男はフレデリック・ベイカーという、地元の弁護士事務所の事務員だと判明した。男はファニーに一緒に野原を歩こうと半ペニー銅貨を差し出し、友達には小銭を持たせて菓子を買いにいかせた。友達が道を歩きだしながら振り向くと、ベイカーが涙ぐむファニーの手を引いて小道を上がっていくのが見えた。生きているファニーが目撃されたのはこれが最後となる。しばらくして彼女の遺体が発見されると、警察は直ちにクレメンツ法律事務所に向かった。

ベイカーはファニーの死への関与を強く否定したが、それがありえないことを地元警察の警視はすぐに看破した。法律事務所の同僚たちの証言によれば、ベイカーはその日の午後、長時間職場を離れていたし、よく調べると、ベイカーの衣服には大量の血痕がついており、警察がベイカーの机を探ったところ、比喩としての〝煙の出ている銃《スモーキング・ガン》〟が見つかった。ベイカーの日記である。その日の記述は凡庸さが薄ら寒かった――「少女を殺した（Killed a young girl）。晴れやかで火照った」。釈明を求められると、ベイカーは「殺した（Killed）」のあとにカンマを入れ忘れた、殺人事件の報を日記に書いていただけだと主張した。巡査たちがベイカーを事務所から警察署に連行するころには、町の大通りに怒れる群衆が集まっていた。

ベイカーは町では有名な人物だった。生まれたのはギルフォードだが、ファニー殺害の約一年前にオールトンに引っ越してきていた。表向きは、地元の娘との婚約が破談になり再出発を図ったとのことだった。傷心のために酒と憂鬱の悪循環に陥ったようだが、報道された内容からはもっと暗い闇が示唆される。婚約者とその家族はどうやらベイカーに関する匿名の手紙に怖気づき、伝えられるところによると、彼の父親は息子の過去の無分別な行動を聞かされて神経衰弱を患ったのだ。ただし、それ以上の詳細は公表されていない。ベイカー本人はオールトンに移ってからは改心したと自認し、酒を断って熱心に教会に通うようになっていた。

ファニーの死因審問†は数日後にはじまった。当時、検死官†と死因審問の手続きは、不測の死に関する犯罪捜査上、いまよりはるかに積極的な役割を果たしていた。死因審問は事実上のミニ裁判で、検死官は特定の個人に対して謀殺か故殺の評決を下して手続きを終了することができ、その後、当該人物は完全な刑事裁判にかけられる。死因審問で個人を指名して不利な評決を下すこの権限は結局、一九七七年刑事法律法が施行された一九七〇年代に廃止された。検死官はいまも殺人罪（故殺または謀殺）の評決を実施できるが、これは現在、刑事訴訟手続きとは完全に切り離され、通常は謀殺事件の裁判のきっかけになるのではなく、そのあとに行なわれる。

ベイカーの事件では、死因審問をやるまえから結果はわかっていたに等しい。二日後、『ポリス・ニューズ（*Police News*）』の記事によると、

> 検死官がつづいて総括し、陪審は「ファニー・アダムズを殺害したフレデリック・ベイカーに故意の殺人」という評決を下した。そしてこの囚人をウィンチェスター監

獄に収監するための令状が作成され、謀殺罪の裁判を待つこととなった。

ベイカーは心神喪失を申し立てたが、ヴィクトリア朝の人々が抱く狂人のイメージにベイカーは合致しなかった。狂人であれば、立派な定職に就いて教会に通うはずがなく、地域社会の一員になって地元の女性に求愛することもない。さらに、ベイカーは背が低く痩せていて、顔は青白く、見栄えがしなかった——感づかれずにまぎれこんだ狂気の子供殺しという、三文犯罪小説そのものの姿である。ところが、法廷でベイカーが紡いだ物語は遺伝性の精神障害と思われる症例に彩られた家族の歴史だった。母方のおじは州立精神病院に収容されていて、以前はベスレム王立病院に入院していた。父親は激しやすく、ベイカーや兄弟姉妹を殺すと脅したこともあって、そのうちのひとり、妹はのちに詳細不明の「脳炎」で死亡していた。

子供のころのベイカーは鼻血や頭痛に悩まされ、一二歳になるまで学校に行けなかった。裁判に呼ばれた医師たちは、ベイカーが「殺人マニア」の症状に苦しんでいたと証言した。これはつぎのように診断される精神状態を指す。

通常、愛の対象の破壊によって示される。その人物は全般的に憂鬱であったり陰気であったりするとは限らない。普段は親切な人も殺人マニアになることがある……精神異常は家系によって伝えられる可能性があり、ある人物の親族が……精神異常の痕跡を示した場合、その人物も同じように影響を受けると推定される。

陪審は納得しなかった。ベイカーが苦しんでいたといえる唯一の精神異常は、当時のある記者が「悪行の狂気」と呼んだもので、「下劣な恐るべき情熱が久しく助長されて優勢になり、分別、自制心、理解力を一挙に悪魔のような衝動の奔流でさらっていく」。ベイカーは極めつけの悪だったが、イングランド法のもと、陪審は狂人ではないと判断した。一八六七年クリスマスイブの早朝、ウィンチェスターでの処刑には、数千人の見物人が集まった。

この殺人事件に関する記述では、ファニーはおおむね観念上の存在になっている。ベイカーの残虐な倒錯ぶりに対して、彼女の子供らしい無邪気さが強調されるものの、ファニー自身についてはほとんど語られていない。事件の報道はベイカーが現場ではじめたことを続行した――それは少女の人間性を奪うことだ。各紙の記事はファニーの運命を細部にいたるまで長々と綴り、現代のタブロイド紙の編集者も赤面するほどの関心をうかがわせる。一般の人々も似たようなもので、事件翌日の新聞が伝えるところでは、「日曜日、町は騒然と沸き返り、数千人が凄惨な悲劇の現場を訪れた。無邪気な子供の生々しい血溜まりが痛ましくも目についた」。

それでもファニー本人からの永続的な遺産がひとつある。独創的であると同時に悪趣味な言葉の体操とばかり、当時の英国海軍は標準以下の肉の配給を「スイート・ファニー・アダムズ（Sweet Fanny Adams）」と呼び、哀れなファニーのばらばらにされた遺体に引き比べた。この呼び方はやがて、無価値とか無意味とみなされるものすべてに用いられ、とくにアメリカ英語では、しばしば「スイート・F・A（Sweet F.A.）」と略され、独自の解釈が盛り込まれる。だが、どう表記され、何を意味しているといわれようと、この言葉が英語に登場したのは、晴れた日の午後、ハンプシャーの田舎のホップ畑で小さな女の子が無残な死を遂げたことによるのだ。

心神喪失を認められながらも有罪となった男

ベイカーの心の状態や病歴について裁判で実施された調査はやや大ざっぱなものだったが、そうしたアプローチが変わろうとしていた。一九世紀後半、精神疾患の診断と治療に対する臨床的関心が高まったことで、法廷でも医学の専門家がますます重要な役割を果たし、心神喪失を主張する被告人の精神状態について専門的な証言をするようになる。医師たちはひどく扇情的な法廷劇でにわかに注目を浴びつつあった。

一八九七年一二月一六日の夜七時過ぎ、ロンドンはコヴェント・ガーデンのメイデン・レーンとベッドフォード・ストリートの角に一台のハンサム・キャブ〔一頭立て二人乗りの二輪馬車〕が停まった。降りてきたのはウィリアム・テリス、ウェストエンドの大御所で、すぐそばのストランド街のアデルフィ劇場で上演される『秘密情報部（*Secret Service*）』の主役だった。テリスは友人のハリー・グレイヴズを伴っていた。馬車を降りたふたりはメイデン・レーンを歩き、劇場裏の通用口に向かった。テリスは自分の鍵を持っていて、メインの楽屋口に集まる人ごみを避けたかったのだ。グレイヴズによれば、テリスが鍵を手探りするのを見ていると、

誰かが道路の向こうから駆け寄ってきて彼の背中を二回、立てつづけに打ちつけた。最初は友情のしるしかと思ったが、親しみをこめたにしては乱暴すぎる気がした。テリスがとっさに振り向くと、男はミスター・テリスの胸に三回目の打撃を加えた。ミスター・テリスは言った、「なんてことを、刺された」。

テリスは劇場内に運ばれたが、まもなく死亡した。背中にふたつの刺し傷があり、第三の、致命的な胸への一撃が心臓を貫いていた。襲撃者は逃げようとせず、その場で逮捕された。名

＊アーチャーは複数の別名を持っていたようだ。ときにはリチャード・アーチャー・プリンスと記載され、裁判記録の謄本でもリチャード・アーサー・プリンスと呼ばれているし、ほかの資料によるとウィリアム・フリントの名でも知られていたらしい。こうした名前のいくつかは舞台用だった可能性もある。

前はリチャード・アーチャーで、*職業は俳優と名乗った。

翌年の一月、オールド・ベイリーで開かれたアーチャーの裁判での証言は、アデルフィ劇場で上演されるメロドラマの台本から抜け出たものだとしてもおかしくなかった。ダンディ生まれのアーチャーは、スコットランドでもイングランドでも俳優業は臨時雇いで、散発的な舞台への出演を、ダンディの造船所や鋳物工場での労働で補わなければならなかった。仕事をしていないときは、舞台にこそふさわしい派手な衣装を着てスコットランドの街を歩く習慣があり、〝マッド・アーチャー〟の異名をとった。ロンドンでは、二、三の作品で端役としてテリスと共演していた。

ところが、アーチャーは自己の才能について少々思いあがっていて、とくにロンドンの演劇関係者に対しては、自分にふさわしい大役をあえてよこさないと思い込み、恨みを抱いていた。プロとして鳴かず飛ばずの状態が長引き、俳優共済基金に生活補助手当の申請をせざるをえなくなる始末で、テリスには身元保証人になってもらっていた。劇場の通用口でテリスに接近する二時間前、基金の事務所を訪れたアーチャーは、最新の申請が不首尾に終わったことを告げられた。この報せがアーチャーにとって最後の転換点《ティッピングポイント》となったのかもしれない。

テリスに支援を受けていたにもかかわらず、アーチャーはこの俳優仲間のせいで自分は演劇界で芽が出ないのだと確信した。逮捕されたときには警察に、自分は脅迫の被害者で、テリスは自業自得だと陰気につぶやいた。しかし、彼の家族の言い分は違っていた。アーチャーは若いころから偏執性妄想に悩まされていたというのだ。母親に対して自分に毒を盛ろうとしていると非難したかと思えば、あなたは聖母マリアなので、当然自分はイエス・キリストだと告げたこともあった。さらに困ったことに、兄弟を突発的に火かき棒で攻撃したこともある。ミセス・アーチャーは息子の問題の原因をさかのぼり、赤ん坊のころ、晴れた日に野原に置き去りにしたせいで発症した重度の日射病に求めた。父親には精神疾患の病歴があり、アーチャーの兄弟のうちふたりは、正式な診断こそ受けていないものの同じ病に苦しみ、弟のデイヴィッドは「ばか」と呼ばれて田舎の農場に預けられていた。

アーチャーの裁判では、医療専門家数名が被告人側の証言台に立った。そのひとりであるベスレムの上級医師が、セオフィラス・バブリー・ヒズロップという変わった名前の持ち主だった。バブリー・ヒズロップ医師はアーチャーを再拘留中に診察し、彼の妄想は本物で、心の不健全さによるものだと得心した。それまでの診療業務で、幼児期の日射病の発症に起因する精神障害の患者は何人か見てきた。ヒズロップ医師は証言を特別痛烈な意見で締めくくっている――「彼［アーチャー］はベスレムで普段見ている症状と合致しました。自分の精神状態に疑問を抱かれることを非常に嫌がったのです」。

医師たちの証言はすべて一致した。アーチャーは精神障害を患っており、テリスへの襲撃は明らかに計画的で予謀されたものだったが、彼は自分の行動をほとんど制御できず、その行為が間違っているかどうかわかるとはいえない状態だった。つまり、マクノートン準則の基準では、心神喪失とみなさなければならない。そして陪審も医療専門家に同意したが、この数年のあいだに法律が変更されたためアーチャーは依然として有罪とされる。心神喪失を理由に無罪とする「特別評決」は、マクノートンの時代に法廷で有効とされたが、一八八三年の精神病者裁判法で廃止されていた。これによって心神喪失事件の陪審は、被告人は起訴されたとおり有罪ながら、犯行時に心神喪失だったという趣旨の新たな特別評決を提出することが求められた。評決の効力は変わらない——女王陛下の御意のままに期間不定の拘禁である。

アーチャーはブロードムアに送られ、一九三七年に死亡した。しかし、彼の犠牲者は何度も再演を果たしている。ウィリアム・テリスの幽霊はアデルフィ劇場に出ると伝えられ、ロンドン地下鉄に出没する亡霊たちのキャストにも加わった。お気に入りの舞台はコヴェント・ガーデン駅で、ここは彼が出番の合間によく利用していたパン屋の跡地だ。ヴィクトリア朝のフロックコートを着て、テリスのトレードマークである白い手袋をつけた長身の男が、長年にわたって何度か地下鉄の職員に目撃され、その後、跡形もなく姿を消した。最新の目撃情報は一九七〇年代のものである。

外的な圧力や絶望的な状況は殺人の理由になるのか？

リヴァプール・ストリート駅の叫ぶ霊たちや、ウィリアム・テリスが地下鉄で見せる死後の演技など、殺人の物語はどれも本質的には怪談である。こうした事件や裁判の語りでは、犠牲者が死後の世界から甦り、殺された復讐を果たす。しかし、法律はまずそこまで白黒はっきりしていない。精神疾患の影響で殺害した者を有罪とし、処刑することがどこまで正義にかなうかは、つねに議論の的となっていたが、ベスレム王立病院のような施設に無期限で拘禁されるという見通しは、長らく多くの人にとって死にも劣る運命だった。

一八二〇年代に至っても患者は日常的に鎖で壁につながれ、一般の人々は入場料を払えば病棟を訪れて日帰り旅行を楽しむことができた。フレデリック・ベイカーの弁護士は、心神喪失の訴えを依頼人にとって楽な逃げ道とする考えに強く反論し、「[ベイカーを]精神病院の生きた墓場に送るという過酷な刑罰、それ自体が死よりも恐ろしい刑罰」だと述べている。

マクノートン準則が作成されたことで、裁判所はようやく正気度を判定するシステムに近いものを手に入れ、コントロールできない内なる力によって殺人に駆り立てられた者の行動をどこまで法律で容赦するかを決定できるようになった。しかし、外的な圧力や絶望的な状況も同じく抗しがたいことがある。それもまた殺人の理由になるかどうかは、久しく議論を呼んでいた。マクノートンの死から二〇年後、同じように長い影を落とす別の異常な事件が裁判所に届けられた。イングランドの殺人法は、大洋の彼方まで見渡し、数々の海の言い伝えや道徳的相対主義を洗い直して、この厄介な問いに答えなくてはならなくなる——人を食べることはつねに悪いことなのか？

第二章

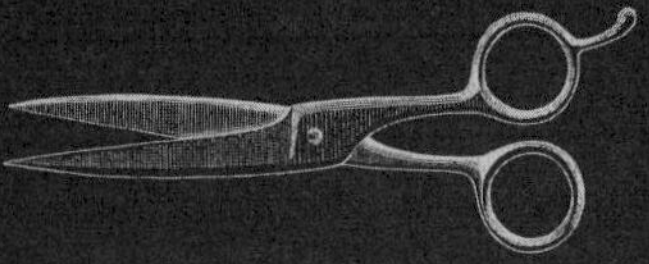

自治領の外へ

「じっとすること
描かれた船の
描かれた海を往くがごとく」

一八八四年九月上旬のある土曜日の朝、ファルマス港湾警察のジェームズ・ラヴァティ巡査部長は、そのコーンウォール地方の港の埠頭を巡回していた。この町は南海岸有数の重要な港にして、ロイヤル・メールの郵便を世界じゅうに運ぶファルマス・パケットの高速船の歴史的本拠地であり、長きにわたり公海からのあらゆる扇情的な話を国内で最初に耳にする場所だった。トラファルガー海戦の勝利の報も一八〇五年、まずファルマスで英国に上陸し、その後、駅馬車でロンドンに伝えられている。

ラヴァティは巡回するうち、町のカスタム・ハウス・キー〔税関埠頭〕の防波堤をめぐり、そこからキャリック・ローズ〔ファル川の河口〕の青い海原と緑の樹に覆われた斜面を眺めた。と、波止場のほうに視線を戻すと、埠頭のわきに停泊中の船から降りてくる一行が目にとまった。船はドイツ国旗を掲げていたが、入り江越しに聞こえる、道板をよろよろと降りる無骨な水夫三人の声は、英語だった。興味をそそられたラヴァティは、港から上がった彼らが右に曲がってアーウェナック通りに入るのを見届けた。慎重に距離をおいてあとを追った。

新古典主義建築のカスタム・ハウスの白い柱まで来ると、ラヴァティは二段のステップをすばやく降りて派手な王家の紋章の下をくぐった。相手を追ってカスタム・ハウスのロングルームに入ると、ファルマスの税関職員で精力的とはいえない徴収官、ロバート・チーズマン氏の机の前に水夫たちが立っていた。よく見ると、三人の船員はやせ細って服はぼろぼろ、皮膚は革のように堅く、髪は乱れていた。巡査部長が部屋の隅に座ると、水夫たちは順番にチーズマンの机に寄りかかり、目の前に広げられた書類にサインをしていった。署名がすむと、ひとりが話しはじめた。本人によるとトマス・ダドリーという名で、帆船〈ミニョネット〉の元船長だった。一等航海士のエドウィン・スティーヴンズと航海士のエドワード・ブルックスを傍らに、ダドリーは自分たちをファルマスの波止場まで導いた悲劇的な出来事を語りはじめる。彼らは〈ミニョネット〉をイングランドから航行させてオーストラリアの新しい船主に届けるために雇われた。同行するほかの乗組員はひとり、リチャード・パーカーというキャビンボーイだけだった。

五月にサウサンプトンを出港してから、航海はほぼ順調に進み、やがて七月上旬に大西洋中央部、アフリカ西岸沖に到達する。そこで嵐に見舞われ、帆船はトリスタン・ダ・クーニャ島とセントヘレナ島の中間あたりで沈没した。四人の乗組員は間一髪で難破船を逃れ、小さな救命艇に乗り移った。三〇日間の漂流ののち、〈ミニョネット〉の救命艇は、南米からドイツに向かうドイツの貨物船〈モンテツマ〉に発見された。大型船が救命艇に横づけし、乗員を引き上げようとしたところ、そこにはダドリー、スティーヴンズ、ブルックスしか乗っていなかった。日光にさらされた大きな骨と干からびた肉片が艇内に転がっていた。それが唯一この世に残るリチャード・パーカーの遺骸だった。

〈ミニョネット〉の乗組員は誠実な水夫として、海事当局に速やかに出頭し、それを体現する威厳ある人物チーズマン氏に、一八五四年商船法で必須とされる宣誓陳述書で難破の報告を行なった。この法律は英国の領海内、もしくは世界じゅうの自治領の外での商船活動をあらゆる面で規制するものだった。彼らはためらうことなく、パーカーの運命について、飢えた同僚に食物を提供するために命が捧げられたのだと語った。身の毛のよだつダドリーの話が終わると、ラヴァティ巡査部長は速やかに行動に移った。チーズマン氏が物品税法の執行を怠りがちなことには以前から疑問を抱いていたし、この税関吏が海での食人を自分の担当外とみなす懸念もある。ラヴァティは急いでカスタム・ハウスを出て町役場に直行し、ファルマス町長を説得して逮捕状に署名を得た。三人の水夫は逮捕され、町の監獄に勾留されて法廷審問を待つことになった。

二日後、水夫たちは町を抜けて坂の多い大通りを裁判所へと連行された。ずんぐりした灰色の建物で、二重アーチの窓が一八世紀前半の会衆派教会礼拝堂という起源を明かしている。一時期、ファルマスの町役場の建物となったが、このときは治安判事裁判所として使用されており、にぎやかな港に到着して正義の道を踏みはずした船乗りのろくでなしたちがつぎつぎにやってきていた。しかし、ダドリー、スティーヴンズ、ブルックスのような者を被告人席に迎えたことは過去にない。ドイツ船とその乗客が語る奇譚の噂はたちまち町じゅうに広まり、裁判所の外の狭い通りには大勢の人が集まった。

謀殺罪を成立させるべく西部に派遣された政府の弁護士、ダンクワーツ氏はジレンマに直面した。パーカー殺しの目撃者は当の囚人たちだけであり、一九世紀末の法律では、囚人が法廷で証拠を提出することは、たとえ自己を弁護するためであっても許されない。被告人を自分に不利な発言をすることから守る法的特権は、当然の帰結へと導かれ、自分の裁判での証言は「無罪」申し立ての理由を説明すること以外、妨げられる。ダンクワーツが起訴を進めるには重要証人が必要なため、ブルックス（パーカー殺害に関与していないとダドリーとスティーヴンズが認めた）に対する証拠を吟味したのち、〝国王〟（司法当局）は一計を案じた。結果、訴訟を取り下げられたブルックスは、ラヴァティ巡査部長やチーズマン氏、〈モンテツマ〉の船員一名とともに、船乗り仲間に不利な証言をする。判事たちはダドリーとスティーヴンズを謀殺罪で起訴し、その年の冬にエクセターで巡回裁判にかけることを決定した。ファルマスの実業家で地元の変わり者、ジョン・バートンが保釈金を立て替え、ふたりの囚人は夜行列車でファルマスから帰途につき、運命の日を待つことになった。

「海の慣習」としてのカニバリズム

ダドリーとスティーヴンズの裁判は、謀殺事件の裁判として他に類を見ないものとなる。どちらかといえば平凡な殺人の法律に加え、この事件は海の神話めいた伝承や迷信に包まれていた。ダドリーとスティーヴンズの逮捕と起訴は、チーズマン氏とラヴァティ巡査部長に詳細な報告をしたあとではほぼ必然だと見られるが、当人たちとしては寝耳に水だった。彼らの率直さは当初思われたほど軽率なものではなかったのかもしれない。ただ同胞の人間を食べることへの人として自然な反発を別にすると、自身の行動がもたらす結果についてさほど考えていなかったのだ。

難破後の絶望から生じるカニバリズムは、古くからの（ほとんど認知されていない）「海の慣習」だった。船長は船とともに沈む、女性と子供を優先する、といった伝統的な掟と並んで、こうした慣習も航海中の船乗りが守る非公式な作法の一部となっている。洋上の慣行や犯罪を律する正式な海事法の体系からは外れるにもかかわらず、それを遵守する者にとっては拘束力があると考えられているのだ。〈ミニョネット〉の乗組員たちは、この恐ろしい状況に置かれた船乗りなら誰でもやることをしただけで、一般的な「慣習」に従っている以上、この行動は殺人どころか違法ともみなされないと思いこんでいた。ラヴァティ巡査部長がこの件に介入してきたのは想定外だったわけである。

この「慣習」の合法性という問題は長いあいだ、イングランド当局にとって見過ごされがちながらも厄介な問題だった。この事件を題材とした一九八四年の著書『カニバリズムとコモン・ロー（*Cannibalism and the Common Law*）』で、法学者のA・W・B・シンプソンは、海事関係者のあいだでカニバリズムが盛んに行なわれていた歴史を明らかにし、一八世紀以降の世界的な探検や海の旅の隆盛とほぼ同時期だったとしている。〈ミニョネット〉の悲劇と同じ年に、カナダ北極圏で窮地に陥った米国陸軍探検隊はカニバリズムに頼ったのではないかと強く疑われた。これは生存者によって強硬に否定されたし、実証された報告はまれで、刑事事件となるとさらにまれだったが、船員はもちろん一般の人々のあいだでもこの習慣はかなり広く受け入れられていたのである。

裏づけとなる証拠は当然、手に入りにくかった。死体を食べることは有罪とみなされる証拠を消すのにきわめて有効な手段であり、このようなきわどい状況下では失踪した生存者が疑わしいともかぎらない。チーズマンがラヴァティの圧力を受け、この事件を商務庁に報告すると、付託を受けた内務大臣サー・ウィリアム・ハーコートが起訴を決定した。ハーコートはこの事件を、ついに法律を明確にし、キャビンボーイを食べるのは本来、悪いことではないとの考えを海事界から払拭する絶好の機会と考えた。

エクセターでの裁判では、航海中に全員が受けた試練のまぎれもない恐怖が明らかにされた。〈ミニョネット〉の旅は順調にはじまった。サウサンプトンを発ったのは五月一九日月曜日。悪運をもたらすとされる金曜日の出航を避け、慎重に選ばれた日だった。シドニーまでの航海は一二〇日前後かかると予想され、ダドリーはマデイラ諸島、カーボベルデ、ケープタウンに立ち寄るルートを計画していた。危険は承知のうえで大西洋中部を航行し、小型帆船を沿岸部の混んだ航路から遠ざけもした。いうまでもなく、この決断がのちに彼を悩ませることとなる。

七月五日の午後、〈ミニョネット〉は南大西洋のトリスタン・ダ・クーニャ群島とセントヘレナ島のあいだのどこかで嵐に襲われた。帆船の側面を巨大な波に激しく打ちつけられ、あと数分で沈没というところで、ダドリーは水没したキャビンからクロノメーターと六分儀を回収し、ほかの船員三人とともに救命艇に飛び乗った。〈ミニョネット〉が波の下に沈んでいくのを見守るほかにどうすることもできず、彼らは陸から一〇〇〇マイル以上離れた危険な海で己の運命に思いをはせることになった。ダドリーは最初の恐ろしい夜も更けたころ、「艇と同じくらいの長さがある大きなサメが艇の底に尾を打ちつけてきた。こんな怪物が近くにいると思うと、あまりいい気持ちはしない……われわれが櫂で何度か頭を叩くとサメは去っていった」と回想している。船乗りのご多分に漏れず、彼らもサメを目撃することは船上での死が迫る前兆と考えていた。

救命食糧となったのは缶詰のカブと、海から引きあげた不運なカメだった。飲み水は雨が降ったときに時化帽《しけぼう》にためるか、自分の小便を飲む。救命艇は狭くて屋根がなく、日よけにも風よけにもならない。クロノメーターと六分儀を使って船の位置は確認できたが、ダドリーは主要航路から離れたところを進むと決めていたため、船が通りかかる可能性は低いと承知していた。ある日の午後、ポケットナイフで六分儀の箱の蓋に伝言を刻んだのも、せめて救命艇が発見されたときに自分たちの物語が伝わるようにと願ってのことだった。

われわれ、トマス・ダドリー、エドウィン・スティーヴンズ、エドワード・ブルックス、リチャード・パーカーは、七月五日土曜日に沈没した帆船〈ミニョネット〉の乗組員で、小舟に乗って一五日が経過した。食糧も水もなく、ひどく衰弱している。緯度は推定南緯二五度、経度は西経二八度。主よ、われわれにご慈悲を、これをサウサンプトンに転送されたし。

乏しい糧食を食べ尽くしたうえに、救助がやってくる気配もないとあって、考えは自己保存に傾いた。まだ一七歳で、海水を飲んですでに体調を崩していたパーカーが、四人のなかでは最も若く、最も弱かった。難破から二〇日後、最後に食事をしてから一〇日後に、ダドリーとスティーヴンズは後戻りできない一線を越える。救命艇に横たわるパーカーをスティーヴンズが押さえつけ、ダドリーがその少年の喉をポケットナイフで切り裂いた。ふたりはパーカーの血を抜いて飲み、肉や臓器を貪る準備をした。ブルックスはパーカーの殺害に関わることを拒み、その行為のあいだ頭を防水服の下にうずめていた。ところが元同僚の遺体を目の前にすると、すぐに良心のとがめを克服した。一方、スティーヴンズは食欲を失い、パーカーの遺体をほとんど食べなかった。

驚くべきめぐり合わせで、殺害から四日後、三人は水平線上に帆船を発見した。ハンブルク行きの〈モンテツマ〉である。最近の食事でいくぶん元気になったとはいえ、三人はありったけの力を振り絞り、船をめざして必死に艇を漕いだ。ドイツ船の船長がこの小舟を発見し、針路を変えて漂流者を救出する。五週間後、彼らはファルマスに到着した。

一時期、ダドリーとスティーヴンズは心神喪失の主張をする可能性を探っていた。これを支持したのは世間の人々や記者たちで、あれだけ衝撃的な告白をしたあとでは逮捕せざるをえないことを充分承知していたが、何よりも無罪評決によって正義は果たされると考えていた。この事件が有名になったことで一躍全国の舞台に押し出された地方紙『ファルマス・パケット・アンド・コーンウォール・アドヴァタイザー』は、はっきりと心神喪失の評決を後押しした。

人間が一九日間の飢餓という拷問や、長くつづく渇きからの強烈な苦痛、心の苦悩と耐えがたい死の予感、転覆して溺れることへの絶え間ない恐怖による神経衰弱に耐え、しかも精神が少しも錯乱せず、自身の行動に対する責任能力を全面的に失わずにいることなど、とうていありえない。

しかし、このような戦略にリスクがないわけではなかった。マクノートン準則のもとで心神喪失の基準を満たす可能性はないに等しく、自分がした行為をわかっていない、あるいは理解していたとしても間違ったことだとは認識できなかったと証明する必要があったからだ。仮に心神喪失の主張を根拠に陪審の同情を得られたとしても、その場合は精神病院での無期拘禁という暗澹たる未来を突きつけられるだろう。そこで彼らは無罪答弁に賭けることにし、完全な無罪放免を目標に、もし失敗したとしても、せめて当局からの慈悲が得られることを期待する。

かくしてダドリーとスティーヴンズは、謀殺事件の裁判で緊急避難の抗弁を行なった。パーカーの殺害はほかの乗組員の生存を確保するために不可欠であり、したがって違法たりえないと主張したのだ。すべての証言を聞き終え、陪審はダドリーとスティーヴンズが実際にパーカーを殺害したことを確信したが、その殺害が謀殺であるかどうかは判断がつかなかった。裁判所は異例の措置として、陪審が「特別評決」を下せると裁定し、これにより、裁判で明らかにされた事件に関する事実は記録するものの、四人の有罪についての結論は出さないこととされる。事件はその後、ロンドンの王立裁判所に移管され、五人の裁判官が、特別評決で陪審員が記録した事件の事実をもとに、ダドリーとスティーヴンズが謀殺の罪を犯したかどうかを裁くはめになった。
サミュエル・テイラー・コールリッジの叙事詩「老水夫の歌」では、タイトルと同名の船乗りが神話めいたアホウドリや呪われた幽霊船との遭遇など、南洋で進めなくなった不幸を語る。この詩が発表されてから約一世紀後、首席裁判官コールリッジがダドリーとスティーヴンズの謀殺事件裁判第二回審理を取り仕切るべく裁判官席に着いたとき、その脳裏には大叔父の有名な言葉が浮かんでいたのではないか。対面したふたりの船員は、この詩を読んでいなかったかもしれないが、きっと水夫の悲しい物語に自身の試練と重なるものを見ただろう。

来る日も来る日も、
われらはこのまま、風がなければ動きもなく、
じっとすること描かれた船の
描かれた海を往くがごとく。

難破の絶望的な状況はエクセターの法廷議事録で詳述され、陪審の評決にも記されていた。ロンドンでの審理では、人間の自然な生存本能であれば、きわめて過酷な状況下で他人の命を奪うことを正当化できるのか、という厄介な問題にのみ焦点が絞られる。はたして謀殺を緊急

避難とみなせるのか？　この問いに肯定的に答えるよう裁判官を説得するのは苦しい闘いになると、ダドリーとスティーヴンズの弁護団も承知していた。無罪への鍵は、四〇年ほどまえに氷に覆われた北大西洋で起きた、もうひとつの船舶事故の物語にある、というのが彼らの考えだった。

少数の犠牲に多数の運命が左右される海難事故の法的ジレンマ

〈ウィリアム・ブラウン〉は一九世紀前半に大西洋航路で運行されていたアメリカの小型移民船である。一八四一年三月にリヴァプールからフィラデルフィアに向けて出発したとき、船倉は貨物で満たされ、客室にはペンシルヴェニアでの新生活に臨むスコットランド人やアイルランド人の乗客六五人が詰め込まれていた。出航から四週間後、船はニューファンドランド島の数百マイル南で災難に遭う。この同じ北大西洋の回廊に英国郵船〈タイタニック〉がそっくりな状況で沈没するのは、七一年後のこの時期のことだ。

四月一九日の夜、〈ウィリアム・ブラウン〉は氷山に衝突し、船首から沈みはじめる。船には救命ボートが二艘しかなく、船長と乗組員の半数が第一艇に乗り込み、第二艇は残りの船員と乗客の一部で満員となった。乗客のうち三一名を甲板に残したまま、船は沈んでいった。乗組員は全員救命ボートで脱出し、沈没の二日後に通りかかったフランスの漁船に拾われた。生き残った乗客のうち数人はやがてフィラデルフィアにたどり着き、地方検事局に沈没後の救命艇での出来事について訴えた。〈ウィリアム・ブラウン〉の乗組員のうち、フィラデルフィアで足取りをつかめたのは、アレグザンダー・ホームズという優秀な船員だけだった。ホームズは米国の法律に特有の犯罪で逮捕、起訴された——公海上の故殺罪である。

生き残った乗客たちが語ったのは恐怖の物語だった。沈没から数時間のあいだに、救命ボートの状況は悪化していった。船が氷山に衝突したとき、ほとんどの者は寝間着に下着といった格好でベッドから逃げ出したが、これは北大西洋の氷原で甲板のないボートで座るのに理想的な服装ではない。加えて、風が強くなり、雨が降りはじめて、何より困ったことに、ボートは浸水していた。翌日の夜には、ボートの乗組員たちも転覆する重大な危険性を感じるようになった。ホームズと仲間の船員たちは手を打たなければと決意し、男性の乗客を船外に放り投げはじめる。ある者は慈悲を乞い、ある者は祈りの時間を求め、ある者はもがき苦しんだ。だが、そのかいもなく、乗組員たちが作業を終えたときには男性の乗客一四名が救命ボートから放り出されていた。そのひとり、フランク・アスキンは沈む船から妹ふたりとともに脱出しており、妹たちはここで兄と別れることを拒んだ。ホームズがアスキンを救命ボートの低い舷側ごしに放り出すと、妹たちは後を追って海に身を投げた。

ホームズに対する国側の陳述はおおむね、船員と乗客の関係性に基づくものだった。乗組員は雇用上、海に出ればリスクは避けられないことを了解しているはずで、自分の命を守るために乗客を犠牲にするのは、これに反する。それを知らなかったのか、〈ウィリアム・ブラウン〉の船長は自身と乗組員を優先的に救命ボートに乗せ、沈没の現場から避難した。ホームズは自己保存を理由に故殺罪を否認し、弁護士たちは陪審に向けて、被告人の行動を裁く唯一公正な方法は、少なくとも比喩的には、あなたも同じ立場《ボート》に身を置くことだと強調した〔in the same boat は「運命、苦境をともにする」という意味の慣用表現〕。

この事件は細長いボートのなかで審理されるべきです。それはまさしく船べりまで沈み、四一人の半裸になった、飢えて震える哀れな人々が乗ったボートで、水が下から浅れ入り、上から注がれ、陸地からは一〇〇リーグ（約四八〇キロ）、真夜中で、氷に囲まれ、乗っている者には制御できず、きわめて変わりやすい天候、すなわち風と波の変化によって確実に破滅する状態にあるのです。

この災害を通じたホームズの行動は、必ずしも利己的ではなかったことが証明された。船が傾き、ついに沈没するというとき、救命ボートから甲板に戻って少女を救出していたのである。陪審が被告人を前にして心を決めかねたのは間違いない。審議を重ねた結果、ホームズを故殺で有罪としたが、情状を酌量している。この犯罪は極刑には値せず、ホームズは州刑務所での六カ月の重労働と二〇ドルの罰金を科された。やはり船乗りのダドリーやスティーヴンズと同様、少なからず世間の同情を集めたが、米国大統領ジョン・タイラーに求めた全面的な恩赦は却下されている。

ホームズはたしかに故殺罪の判決を下されたが、米国の裁判所の判決文のある部分に、ダドリーとスティーヴンズの被告人側弁護団は着目する。彼らの事件が特殊なのは間違いなく、イングランドの法廷で過去に海洋上のカニバリズムを理由に起訴された者はいなかった。それゆえ広く網を張り、緊急避難の抗弁を支持する判例のようなものを探さなければならなかったのだ。ホームズの裁判では、陪審に対して法律を要約する際、ボールドウィン巡回判事は、多数の運命が少数の犠牲しだいとなる海難事故の法的ジレンマについて、かなり長いコメントを残していた。生存目的のカニバリズムのケースを含め、このような状況で唯一その行為を正当化できるのは、犠牲者がくじ引きなど一定の手順で公正に選ばれた場合だろう。これはいわゆる「海の慣習」の教義と一致する――ダドリーとスティーヴンズは、ここから推論した。ホームズのケースでは、法廷は緊急避難の抗弁を事実上認めたが、〈ウィリアム・ブラウン〉の乗組員は乗客を無差別に船外に放り出したため、「海の慣習」には合致しないと判断したのだ、と。

この推論はコールリッジ首席裁判官からあっけなく却下された。首席裁判官はアメリカのケースをイングランドの法廷で拘束力のある典拠とはみなさなかったし、当の〈ミニョネット〉の乗組員たちも、ホームズの事例を自分たちなりに解釈したにせよ、ほかの者に食べられるひとりをくじ引きなどで公平に選ぼうとしたわけではない。パーカーに白羽の矢が立ったのは、彼が最も若くて最も弱く、肉体的に運命に抗う力も最小だったからだ。ダドリーとスティーヴンズは、パーカーはすでに病気にかかっていて、どのみち死ぬのは時間の問題にすぎず、殺害は自分たちを救う行為であるばかりか、ある程度はパーカーに情けをかける行為でもあったと主張した。

謀殺に対する緊急避難の抗弁をイングランド法に受け入れようとすれば、深刻な道徳的ジレンマをもたらすことに疑いはない。それを強調したのが、ダドリーとスティーヴンズの裁判で判決を言い渡した際のコールリッジ判事だった。「このような緊急避難を誰が裁けるのだろうか?」と彼は問いかけている。「何を基準に命の相対的な価値を測ればよいのか? 強さなのか、知性なのか、何なのだろうか?」結局のところ、法廷はむしろ、ダドリーとスティーヴンズが謀殺罪を免れた場合、そのあとに起こりかねない事態を懸念した。裁判官たちは全員一致の結論に達する。

したがって、この事件における囚人たちの行為は謀殺であり、評決で述べられた事実は殺人を法的に正当とするものではないと宣言し、満場一致の結論として囚人たちは……謀殺の罪を犯していると告げるのがわれわれの務めである。

判決は当然、死刑のほかになかった。しかし、彼らがファルマスに上陸した直後から、世論は不幸な船員たちを支える側にまわっていた。ファルマス町長には、彼らの逮捕状に署名した報復として銃殺すると「汚い不快な言葉」で脅す匿名の手紙が届いた。パーカーの家族でさえ、大いに彼らを支持していたほどである。パーカーの兄は最初の法廷審問のためにファルマスまで足を運び、あえて謀殺罪の宣告後に法廷でダドリーと握手を交わした。船乗りである彼らは、このような苦境に立たされたとき、ほとんどの船員がとったはずの恐ろしい行動をなぞっただけだと認識していた。テムズ・ヨット・エージェンシーが公募基金を設立して、ダドリーとスティーヴンズの高額な弁護団の費用をまかない、充分な額の残金がパーカーの姉に遺贈されることとなる。

全国各紙も断固として彼らの味方についた。九月二二日、ロンドンの『イヴニング・スタンダード』の投書欄にダドリーからの書簡が掲載された。おそらく謀殺罪で裁判を待つ自称人食い人種からの手紙が同紙で発表されたのは、このときだけだろう。

拝啓——広く読まれている貴紙を通じて、過去に洋上でひどい苦しみと困難に遭い、現在は法のもとで軟禁されている私と仲間に多大な同情を寄せてくださり、感謝を申し上げます。悪意や計画性をまったく伴わない行為で起訴されたことを、私たちは良心にかけて保証いたします。

敬具　トマス・ダドリー

この事件では政治的な側面も考慮しなければならなかった。内務大臣サー・ウィリアム・ハーコートは明確な法的判断を手にしていた。判事たちは緊急避難が命を奪う正当な理由にはならないし、なりえないという決定的な裁定を下していたのだ。その代わり、判決に対してヴィクトリア女王に慈悲が求められたとき、ハーコートには極刑判決を短期間の禁固に減刑するよう勧める用意があった。ダドリーとスティーヴンズは禁固六カ月の判決を受け、一八八五年五月二〇日、サウサンプトンを発ち、結果的に〈ミニョネット〉の最後の航海に乗り出した一年と一日後に釈放された。

出所後、ダドリーは家族を連れて速やかにオーストラリアに移住した。もともと航海終了後はその予定で、製帆職人として生計を立て、地元のコミュニティでは「人食いトム」の愛称で知られた。ヨットの六分儀を苦い記念品として保管していたのが、一九七〇年代にオーストラリアの家屋の整理で発見されている。一方、スティーヴンズはアルコール依存症と貧困に陥った。航海士のエドワード・ブルックスは、船員仲間に不利な証拠を提出することに同意していたため、実際にはともに裁判を受けることはなかったが、この事件で得たつかの間の名声を利用するのに余念がなく、当時盛んだった巡業式の見世物小屋やサーカスに「公海の食人鬼」の名で出演した。観客から会場に投げ込まれる生肉をかじるのである。

パーカーの遺骸は船員仲間とともにイングランドに戻され、サウサンプトンはイッチェン・フェリー村の自宅に近いジーザス・チャペルの教会墓地に埋葬された。彼はその村から青春期の冒険に出発したはずだった。だが、その後、文学の世界で独特な不滅の存在となり、リチャード・パーカーの名は海の上で危難に見舞われた者との関連で不思議と定期的に登場する。ヤン・マーテルの小説『パイの物語』の主人公がともに救命ボートに乗るベンガルトラは、パーカーにちなんで命名されていた。エドガー・アラン・ポーの小説『ナンタケット島出身のアーサー・ゴードン・ピムの物語』では、船が難破したのち、リチャード・パーカーという船乗りが飢餓状態の乗組員仲間に食人目的で殺される場面が描かれている。この小説が出版されたのは一八三八年、実在のパーカーが飢えた同僚たちの手で神に召される五〇年ほどまえのことだった。

彼らの裁判からわずか四年後、切り裂きジャックがロンドン東部で凶行を繰り返すなか、南大西洋の食人船乗りは悪名高いヴィクトリア時代の殺人者の年代記からほぼ弾き出され、法科の学生や海事史学者以外の者には忘れられた。ダドリーとスティーヴンズは狂人ではなかったし、私たちが愛する本当に恐ろしい化け物になれるほどの悪人だったはずもない。結果として、同時代のほかの殺人者と同じように人々の意識に入り込むことはなかった。おそらくパーカーと同様に、彼を殺した犯人たちも不幸な哀れむべき人物だったからだろう。

〈ミニョネット〉の悲劇には明確な被害者も悪党も存在せず、この物語は人に同じような恐ろしい状況に置かれた場合、自分ならどうするかを考えさせる。ドクター・クリッペンや切り裂きジャックのような行動をとらないでいるのは簡単だ。しかし、ダドリーやスティーヴンズと文字どおりにも比喩的にも同じ船に乗った場合、自分もリチャード・パーカーを殺して食べることはなかったとは、なかなか言いきれるものではない。

第一次世界大戦下で起きた最も衝撃的な殺人事件

陰惨な死への世間の欲求は衰えていなかったにせよ、二〇世紀の夜明けとともにヴィクトリア朝が過ぎ去ると、産業規模の殺戮が国を揺るがし、ホワイトチャペル〔切り裂きジャックが犯行を繰り返したとされる地区〕などの恐怖を完全に凌駕する。しかし、西部戦線での大虐殺の絶対的なスケールから、人々は個々の人間の残虐性の物語に無関心になるかと思いきや、実際はそうならない。第一次世界大戦で最も衝撃的な殺人事件が起きたのは、前線ではなく、ハンプシャーの赤レンガ造りの快適な別荘だった。

一九一五年一二月初旬、第九カナダ騎馬ライフル連隊がハンプシャーのブラムショット野営地に到着した。ブラムショット・コモンに設置された五つの臨時キャンプに、英国陸軍とともに西部戦線への展開を待つカナダ歩兵部隊が収容され、駐在する兵士たちは各キャンプを五大湖にちなんだ愛称で呼んでいた。新参者のなかにヘンリー・オザンヌ軍曹、三七歳のガーンジー島セントピーターズポート出身者がいた。ロンドンで何年か事務員として生活したのち、彼は一九一一年にカナダに移住して農民として新しい生活をはじめた。一九一四年のクリスマスの直前に入隊したが、まさか自身の命に対する最大の脅威がドイツの狙撃手ではなく、友軍の将校のひとりからもたらされるとは思ってもみなかったはずだ。

連隊の上層部はキャンプから数マイル離れたグレイショット村に宿泊していた。村の大通り沿いに建ち並ぶヴィクトリア調家屋での比較的贅沢な暮らしだった。一二月八日の午後、オザンヌは村のアランデル・ハウスの宿舎まで将校のひとりに呼び出されたが、その日のうちにキャンプに戻ることはなく、警報が発せられた。

翌朝、オザンヌの遺体がアランデル・ハウスの厩舎で毛布にくるまれた状態で発見された。地元の医師ヘンリー・ウィリアムズが厩舎に呼ばれたが、その所見は厳しいものとなった。オザンヌの顔は四〇カ所以上のナイフによる傷でひどく損なわれ、歯はへし折られていた。ここまでめった刺しにしたのは、殺人犯がオザンヌの身元を隠そうとしたからではないかと医師は考えた。頭蓋骨は強い衝撃で砕けていたが、それが死因ではない。ウィリアムズ医師が言うには、「首は脊椎骨まで深く切りつけられ、動脈と筋肉はすべて切断されていた。これは何度も叩き切ったため、残忍に叩き切ったためである」。

疑いの目はまもなくジョルジュ・コデール中尉に向けられた。オザンヌがこの家で会うことになっていた士官である。弱冠二二歳、戦争勃発と同時に入隊し、その評判は本人より先にイングランドに届いていた。同僚たちは常軌を逸した奇矯な振る舞いゆえに〝Le Fou Codere（気狂いコデール）〟とあだ名をつけ、指揮官のガストン・ヒューズ少佐はすでにコデールをフランスに連れていかないと決めていた。「倫理や精神の観点から部下を指揮することはできない」とみなしたからだ。命令を理解するのに難があり、会話をするのはほとんど不可能で、関心は話題から話題へと移り変わり、一貫した脈絡もない。理由もなく家具を壊してばかりで、カナダでは連隊のパレードを立ち止まって眺めていた見物人に襲いかかったこともある。コデールなら、前線行きを免れるためにパンツを頭にかぶったり、鼻の穴に鉛筆を突っ込んだりするまでもない。同僚や上官は完全に頭がおかしいと確信していた。喘息を理由にコデールを医学的に不適格であると認定し、一刻も早くカナダに送り返すことを、ヒューズ少佐は計画していた。

ここで話は込み入ってくるのだが、コデールはオザンヌが管理する連隊の資金の詐取をもくろんでいた。この中尉はイングランドに来てから分不相応な生活をし、最近アメリカから車を取り寄せたものの、残金を支払う手段がなかったのだ。そこでオザンヌに、ロンドンでカナダの通貨を英国ポンドに両替してこようと申し出たのだが、じつはその金を着服することに決めていた。そして窃盗の発覚を避けるために、オザンヌを殺すしかないと思い至る。驚くのは、コデールが事前に連隊の兵士数人とその意図を話し合っており、うちひとりはオザンヌを毒殺するのと撲殺するのとではどちらがいいかを議論していたことだ。その兵士たちはのちに、コデールに調子を合わせただけで計画を実行するとは思っていなかったと言い張り、例によって彼の奇矯さのせいにする。迎えたオザンヌ殺害当日の午後、コデールはお金の件を話し合うという名目で軍曹をアランデル・ハウスに呼び出した。まず彼はオザンヌに薬を入れたウィスキーを勧めた。それが相手に効かないと見るや、襲いかかったのである。推理ゲーム〈クルード〉の盤を思わせる優雅な家の間取り図からすると、コデール中尉が喫煙室で、塹壕戦用の棍棒を手にしていたのはまず間違いない。

コデールはつづいて、意識はないが息のあるオザンヌを廊下沿いに、地下の貯蔵室に通じる階段の上まで引きずっていった。オザンヌを階段から地下室に放り込み、自分も下りていって喉を切り裂いた。ともに伍長代理である使用人ふたり、ケラーとデジャルダンがコデールに喫煙室に呼び出され、言われるままオザンヌの頭の傷から床にこぼれた血を掃除した。それからコデールはふたりを地下室の階段の上に連れていってオザンヌの死体を見せ、毛布にくるんで厩舎に隠すように伝えた。デジャルダンはすぐに家を飛び出していった。ケラーは驚きのあまり口もきけず、上官に畏敬の念を抱いていたのか、素直に従った。

その夜遅く、ヒューズ少佐が調理室に入ってきたとき、ケラーは将校たちの夕食の準備に追われていた。汗を鼻から滴らせ、少佐と目を合わせようとせず、ボウルに入れたジャガイモの皮むきに集中していた。少佐はケラーの妙な振る舞いに戸惑いながらも、あとで酒棚の中身を確認しようと心に刻んだ。夕食時、ケラーは将校たちに配膳しながら、コデールの視線に部屋じゅうつけまわされるのを強く意識していた。厩舎に何が転がっているのか、ひと言でも口にしたら、コデールがその場にいる者を皆殺しにするのではないかと心配だった。配膳口からのぞいていたデジャルダンには、コデールは「やや奇妙で、やや顔面蒼白」に見えたが、活発に会話を交わし、相手の少佐や大佐は何かまずいことがあったとはまるで気づいていない様子だった。翌朝、コデールがアランデル・ハウスを出ると、ケラーはようやく口がきけるようになり、オザンヌの身に起きたことを少佐に話した。帰宅したところをコデールは逮捕された。

ウィンチェスター巡回裁判で迎えた謀殺罪の審理で、コデールは心神喪失を訴え、と同時に、オザンヌを殺していないと主張した。ケラーに宛てた手紙では、この伍長代理自身が殺人を犯したとして、自白を促してもいる。しかし、コデールに不利な目撃証言が圧倒的に多かった。陪審は三〇分ほど審議したのち、有罪の評決を言い渡した。

死刑判決が宣告されるべきでない理由を（裁判所の）書記官に答えるにあたり、囚人は言った――「私が言いたいのは、私は犯人ではないということだけです」

グレイショットはオールトンから南東に一二マイル（約一九キロ）ほど、コデールが心神喪失を理由に命乞いをしたのは、フレデリック・ベイカーが同じく心神喪失の訴えに失敗し、ファニー・アダムズ謀殺の罪で死刑判決を受けたのと同じウィンチェスターの法廷だった。しかし、カナダ人兵士コデールは五〇年前のベイカーにはなかった二度目のチャンスに恵まれる。一九〇七年、刑事控訴院が設立され、刑事事件で言い渡された有罪判決や宣告に対して被告人が控訴できるようになった。英国の法曹界は思いのほか、正式な控訴制度の採用には消極的だった。結局のところ、世界が羨む司法制度こそ、不正義に対する最大の防御にちがいない。そんな姿勢の欠陥が一九世紀後半には明らかになりつつあり、民事訴訟の判決に対する控訴院が一八七五年に設立された。

ところが、刑事裁判はさらに二〇年にわたり、そのような改革に抵抗した。理由は、おそらく刑法と社会におけるその役割の核心に迫るものだろう。昔から刑法でとくに大事にされ、神話化されてきた特徴とは、陪審裁判を受ける権利である。控訴裁判所ができると、最終判決が「一二人の善良な人々」から奪われ、被告人の究極の運命が裁判官の手に委ねられることが危惧された。改革派はさらに、現状でも充分機能しているのに、控訴手続きを設けるのは不釣り合いではないか、冤罪による死刑執行など、重大な誤審が生じる訴訟はむしろ少ない、という主張にも直面した。この立場は当時の極刑の普及度をずいぶん都合よく見過ごしている。死人に口なしとはこのことだ。

コデールは心神喪失の抗弁が却下されたことを不服として控訴し、その結果、揺籃期の控訴院は、設定から七〇年ほどたったマクノートン準則を見直し、依然として目的に合っているか確認する機会を得た。コデールの弁護士は第一審で提出ずみの限られた医学的証拠を再度持ち出した。弁護側の証人として呼ばれた精神科医のストッダート博士が、コデール本人の話としてオザンヌを殺したとき、ある人物の「催眠術の影響」下にあったと報告している。また博士は、コデールの父母両方の家系に精神疾患の既往歴があると確信し、家系図に限られた数の姓が繰り返し登場することに着目して、こう推測した。コデールの遺伝子プールは望ましい深さがなく、そのために精神疾患の遺伝的素因が悪化するのだと。

コデールの母親ウジェニーは、息子の過去の問題について長々と陳述した。病弱な子で幼児期から発作に悩まされ、母親はそれが発育に影響したのだと考えていた。子供のころは複数の学校から放校処分を受け、自分のペットを殺そうとする不穏な癖もあった。成人してからその行動はますます突飛になっていった。何人もの女性にプロポーズしたあげく、ある若い女性と出会った翌日に結婚した。陸軍に入隊した際、友人や隣人たちにカナダ政府の民兵大臣に任命されたと話している。マダム・コデールはイングランドにいる息子にはきっと恐ろしい災難が降りかかるのだろうと思うようになった。

しかし、問題となるのはコデールが自分の行動を理解し、それが証拠にオザンヌ殺害を周到かつ公然と計画して、事後ケラーに殺人の罪を着せようとしたことだった。彼の弁護団はこう論じた。過去の事件ではマクノートン準則が正しく適用されていない、正しい解釈としては、謀殺犯は殺人行為が法律で禁止されているだけでなく、道徳的に間違っていることを理解していなければならない、と。これは実質的に、心神喪失の判定の根拠は殺害時の自分の行動が間違っているか否かに対する被告人の主観的評価に置くべきだという主張である。当然のことながら、これを控訴院の裁判官は全面的に否定し、仮想上の「分別のある人間」の基準によって行為を判断しなければならないと断言した。犯罪者の行動を、異常にずれている可能性のある個人的な倫理基準《モラルコンパス》で判断する危険性を軽減するためである。

コデールは正気であると宣言され、有罪判決が支持されるとともに死刑宣告が確定した。コデールの両親がカナダから、ウィンチェスター刑務所での最後の日々をすごす息子に会いにやってきた。カナダ政府は内務大臣に執行猶予を強く要請し、コデールの故郷ケベック州シャーブルックの市民からは応援の手紙が大西洋を越えて殺到した。英国とカナダの関係が悪化するおそれを念頭に、英国政府は慎重に事を運ばなければならなかった。三月一五日に予定されたコデールの死刑執行の一週間前に、内務大臣は決断に至った。

囚人の精神能力に対する疑念および、戦地勤務を理由に当地に配置されたカナダ人将校の事例について、イングランドの司法行政がカナダの世論と対立することは思慮を欠くという事実を鑑み、この訴訟では国王の慈悲を適正に実行できると提議される。死刑判決はそれゆえ、終身懲役刑への減刑を視野に入れて猶予された。囚人はパークハースト既決囚刑務所†に移され、そこで精神状態を注意深く観察されることになる。

コデールの刑務所の記録を見ると、オザンヌへの凶行をあおった躁状態は再発しなかったにせよ、パークハーストでの刑期中にまったく何事もなかったわけではない。何度か自傷行為を試み、一度、禁止されていたカミソリの刃と囚人仲間への手紙を所持しているのが見つかったこともある。刑務所の薄い光沢のある便所紙に書かれた手紙で、「非常に扇情的かつ不穏当な発言」が含まれていた。家族は休むことなくコデールのためにイングランド当局に嘆願をつづけ、彼の精神状態がさらに悪化するまえに釈放してカナダに送還してくれるよう求めた。

一九三〇年にはすでに一四年以上服役していたコデールは、パークハースト刑務所長や医師からはいまだ危険になりうるとみなされていたが、内務省はついに釈放に同意した。カナダ政府の職員であるヴァージ医師が帰国の付き添い人として派遣され、一九三〇年二月二一日、コデールは刑務所の門を出て、同医師の出迎えを受けた。ふたりはサウサンプトンで旅客定期船アンソニア号に乗り込み、ノヴァスコシア州のハリファクスに向かった。オザンヌは故郷に戻ることもかなわず、ギルフォード墓地に軍葬の礼をもって埋葬された。グレイショットを通過する際、葬儀の列はアランデル・ハウスの外の道路で停止し、連隊のトランペット吹きが「消灯ラッパ」を奏でた。

結合双生児を切り離す手術に違法性はないのか?

ジョルジュ・コデール、トマス・ダドリー、エドウィン・スティーヴンズは通俗劇や歴史小説のページから抜け出てきたように思われるかもしれないが、実在した人物であり、彼らによる現実の犯罪が今日の法律に影響を与えつづけている。ダドリーとスティーヴンズがファルマスに上陸してから約一世紀、彼らの主張を継承し、緊急避難の抗弁をイングランド法に導入する試みは折にふれて行なわれてきた。いずれも失敗に終わっている。何挺の銃を頭に突きつけられようと、他人の頭に銃を突きつける資格は得られない。二〇世紀後半にこの問題がとりわけ数多く生じたのは医療事件で、裁判所は生と死の問題に答えるために法、科学、倫理の地雷原を進むことを余儀なくされている。近いところでは二〇年前にリチャード・パーカーの運命がいま一度法廷で議論され、生命の尊厳を中心に発展した法的構造との格闘が繰り広げられた。

二〇〇〇年、控訴院は生後一カ月の結合双生児の女の子の運命をめぐる悲痛な事件を審理している。双子はジョディとメアリという仮名で呼ばれ、この事件は世界じゅうで大きく報じられた。治療にあたっていた医師たちは、双子を切り離す手術をしたいと考えていた。手術しなければ予後は暗澹とし、ふたりともほんの数カ月のうちに死ぬだろう。だが手術をしても、それはそれで恐ろしい結果となる。赤ちゃんの血液供給や内臓の構造上、ふたりのうち体力のあるジョディしか手術後は生きられない。メアリは自分を生かしてくれている姉から切り離された直後に亡くなる。

家族にとってよい結論はなく、あるのはジョディにとってさほど悲惨でないものだけだった。両親の考えでは娘たちの状態は神の御業であり、子供のひとりを救うためにもうひとりが死ぬことを決めるのは自分たちではない。だから病院が手術をすることを承諾しなかった。そこで病院側は裁判所に、家族の同意がなくても手術を実施でき、このような状況では違法ではないとする裁定を求めた。
メアリとジョディのケースで犯罪の審理にかけられた者はいない。それでも、医療チームの求めた手術を合法と認める命令を与えるために、裁判官は手術が非合法とみなされる状況はないか検討しなければならなかった。違法行為を是認できる法廷などない。手術が行なわれれば、間違いなくメアリの死がもたらされる。そのため裁判所は、外科医が謀殺罪に問われる可能性を考慮し、その際、緊急避難の理論的な抗弁を適用すれば、手術の潜在的な違法性を回避できるか否かを見極めなければならなかった。
この概念にかかわる根本的な問題は、一八八四年のリチャード・パーカーの死に関して検討されたときから変わっていなかった。双子の裁判でブルック判事も述べているとおりだ。

私たちは、生命に対する権利をほとんど最高の価値と考えており、ほかの生命を救うため、あるいはおそらく大きな痛みや苦痛を避けるため以外の目的で、人を殺すことが正当化されることはほとんどないだろう。意図的な殺人に対する反発があまりにも強いため、功利主義的な理由を考えることができないのだ。

ダドリーとスティーヴンズの事件の影響については、裁判官の間でも議論されたが、最終的には、船員たちの殺人罪の有罪判決を、メアリとジョディのケースに適用して、手術を違法とすることはできないと判断した。彼女たちの利益のバランスを考えると、メアリの命を犠牲にしてでもジョディの命を救うために行動することが合法的であると判断したのだ。手術はほぼ一日かけて行なわれ、裁判所が判決を下した直後に実施された。メアリは手術終了後、しばらくして亡くなった。ジョディは家族と一緒に健康な生活を送っている。

変動していく謀殺と故殺の境界線

ジョディとメアリの分離手術を可能にした医療技術は、ダドリーとスティーヴンズの時代には想像もつかないものだったと思われる。二〇世紀に入ってからも、今日では当たり前になっている医療処置が命と健康を危険にさらしかねなかった。鎮痛剤や麻酔薬、抗生物質が普及していなかった当時、NHS（国民保健サービス）によるヘルスケアへの普遍的アクセスはまだ数十年先で、一見日常的な病気に致命的な結果がもたらされたとしても、それ自体は疑わしいことではなかった。

これはなにも医療の専門家自体を非難するものではない。専門家たちはいくぶん前時代的な環境下で力を尽くしていたのであり、それは自身や患者にとって不利な条件だった。一九二五年、女性の出産時死亡率は一〇万件につき四〇〇人ほどで、一九八〇年には一〇万件におよそ一〇人にまで低下している。だが、両大戦のあいだの時期に出産した女性は、依然として約一世紀前のヴィクトリア朝初期の妊婦とほぼ同じ死亡リスクを抱えていた。そこまで不確実だったことから、おそらくヒポクラテスの誓いの倫理綱領に思いのほか頓着しない医師たちに、一定の自由が与えられたのである。

とりわけ不気味なある事件が舞台を整え、殺人法が総点検されるとともに画期的な新しいアプローチが生まれ、故意には見えないものの、充分に非難に値し、有罪判決を受けるに足る殺害の類別と犯罪化が進められる。謀殺と故殺の境界線は、二〇世紀の残りの期間を通じて、ほぼ継続的に変動していくが、その最初の劇的な変化をさかのぼると、一九二〇年代半ば、デットフォードの長屋の屋根裏部屋でベッドに横たわるひとりの妊婦に行き着く。

第四章

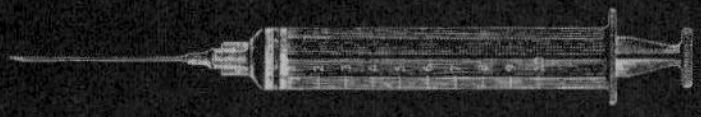

まかせてください、医者ではないので

「一本の金の糸が
いつも見られる……」

今回もご多分に漏れず、はじまりは死体仮置台にのせられた女性の遺体だった。名前はメアリ・アン・ハーディング、年齢は三三歳。一九二四年七月二八日に南ロンドンのデットフォード診療所に運ばれてきた彼女は、重度の内臓損傷を負っていた。手術に耐えられる状態ではないうえに、ほかにできる処置もないに等しく、みるみる衰弱して、入院から二日後に他界した。不幸な話でこそあれ、抗生物質や超音波検査、効果的な麻酔法が到来する以前の時代ではめずらしいことではない。それでも、彼女が診療所に運ばれてきた経緯と受けていた損傷から医師たちのあいだに疑念が生じ、検死解剖の指示が出された。タイル張りの遺体安置所の奥で、病理医が道具を並べたのち、慎重にメスを選んだ。

ハーディング夫人が病院に到着した当時の担当医から渡された手紙を確認し、病理医は夫人の入院が「出産後の合併症」のためだった点に注目した。手紙にはそれ以上詳しいことは書かれていなかった。解剖を進めていくと、膀胱《ぼうこう》の破裂、骨盤の底に押しつけられた結腸の圧迫、腸の断裂などが見られた。こうした傷は非常に深刻だったが、医師の手を介した難産とまったく矛盾するものではない。だが、つぎに見つけた——というより見つけられなかった——ものは説明がつかなかった。病理医は器具を置き、ハーディング夫人の腹部にできた空洞を呆然と見つめた。いかに厄介な出産だったとはいえ、子宮が跡形もなく消えるものだろうか。

故殺罪の審理を受けることになった「スラムの開業医」

多くの被害者がそうであるように、ハーディング夫人も犯人のことを知っていた。それは地元の男で、彼女が住んでいたテラスハウスが並ぶ狭い通りの住人たちによく知られ、尊敬さえされていたのである。彼女も自宅に招き入れたことがあり、全面的に信頼していた。よくあることだが、この男と出会ったきっかけは彼女の置かれた絶望的な境遇にある。一八世紀から一九世紀にかけてデットフォードに繁栄をもたらした海軍工廠（王立造船所）が一八六〇年代に閉鎖され、地域の経済的衰退に拍車をかけていた。

ハーディング家の状況はこの地域ではごく典型的なものだった。住んでいたのはデットフォードのニュータウン、ブルックミルロードにあるテラスハウスの四階の屋根裏部屋二部屋である。この地域が開発されたのは一九世紀半ばで、当時のデットフォードは鉄道の開通や継続的な産業の発展で活気づいていた。一八〇一年から一九〇一年にかけて、人口は一〇倍の一〇万人に増加し、そのうちの一万人がニュータウン界隈に集まって暮らしていた。メアリ・アンの夫ジョージも住民の多くと同様、労働者だったが、この地域の雇用の見込みは著しく減少し、第一次世界大戦が終わるころには、デットフォードはヴィクトリア時代以降の大都市の貧困を表す代名詞となっていた。

こうして粗末な住居に押し込められるように暮らしていたのが、メアリ・アンとジョージ、そして一三歳から四歳までの四人の子供だった。メアリ・アンが亡くなるほんの一週間ほどまえ、ハーディング夫妻は五人目の子供の誕生を待っていた。自宅での出産は大半の人にとって選択肢ではなく必須であり、医師を呼ぶにも費用がかかるため、大多数の女性は地元の助産婦の世話になった。メアリ・アンはこれまでの出産が厄介な合併症もなく済んでいたことから、陣痛がはじまったとき、今回はちがうと疑う理由はなかった。だが到着後まもなく、助産婦は分娩が思うように進まないことに不安を覚えた。赤ん坊が詰まっているのではと心配になり、七月二三日の夜遅く、地元の医師を呼ぶことにした。

パーシー・ベイトマン医師は電話のベルにベッドから起きあがった。地元の男性で三〇代半ば、この地域で働いて数年になる。この仕事は気高いと幻想を抱いていたわけではない――要は「スラムの開業医」だった。ただ、この電話から何を予期すべきかは心得ていた。たぶん善意はあっても資格のない助産婦が、おそらく劣悪な環境で何時間もかけて出産を介助しようとしたのだが、結局、土壇場で降参して医者を呼んだのだろう。医者は多かれ少なかれ絶望的な状況を救うために介入することを期待される。うまくいけば、母親か赤ん坊は助かるかもしれないが、おそらく両方はない。

医師は診察鞄に荷物を詰め、広いニュー・クロス・ロード沿いに建つ黄色いレンガ造りのジョージアン様式テラスハウスの自宅から一マイル（約一・六キロ）ほど歩き、ハーディング家の長屋に着いた。ハーディング夫人を診察した結果、助産婦が懸念していたとおりだとわかった。胎児は動けなくなっていて、自然分娩はできそうにない。二時間にわたり、血と汗とクロロホルムの混じったにおいが充満する屋根裏部屋で、ベイトマン医師は胎児の分娩を試みた。最初は鉗子《かんし》で、つぎには素手で。深夜、生まれた赤ん坊は死んでいた。

助産婦が奥さんは助かったのだからと夫のジョージに慰めの言葉をかけている間、ベイトマン医師はメアリ・アンと一緒に寝室に残っていた。死産の恐怖から一転、今度は胎盤の除去をしなければならない。メアリ・アンは疲労困憊《こんぱい》しているうえ多量のクロロホルムで鎮静状態にあり、医師は今度も手作業でこれを行なうはめになった。胎盤は非常にしぶとく、彼はさらに力を入れて引っぱりつづけた。やがて何かがはずれてメアリ・アンは大量に出血をはじめた。ベイトマン医師は器具をグラッドストン鞄にしまった。そしてふと思いついたように、摘出した臓器をすばやく布でくるんで鞄に入れてから、助産婦を呼んだ。翌日に患者の様子を見にくることを約束すると、そのまま彼は立ち去った。

出産後の数日間、メアリ・アンは朦朧《もうろう》とした意識でベッドに横になっていた。ベイトマン医師は約束どおり、毎日二回、彼女のもとを訪れた。メアリ・アンの容態は悪化し、夫のジョージは地元の診療所に入院させてくれと訴えたが、ベイトマンは頑として受け入れなかった。

ジョージにははっきり告げなかったにせよ、ベイトマンには明らかだったのだ。病院に連れていっても意味はなく、避けられない事態を先延ばしするにすぎない。ところが五日目になって、彼は態度を軟化させた。七月二八日、メアリ・アンはついに地元の診療所に運ばれた。入院に際して、ベイトマンは病院の医師たちに出産時の困難について詳しいことをほとんど伝えていない。病院医たちは、メアリ・アンは単に手術に耐えられるだけの体力がなく、これ以上手の施しようがないと判断した。

しかし、検死解剖をした病理医の所見からいくつか不審な点がもちあがった。そこから当の病理医と医療界全体を仰天させる事態となり、検死が終了してから六カ月後、ベイトマン医師はオールド・ベイリーの被告人席で故殺罪の審理を受けることになった。

医師の過失とミスの隠蔽

医師が殺人罪で裁判にかけられるのはよくあることではない。では、全力で仕事を果たしただけだと主張するベイトマンが、なぜこのような恐ろしい罪で起訴される結果となったのか？故殺罪は当初からずっと道義的責任と法的責任の狭間に存在してきた。何世紀にもわたり、裁判所はこの犯罪の意味づけにあたり、多種多様な致死行為を網羅するべく腐心してきた。その行為はよくて単なる偶然、悪くすると無謀にも愚かな行為まで多岐にわたる。いや、愚かにも無謀な行為までかもしれない。愚かさ、不注意、さらには無能力が死を引き起こした場合、どの程度までを犯罪とすべきかは、刑法にとっていまなお永遠の課題だ。故殺の定義にあたっては、つねに被告人の側にある程度の過失が必要とされてきた。それは死を招いた過失である。殺すつもりがなくても、有罪となるには、客観的に間違ったことをしていなければならない。

もちろん、医師が患者を治療することに犯罪性はない。その治療が否応なしに不首尾となることもある。人生とは、そして死とはそういうものだ。しかし、これでは医師の手当てにもかかわらず、というより、その結果として患者が死亡した事例の釈明にはならない。ベイトマン医師によるハーディング夫人への処置がいかに低く評価されようと、謀殺罪の要件となるような、実際に殺すことを意図していたという証拠はなかった。このため故殺が唯一、ハーディング夫人の死に関して警察と国王（訴追主体）の追求すべき選択肢となったのである。はたして、こうした事案に故殺罪は適用できるのだろうか？

二〇世紀初頭には、その答えはほぼ間違いなく〝ノー〟だった。歴史を振り返っても、裁判所は事故や錯誤を犯罪とみなすことに消極的で、故殺が極刑に値する罪とされていたころはなおさらだった。その後、一八六〇年代に死刑はほぼ謀殺犯のみに限定されるようになる。ベイトマン医師を立件するには、メアリ・アンに施した治療が適度な能力のある医師に期待される水準を大きく下まわり、患者への配慮がまったく見られず犯罪に相当することを裁判所に納得させなければならない。これは殺人法にとって新しい領域だった。

ベイトマン医師には具体的に三つの過失が申し立てられた。すなわち、分娩中にハーディング夫人の内臓を損傷させたこと、胎盤を取り除こうとして子宮を引き抜き、完全に除去したこと、ハーディング夫人を診療所に送るのが遅れたことである。ベイトマン医師はそのいずれも否認した。答弁では、ハーディング夫人の胎児の位置はそれまで見たなかで最も厄介だったと証言している。どんな医者でもこの赤ん坊を救うことや、ハーディング夫人を傷つけずに分娩させることは事実上不可能だっただろうと述べた。ハーディング夫人の子宮がないことについても遅ればせながら説明し、自らの過失を認めた。心臓や胃が弱い人には向かない話だが、医師は胎盤を取り出そうとして、じつは誤って子宮壁の裂傷をつかんでしまった。だからなかなか取り除けなかったわけだ。そしてまさしく力ずくで、間違った臓器をハーディング夫人の身体からもぎ取ったのだった。

なぜハーディング氏や助産婦の目をかすめて子宮を持ち去ることにしたのか、ベイトマンはその理由を説明できなかった。これよって、医師がとんでもない間違いを犯したことをすぐ自覚したという訴追側の説は裏づけられた。取り出した子宮を隠してハーディング夫人を診療所に連れていくのを拒み、自身の行為を隠蔽しようとしたベイトマンは、診療所で診察されるが早いか、自分のした処置について疑問を抱かれるとわかっていた。誤りを隠して職業上の評判を保ちたいという願望に、ハーディング夫人を助けるという考えは押しやられたのである。

訴追側弁護人にしてみれば、これが致命傷だった。陪審員は、仮に外科の専門家の証言を聞いても、ベイトマンの医師としての技術について判断を下せないと感じたかもしれない。しかし、ベイトマンが計算ずくでミスを隠蔽したというなら、その邪悪さは容易に理解できる。この冷淡かつ意図的な保身行為がハーディング夫人の死を早めたのだ。裁判所の言葉を借りれば、それは「重大で邪悪な怠慢、自己の過失による事態を改善する措置を講じないという点で罪深い職務怠慢であり……彼は自身の評判を守りたいがゆえに何もしなかったのである」。

訴追側の判断は正しかった。陪審は故殺で有罪とし、ベイトマン医師は執行猶予付き六カ月の禁固刑を言い渡された。この有罪判決にはすぐさま国じゅうの医師から抗議の声があがった。ベイトマン医師が告発されただけでも仰天とした医師たちは、有罪の宣告に激怒したのだった。

新たなカテゴリー「重過失故殺」の誕生

ベイトマンの時代の医療界は変動期にあった。全国民を対象とする完全な医療の社会化の到来はまだ数十年先のことだが、その方向への動きがはじまったのは何年かまえのことだ。二〇世紀に入るまで、ほとんどの医療は自己負担ベースで提供されていた。大企業のなかには労働者のために医療費を提供するところもあったし、友愛組合などの地域組織が地元住民向けに医療共済会を運営することもあった。家族が医師と直接「契約」を結ぶこともできた。裕福な地域で働く医師は、資産のある患者からの安定した収入を当てにできた。だが労働者階級の暮らす地区や農村部では、医業で生計を立てるのは困難な場合もあった。

一九一三年、「名簿《パネル》」と呼ばれる医療制度が国民保険法のもとで誕生した。この法律では、一種の国家健康保険が労働年齢の人々を対象に、所得制限つきで提供された。医師は保険医として名簿に登録し、対象となる患者を診察し、国家が料金を負担する。ベイトマンのように、デットフォードなど人口密度の高い工業地帯を拠点とする開業医は、地元住民から多数の患者を獲得できた。一九三〇年代半ばまでに、約一九〇〇万人がこの制度のもとで保険に加入している。労働者であるジョージ・ハーディングの場合、自分に必要な医療についてはパネル制度が適用されたが、その保険は妻や子供までは対象としない。そのため、ベイトマン医師によるメアリ・アンの診察料は、通常、不足分を補うために介入する地方自治体が支払った。ベイトマン医師の診察料は二ギニー――今日の相場では約一二〇ポンドである。

医師にとって、パネル制度は保証された水準の収入をもたらすものであり、さらに実入りのいい個人の仕事でそれを補うこともできた。英国医師会と保健省の取り決めでは、医師は健康保険患者の診療による純収入の半分を得られることが明示された一方、それに費やす時間は業務全体の三〇パーセントでよいとされていた。このためパネルの予約を迅速に処理し、より報酬の高い個人の仕事に時間を割くことが奨励されたのである。

一九八〇年代に発表されたパネル制度の評論にはこう記されている。

この保険システムは、医療の質の向上という患者――および社会――の利益と、より高い収入という医療従事者の大部分の利益との間に存在する対立を制度化していた。この対立が、パネルシステムを国民保健サービスに置き換える原因となったのである。

一九二〇年代から一九三〇年代には、パネル方式が医療の二層化を引き起こしたのではないかという不安もあった。とくに懸念されたのが産科や妊産婦の死亡例である。これはある程度、新しいことではなかった。たしかに一九世紀半ばまでは、出産のリスクやきわめて高い乳児死亡率のため、新しい命のはじまりは母子のいずれにとっても危険に満ちていた。分娩時にクロロホルムを熱心に使用する医師が増えたことが、一九世紀後半に妊産婦死亡率が三倍になった原因だとされている(この慣行は二〇世紀前半にはまだ一般的で、ベイトマン医師もメアリ・アンにクロロホルムを投与した)。

こうした危険に加え、ヴィクトリア朝後期のイングランドはのちに「嬰児殺しパニック」と呼ばれる状況に悩まされていた。一八六二年にこれをテーマとする本を出版したウィリアム・

バーク・ライアンら、社会改革者からの生々しい報告によれば、街路や運河沿い、森のなかを歩けば、ほぼかならず、それどころか鉄道車両に座っても、母親に遺棄されるか、最悪なことに殺された乳児の死体が見つかったという。

さすがにそれは誇張だろうが、当時、嬰児殺しは単なる都市伝説ではなかった。とりわけ労働者階級の女性は、使える避妊法が不足しているうえに、非嫡出子をひとりで育てることによる汚名と経済的苦境も相まって、妊娠した場合は苦境に追いこまれた。事情に通じた一部の運動家たちは、ことによると絶望的な状況で子供を殺す衝動に駆られた（さらには赤ちゃんを貧困と窮乏の人生から救っているとすら信じた）母親たちが、謀殺犯として有罪判決を受け、処刑されはしないかと懸念していた。

一八七〇年代以降、乳児を殺した母親の刑罰を軽減する動きが出てきた。だが議会での審議は難航し、重要な法改正が何度も頓挫して、ようやく一九二二年に嬰児殺法†が成立する――そのころすでにこの問題は一般には忘れられていたに等しい。こうした事件では、陪審員が女性を故殺で有罪とすることを渋ると認識されていたため、この法律では新たな殺人罪として〝嬰児殺〟が創設された。これが適用されるのは、妊娠や出産、あるいは現在なら産後うつに分類される症状の影響で精神のバランスが崩れ、生まれたばかりのわが子を殺した女性のみ。嬰児殺の有罪判決に伴うのは、極刑ではなく拘禁刑だった。

メアリ・アン・ハーディングの事件は嬰児殺しが関与するものではなかったが、ここでも妊娠、出産、乳児期は母子の双方にとって危険な時期という、公衆衛生上の懸念はつきまとった。妊産婦死亡と死産の数はヴィクトリア朝の水準からほぼ変わらず、医療界では、それはひとつにはパネル制度下の医師による診療の不均衡のせいであり、とくに貧しい女性の出産前ケアを穴埋めすべき地域の助産婦によるサポートに欠陥があると考えられていた。ベイトマン医師の事件は折よくその例を示す機会となった。

『ブリティッシュ・メディカル・ジャーナル（*British Medical Journal*）』は当時もいまと同じく、医師たちの主要な代弁機関で、投書欄にこの起訴に関する熱のこもった解説が掲載された。同業者たちの見立てによれば、ベイトマン医師は、この事件の不幸な状況によって窮地に追いこまれたのであり、真犯人は「工業地帯」と婉曲的に表現される地域に蔓延する無資格の助産婦たちだった。北東部の開業医、ブロードハースト博士なる寄稿者は、裁判所の事件処理に対して直接行動を起こすことを提案している。

仮に上訴しても［有罪判決が］取り消されないのであれば、今後、医師は助産婦の担当する患者の自宅で診療するのはやめて、全員を病院に送るべきではないだろうか。それで結果がよくなるとも思えない……が、少なくともベイトマン医師のような運命をたどる可能性からは逃れられるはずである。

この事件が危険な前例となっていることは誰もが認めるところだった。治療がうまくいかなかったときに犯罪者にされるとしたら、医師は治療そのものを渋るようになるだろう。困難な症例ではなおさらである。ベイトマン医師の妻は同業者たちが夫を支えてくれたことに感動し、前出BMJ誌への投書で感謝の意を表した。

どうか……こちらの欄を通じて、私の夫を法廷はもちろん、この貴重な会報でも見事に弁護してくださった忠実な紳士のみなさんに感謝することをお許しください。私の夫はベッドから跳ね起き、この気の毒な女性を助けるために全力を尽くしましたが、その報いとして法廷で犯罪者の烙印を押されるのです。

ベイトマン夫人による断固とした夫の弁護はやや正直さを欠くもので、重要な但し書きがひとつ省かれていた――この故殺の有罪判決がベイトマン医師の犯罪歴の最初の項目ではなかったことだ。ベイトマン医師には三犯、飲酒紊乱《びんらん》の前科があった。最も新しいのは一九二四年九月、ハーディング夫人の死に伴う裁判を待っていたときのものである。パブから戻ってきた彼は、隣人の家の玄関扉を蹴破ろうとしたのだった。この行動は差し迫った刑事訴追をめぐる「恐ろしくて耐えられない心配事」のせいだと主張したが、グリニッジ治安判事から四〇シリングの罰金を科せられた。

それでも、同業者の支持に勇気づけられ、ベイトマン医師は故殺の有罪判決を不服として上訴した。控訴院の裁判官三名を前に、一九二五年二月の数日にわたる審理で、ベイトマン医師の弁護士たちは彼の言い分を再度主張する。BMJ誌は息をのむようにして連日の進行を報じた。迅速に控訴審に漕ぎ着けたのはベイトマン医師にとって吉兆で、司法当局が医学界の悲惨な予測に警戒心を抱き、早期の再審理を望んだことを示唆している。ベイトマン医師は再度、きわめて困難な状況で自分はできるかぎりのことをしたと訴えた。ハーディング夫人の負傷はもちろん子宮の摘出も、出産時の合併症によるものとして予想されていたに等しい。罪はせいぜい誤りを犯した程度で、故殺の刑事責任を問うには不充分なのだと。

控訴院は説得された。ベイトマン医師によるハーディング夫人の治療は、故殺罪の要件となる刑事過失の高い基準を満たさないとの判断である。しかし、有罪判決を覆すと同時に、過失を故殺罪の根拠とするにあたって訴追側が立証しなければならない水準を設定した。控訴院の評決を下したヒューアート首席裁判官の言葉では、訴追側は陪審に納得させなければならない。過失が単なる補償の問題を超え、他人の生命と安全への無関心が見られた結果、国家に対する犯罪や刑罰に値する行為となるのだと。

この基準が設定されたことで、故殺の新たなカテゴリー——重過失故殺†——が生まれたといっていい。ベイトマン医師の事例では満たされなかった基準だが、将来的にはほかの訴追の基礎となる可能性がある。この裁判は新天地を切り開き、実質的に現代の故殺法を生み出したが、その一〇年後に、裁判所は殺人の基本に立ち返ることを余儀なくされる。南ロンドンのスラム街から遠く離れ、イングランド南西部地方の村々が、おそらく刑法をその根底から揺るがす家庭劇に衝撃を受けることとなった。

有罪を証明するのは訴追側の義務

一九三四年一二月一〇日の朝、サマセット州の小さな村ミルボーン・ポートで、ミセス・デイジー・ブラインは裏庭に洗濯物を干していた。住んでいるのは小さな家がこぢんまりと軒を連ねる、ちょっとした家族専用の居住区だった。隣の住人は未亡人である姉のミセス・リリー・スミス。スミス夫人の隣には、もうひとりの姉妹であるミセス・ロザリンド（愛称はまさしく、ローズ）・バッドが、夫のバートとふたりの子供と一緒に暮らしていた〔ローズ・バッド（rose bud）は「バラのつぼみ」を意味する〕。三姉妹とその家族は仲がよかったが、デイジーは隣家が万事順調ではないのを知っていた。リリーの娘、ヴァイオレット・ウールミントンは、夫のレッジと赤ん坊の息子と一緒に近くのカスルトン村に住んでいたが、最近レッジと喧嘩をして母親の家に戻ってきていた。結婚してまだ三カ月だったが、新婚生活の喜びはすぐに消えてしまったのだ。

風にふくらんだシーツの隙間から、ブライン夫人はレッジの自転車が隣家の壁に立てかけられているのを見つけると、やがて屋内から若い夫婦の大きな声が聞こえてきた。ヴァイオレットの母親が出かけているあいだに、レッジが妻に帰ってくるよう説得にきたにちがいない。塀越しに夫婦の口喧嘩を盗み聞きしていると、家のなかから鋭い音が聞こえ、つづいてレッジが玄関から飛び出してきた。デイジーは大声で呼びかけたが、レッジは下を向き、自転車に乗って猛烈な勢いで走り去った。ブライン夫人は隣家に入っていきながら、いまの喧嘩のあとで泣いているヴァイオレットの姿を予期していた。そして、おそらく何かが石の床に落ちて割れ、それで大きな音がしたのだろうと。ところが実際は、姪は小さな応接室の敷物に倒れて死んでいて、胸に銃創ができていた。赤ん坊は、母親の遺体から数ヤード離れた乳母車に横になっていた。

レッジとヴァイオレットは「交際」をはじめて二年ほどたったころに避けられない事態が生じ、やむなく一九三四年八月に急遽、結婚式を挙げた。一〇月には息子が誕生し、父親の名をとって命名されている。ヴァイオレットはまだ一七歳、レッジは少し年上で、シャーボーンの町周辺の村で農場労働者として働いていた。結婚後まもなく、雇い主の農場のコテージに引っ越し、当初はうまくいっていた。だが、子供が生まれたあとにふたりの関係は悪化した。

黒髪で下顎の突き出たレッジは、地元ではアマチュアボクサーとして知られ、ときにはヴァイオレットに拳を振るうこともいとわなかったらしい。スミス夫人はしだいに心配になり、赤ん坊のレジナルドがまだ生後数週間のころに、夫のもとを離れて自分の家に来るようヴァイオレットを説得した。考える時間を得たヴァイオレットは、もう帰らないと心に決めた。結婚前にバース近郊の服地店の使用人として働いたことがあり、また仕事に就くつもりだった。その朝、レッジが現れ、戻ってきてほしいともう一度訴えたとき、彼女は決意したことを伝えた。

銃を撃ったあと、レッジは自転車でまっすぐ帰宅した。すると母親と、彼が働いていた農場の所有者で雇用主のチーズマン氏に出くわした。レッジはふたりにヴァイオレットを撃ったことを説明した。警察が農場のコテージに呼ばれ、レッジが台所のテーブルについて待っているのを発見した。レッジは逮捕され、ポケットに見つかったメモから、ヴァイオレットを殺したあとに自殺するつもりだったことが判明した。走り書きされたメッセージは以下のとおり。

みんな、さようなら。これ以上つづけるのは苦しみ［ママ］。ずっと忠実に彼女が戻ってくることを願ってきてこれしか出口がない。やつらにだめにされたおれは仕返しする。こうすることを神に許してもらいたいがこれがいちばんいいことだ……彼女の母親はこの世の役に立たないが、弾は彼女とおれのぶんしかない。いまは正気だ……心からヴァイオレットを愛してる。レッジ

警察での最初の供述はメモと一致しており、それによると、レッジはヴァイオレットの死の全責任を認め、ヴァイオレットの母親がふたりの関係に干渉したことへの怒りによるものだとしていた。さらに彼はヴァイオレットが最近、シャーボーンで別の男性と映画を観にいったことも知っていた。メモによれば、この銃撃は復讐として計画されている。そしてチーズマン氏所有の、銃身を切り落とした散弾銃が凶器だと特定された。単純な謀殺事件だと思われた。ところがレッジは態度を急変させる。

一九三五年一月、トーントン巡回裁判での審理で、レッジは一二月の朝の出来事にまったく別の解釈を加えた。ヴァイオレットを訪ねた目的は、彼女を脅かして自分のもとに帰らせることだったと主張したのである。銃をコートの下、間に合わせのショルダーホルスターに隠して

コテージに行き、彼女が家に戻ることに同意しなければ目の前で自分を撃つと脅すつもりだった。法廷での反対尋問で、彼はヴァイオレットからこのまま別居して復職する決意を伝えられたときの様子を説明している。

レッジ：オーバーコートのボタンを外して銃を引き抜くと、その拍子に暴発したのです。

判事：なぜそれをかまえる必要があったのですか？

レッジ：最後の手段として、銃で自殺するつもりでいるのを彼女に見せたかったのです。

判事：そしてそれを妻に向けたのですか？

レッジ：わかりません。それがどこを向いているのか見ていませんでした。

弁護人：あなたにわかる範囲で、あなたの指は引き金にふれましたか？

レッジ：いいえ。暴発したときはショックでした。

嫉妬に駆られた夫が冷徹に計画した処刑は、いまや深い愛情から必死に行動したすえの悲劇的な事故に転じていた。ここからレッジの「遺書」が書かれたタイミングがきわめて重要となる。訴追側は、書かれたのはレッジがヴァイオレットに会いにいくまえであり、それゆえ銃撃があらかじめ計画されていたことを示す明確な証拠になると考えた。レッジは、このメモを書いたのはヴァイオレットを殺したあと、農場のコテージに戻ってからで、自分のしたことを下手なりに説明しようとしたのだと主張した。まだ銃で自殺する勇気を奮い起こせないうちに、警察が逮捕にやってきたのだと。トーントンの陪審員たちはレッジの話にいささかまごつき、一致した評決を下すことができなかった。この事件はブリストルの治安判事裁判所で再審理の対象となり、一九三五年のバレンタイン・デーにレジナルド・ウールミントンは妻の謀殺で有罪判決を受け、死刑を宣告された。

レッジは判決が法律的に間違っていると主張して、直ちに控訴した。この主張は完全に退けられはしなかったが、控訴院を揺さぶるほどでもなかった。ウールミントン事件で適用された法律に多少の疑問があったにせよ、控訴院は変わらず、実質的な誤審は生じていないと確信していた。言い換えれば、手段に問題があっても、目的は否定されない。有罪判決と死刑宣告は確定した。ところが、この事件はさらに劇的な展開を見せ、法律の歴史に名を残すことになる。

控訴院自体は陪審の決定を覆す用意こそなかったが、ブリストルでの審理のやり方、なかでも裁判長の謀殺法の解釈には懸念を抱いた。陪審員に法律を説明するのは裁判官の役割であり、陪審員はそれを受けて事件の事実が現状の法律に合致するかどうかを判断しなければならない。そこで控訴院はこの事件を貴族院で審議するよう命じた。一九世紀後半から二〇〇九年の最高裁判所設立[†]まで、貴族院は憲法に関わる機能に加え、国の最終審裁判所としての権能も有していた。貴族院から数名の議員が選ばれ、法律貴族として下級裁判所からのあらゆる事件の上訴を扱う判事の役割を担ったのである。

レッジ・ウールミントンの弁護団は、判事が陪審員に法律を説示した際のある発言に注目した。陪審員に謀殺の法律について詳しく語りながら、スウィフト判事は法律の概略をこう述べている。

> 人間を殺すことは、その人がどのように殺されようとも殺人であり、すべての殺人は悪意ある謀殺と推定される……いったん、ある人が他人の行為によって死亡したことが陪審員に示されれば、それは謀殺と推定される。ただし、死を招く行為を犯した者が、実際はさほどではない、酌量されたり故殺罪に軽減されたりする可能性がある、

もしくは偶発的なものか正当とされうるものであると、陪審員を納得させることができた場合は別である。

レッジの弁護チームによると、この発言の結果、陪審員に謀殺の法律がまったく誤って伝わり、イングランドの法制度の礎石がひとつ崩れたという——その礎石とは、有罪だと証明されるまでは無罪とする推定である。この裁判官のように法律を説明するのは、殺害が偶発的だったことを証明する責任はレッジ側にあると、陪審員に伝えるに等しい。実際は、殺害が故意だったことを訴追側が立証しなくてはならなかった。

この事件を検討するにあたり、貴族院は殺人の歴史を調べるべく、古代の *mord* や *murdrum* の法律にまでさかのぼり、サー・エドワード・クックとその同時代人の著作を経て、二〇世紀に至るまで探っていった。そして発見したのは、謀殺罪の法律の条件や裁判所が求める証拠の規則は数世紀にわたって変化してきたかもしれないが（彼らはクックの著作を「だらだらした、とりとめのないゴシップ」と断じたヴィクトリア朝の法律家の言葉を引いている）、不変の基本的要点がひとつあるということだった。

入り組んだイングランド刑法のいたるところに、一本の金の糸がつねに見られる。

囚人が有罪であると証明するのは訴追側の義務であり……それを切りつめようとする試みはとうてい受け入れられないということである。

貴族院は控訴院と同じく、全面的な誤審がないと判断した場合に控訴を棄却する権限を持っていた。しかし、ウールミントンのような極刑事件では、むしろ慎重すぎるほうがいい。法律貴族たちは、もし法律について正しい説明を受けていたら、陪審は別の評決を下せただろうと考えた。謀殺の代わりに故殺で有罪とすることもできたが、貴族院は評決を完全に破棄することを選択した。レッジ・ウールミントンは自由の身となる。法廷で判決文が読みあげられたとき、彼は「何を言われているのか意味がわからず、茫然と立ち尽くした」。

地元シャーボーンでは、レッジの両親が一万四〇〇〇人以上の署名を集め、有罪判決が支持された場合の執行猶予を嘆願していたが、その必要はなかった。サマセット州に凱旋したレッジは、自白した殺人者より帰還した戦争の英雄にふさわしい歓迎を受けた。ウールミントン夫妻はキッチンテーブルを囲んでお祝いの茶会を開き、州内の村々で三角旗が飾りつけられた。ミルボーン・ポートのスミス夫人は、娘を殺した犯人の釈放に浮かれる光景をおののきながら見つめるしかなかった。保護していたレジナルド・ジュニアは養護施設で育てられることになり、夫人は娘と孫の両方を奪われた。その赤ん坊の父親はというと、釈放後まもなくドーセットを離れ、ジャージー島で偽名を使って新しい生活をはじめた。彼の息子はのちに養子として引き取られ、生みの親の痛ましい物語を知るのは中年に達してからになる。

小さな家が並ぶこの一角は、ヴァイオレットの死からわずか数年後、スミス夫人とブライン夫人にとって不気味なまでに身近な、さらなる悲劇の舞台となる。一九四二年九月、ふたりはテラスハウス内の三軒目に呼ばれて姉のバッド夫人に会いにいった。彼女はベッドでぐったりし、転倒して具合が悪くなったと言ったが、やがて真相を認めた。国防市民軍兵に所属する夫のバートが、銃剣の手入れをしているときに誤ってローズの鼠径部を刺してしまったのだ。姉妹に説得されて病院に行くと、下腹部に穿孔があることがわかった。腹膜炎を起こしており、傷の修復手術をしたが、助からなかった。

妻が亡くなった翌日、バート・バッドの遺体が納屋で発見された。片手に銃を持ち、もう片方の手には家族の写真が握りしめられていた。夫妻の死因審問で検死官は刺し傷が偶発的なものである可能性に懐疑的だったし、地元の噂によれば、バートは妻が駐留軍の兵士と話していることに嫉妬していたらしい。しかし、死因審問は、ローズは事故死、バートについては「〔妻の〕事故による苦痛のために〔夫の〕心のバランスが崩れていた間《かん》」の自殺という評決で締めくくられた。

ローズとバート・バッドの死は近隣地域以外ではほとんど話題にならず、地元の新聞も、以前に隣家で起きたヴァイオレットの殺人との家族的なつながりを指摘することはなかった。しかし、このウールミントン事件は貴族院が初めて極刑宣告を覆した例として歴史に残ることになる。イングランドの司法制度を貫く「金の糸」という貴族院の説明は、刑法を支える推定無罪の原則の近代的な宣言にほかならない。ところが、この事件は大げさな法律論や学術的な関心を呼び起こしたものの、どうやら上訴の過程でひとつ厄介な細部が見落とされたらしい。

裁判でのウールミントン自身の証言によれば、銃が暴発したのは、これで自分を撃つと脅しながらコートの下から銃をヴァイオレットのほうへ上向きに振ったときだった。埋もれがちだが、トーントンでの原審の報告書には、病理学者ゴドフリー・カーター博士の証言が載っている。カーター博士は、銃弾は一ヤードほどの距離からヴァイオレットの胸めがけて発射され、はっきり下向きの軌道を描いたと断言しており、誤射だったというレッジの説明を根底から揺るがした。しかし、この点の重要性は貴族院では無視されたと見え、真実は歴史の彼方へ追いやられているようだ。

自動車事故と重過失故殺

レッジ・ウールミントンの有罪判決を覆す貴族院の決定は大きな注目を集め、国じゅうで第一面を飾るニュースとなった。これはめったにないケースで、法律貴族が約一世紀前にマクノートン準則を定めて以来、最も注目を集めた判決だった。しかし、ウールミントン事件から二年とたたないうちに、国の最高裁がいま一度頼りとされ、殺人法の将来的な方向性が決定づけられる。

ベイトマン医師の事案で打ち出された重過失故殺という新しいカテゴリーは、死に至った原因が個別の犯罪行為ではなく、注意や判断の重大な過失である、さまざまな状況に適用される。過失の認定には、殺人者が被害者に対して注意義務を負っていて、その義務に違反した結果、死に至ったことを立証しなくてはならない。医師と患者の関係に内在する注意義務は、過失に基づく故殺の法律を発展させる自然な出発点となった。しかし、つぎの段階として、この法が明白なシナリオを超えて現実の世界で自立できるかどうかを見極めることが、さらに重要だったかもしれない。二〇世紀前半の現実世界は、ことによると人類史上最も手近な殺人兵器に支配されていた——自動車である。

イングランドで最初の死者が出た自動車事故は、一八九六年八月一七日月曜日の昼下がりに発生した。ロンドンの水晶宮《クリスタル・パレス》を訪れ、カトリック十字架同盟が開催する毎年恒例の禁酒祭に参加していた四四歳のブリジット・ドリスコルが、敷地内で興奮した乗客を運んでいた新しい展示用自動車の一台に轢かれたのである。ドリスコル夫人の娘とその友人が恐怖とともに見つめる前で、車はジグザグにコースを横切り、ブリジットに突っ込んだが、ある懐疑的な目撃者によると、そのスピードは疾走する馬のようだったという。車は倒れたブリジットの上を直進して頭蓋骨を押しつぶした。駆けつけた医師の判断によれば、ほぼ即死だったのが不幸中の幸いだった。

翌日、死因審問での証言で、運転手のアーサー・エドセルはこの車を運転するようになってまだ三週間であることを認めた。衝突時のスピードは時速四マイル（約六・四キロ）程度だったと考えており、ドリスコル夫人によけるよう叫んだが、彼女は車を見て「まごついている」ように見えたと主張した。これに異議を唱えるように、ほかの目撃者たちは車からの警告は聞こえなかったし、敷地内に掲示されていたという「馬なし馬車に注意」の看板も見なかったと述べている。水晶宮会社は事故の責任こそ認めなかったものの、ドリスコル夫人の葬儀費用を負担すると申し出た。

死因審問の評決は、ブリジットの死は事故であり、運転手であるエドセル氏に過失はなかったというものだった。たしかに、初期の道路上の死は大半が事故に分類されたし、単純にドライバーや車がさほど多くなく、道路上の危険は差し迫った問題にはならなかった。しかし両大戦間期の英国ではドライバーの数が急増し、一九二一年には一〇〇万人だったのが、一九三九年には三〇〇万人に達する。この爆発的な増加は交通安全が大きく取り沙汰されることを意味し、一九三〇年代前半に政府は早くも由緒ある道路交通法†の第一号を制定して、運転の基準など、道路上の活動をあらゆる面で規制した。

するとこの法律は下手なドライバーとの衝突を避けられない。たとえば、悪意さえあったウィルフレッド・アンドルーズだ。一九三六年六月のある晩、アンドルーズはリーズ自治体の運輸部門の運転手として夜勤についていた。午後一〇時三〇分ごろ、故障したバスの応援に呼び出され、作業用のヴァンで出発した。アンドルーズのルートは、市街から西に向かい、郊外のアームリーを通る幹線道路トング・ロードをたどるものだった。前を走るドライバーに苛立ちをつのらせ、アンドルーズは加速して相手の車を追い抜いた。その少し先で、ウィリアム・クレイヴンが早足で道路を渡ろうとしていた。アームリーの裏通りのひとつ、グラスミア・ストリートへの帰途のことである。

アンドルーズは都市部の制限速度である（一年前に導入された）毎時三〇マイル（約四八キロ）を超えた走行をつづけており、間に合うように停止できるはずがなかった。しかも進路に入ってきた歩行者を避けようともしなかった。クレイヴン氏は時速約三五マイル（約五六キロ）でヴァンにはねられ、ボンネットに乗りあげたまましばらく運ばれてから車の進路に滑り落ちた。アンドルーズはクレイヴン氏をまっすぐ乗り越え、通りがかった自転車乗りを危うくよけると、そのまま夜の闇に走り去った。五五歳のクレイヴン氏はリーズ総合診療所に搬送されたが、負傷のため夜のうちに死亡した。

一方、アンドルーズは自分の痕跡をできるだけ早く消そうと手を尽くした。自治体の車庫に戻ると同僚たちに、呼び出されたがバスが見つからなかったから早く帰ってきたと嘘をついた。数日後、警察に追及されても嘘を並べ、クレイヴン氏が殺されたときに当該の道路にいたことを否定した。故殺罪の審理では、道中の記憶がまったくないと法定に嘘の証言をした。

それにもかかわらず、陪審は喜んで有罪を評決した。アンドルーズが言い渡されたのは禁錮一五カ月と生涯にわたる免許取得禁止、これでは運転手としてのキャリアを絶たれたも同然である。彼は自分の運転に重大な過失はなかったとして、即刻控訴した。このカテゴリーの故殺は制定後まだ一〇年あまり、交通犯罪に関する法律はさらに新しいとあって、当時の政府は誤解が生じる余地のないように配慮した。異例なほど公共性が高いとの理由から、法務長官はこの訴えを貴族院に付託した。

アンドルーズは道路上の殺人で起訴された最初期のドライバーである。そしてこの事件は、ベイトマン医師の事例で確立された重過失故殺という新しい法律の最初の重要な試金石ともなった。危険運転や不注意運転による死亡はまだ刑事犯罪ではなかったため、運転中に死者を出した者を起訴するには故殺が唯一の選択肢だった。しかし、ベイトマン医師を端緒に重過失故殺の概念が導入されるまえは、そうした起訴は厄介なものだった。従来、故殺は死につながった不法行為の要素を立証することに依存していたが、事故とみなされがちな事案ではそれを証明するのが難しかったのである。重過失故殺が法制化されたことで、本当に悪質なドライバーを起訴できる可能性が大きく高まった。

運転者は歩行者に衝突しないよう注意する義務があるとの考えは、物議をかもすものではなかった。アンドルーズの状況は、故殺の新しい概念を適用するのに理想的なテストケースとなった。アンドルーズの有罪判決を再審理するなかで、法律貴族たちは故殺の法律にはほぼ無限の濃淡があることを認めた。アンドルーズの上訴審の首席裁判官、アトキン卿はこう述べている。

> **すべての犯罪のなかで、故殺は最も定義が困難だと思われる。それは多種多様な条件での殺人に関わるからである。**

しかし、法律貴族たちの意見は一致した。ベイトマン事件で示された原則は、悪質な運転による死亡例だけでなく、死亡事故につながったあらゆる過失を伴うほかの事例にも適用されるべきである。故殺の有罪判決を下すには、被告人の運転の仕方に他人の生命と安全への軽視が見られなければならない。貴族院はアンドルーズがクレイヴン氏を轢いて死亡させたことで、この基準に達したと納得した。アンドルーズの有罪判決は支持され、重過失故殺はイングランド法にしっかり埋めこまれたのである。

アンドルーズが有罪と宣告されからの数十年間に、車の所有者は幾何級数的に増加し、交通事故による死亡者数も上昇したが、運転中の故殺罪の判決は停滞していた。一九五〇年代にはすでに、議会は死亡事故を起こしたドライバーに裁判所が対処できていないことを懸念していた。陪審員は過失の法的煩雑さを理解できず、それが理由で運転者に故殺の有罪判決を下さなかったことも少なくない。だが、危険運転などの軽い罪は、悪質な運転に人が殺される事例の重大さを充分に反映していなかった。

そこで政府が提案した解決策は、無謀運転または危険運転による致死というまったく新しい犯罪を創設することで、これが新たな道路交通法として一九六〇年に法制化された。ウィルフレッド・アンドルーズの有罪判決が先例となり、悪質な運転による致死に故殺が適用可能で、適用すべきともされるが、陪審員は有罪判決を嫌うことが多かった。故殺はきわめて重大な犯罪であることに変わりはなく、有罪宣告には謀殺に次ぐ汚名がついてまわる。

アンドルーズ以降、有罪の評決が少なかったのは、こうした事例で陪審員が直面するふたつの困難のためだ。重大な過失という判断基準を運転関連の事例に適用するのは、しばしば概念的に困難だった。何しろ客観的な基準が存在しない。陪審員自体、運転がうまい人もいれば下手な人もいて、他人の運転を判断するための潜在意識中の尺度はまちまちだろう。これに加え、場合によっては、運転が下手だからといって故殺のような重大な犯罪で有罪とはかぎらないとの疑念もつきまとった。

イングランド法に新しい犯罪が導入されたことで、こうした問題は解決した。危険運転致死†は過失の証明を必要とせず、刑期は最大でも五年とされた。危険運転致死は、導入から七〇年以上が経過したいまも有効で、そこには飲酒運転や薬物運転による死亡事故に関する、より現代的な犯罪が追加されている。ごく重大な事例は別として、こうした犯罪が故殺の適用に取って代わってきた。いまなお、車での死亡事故に関して謀殺罪が成立する可能性があるのは、自動車自体が凶器として使われる状況、明らかな殺意をもって歩行者に故意に突っ込んだ場合などだ。

殺人法を変えてきた人々

両大戦間のわずか一〇年あまりのあいだに、殺人法を取り巻く風景は劇的に変化した。これは裁判所による広範な介入に負うところが大きい。ベイトマン事件は故殺という新しいカテゴリーを生み出したが、レジナルド・ウールミントンは殺人罪に対する「従来の」考えに沿った古風ともいえる状況説明で自己を弁護しようとした。凶器なり殺傷力のある武器を、激情に駆られて意図せず用いたという説明である。

故殺の有罪判決を下す根拠としての過失はいまや法律で確立され、二〇世紀が進むとともに法廷でますます幅広い状況に適用されていく。ヴィクトリア朝の終焉後に、こうした変化の機は熟した。産業革命の余波を受け、日常生活はさまざまな点でより危険になっていたが、刑法は二〇世紀の現代生活の危険性に追いついていなかった。故殺法の再検討が長く待たれていた。

ベイトマン医師が最初に有罪判決を受けた当時、『ブリティッシュ・メディカル・ジャーナル』は医療関連故殺の刑事訴追が雪崩のように起きると予測したが、それが現実となることはなかった。二〇〇五年に法医学会で発表した論文で、医師兼法廷弁護士《バリスター》のマイケル・パワーズ勅選弁護士は、一九二五年から一九六九年にかけて医師の訴追に成功したのはわずか二件だったと確認している。ようやく一九九〇年代になってこうした事例は顕著に増加し、二一世紀初頭には年間十数名の医師が故殺罪で告発されるようになった。こうした個人の責任と並んで、過去五〇年のあいだには医療など職業環境での死に対する制度上の責任も問われてきている。これは一九七〇年代の安全衛生法にはじまり、ついには二〇〇七年に法人故殺という独立した犯罪が創設され、いまやホスピタルトラスト（公立病院自主運営組織）が、雇用人である医師とともに、ときには医師に代わって被告人席に着くようになっている。

一九二〇年代のデットフォードを皮切りに、重過失故殺罪は職業上の、そして個人的な誤りに至る、さまざまな過失を包含するまでに拡大されてきた。公訴局の現在のガイダンスでは、この犯罪が「ほぼ無限に多様な」状況で発生することを認めている。ただし、最も遭遇しやすいのは医療、拘禁、職場などの環境だ。被告人が被害者に対して注意義務を負っていたこと、そしてそれに違反したことが過失の必須要素であり、有罪判決を確定させるにはこれを立証しなければならない。こうした義務は、医師と患者、雇用者と被雇用者といった、職業上の関係や信任関係に最もよく見られる。

だが、この犯罪は現代生活の脅威や危険な誘惑に驚くほど適応できることを証明してきた。二〇一五年一二月、シャーロット・ブラウンはロンドン中心部のテムズ川でスピードボートの事故に遭い、悲劇的な死を遂げた。彼女を川に連れ出したのはボートのオーナー、ジャック・シェパードである。シェパードは高速運転中に酔っぱらい、事故の直前にボートを操縦したことのないブラウンに舵輪を握らせた。しかも救命胴衣を用意していなかった。これだけでも陪審員に重過失を納得させるには事足りる。シェパードは裁判の直前に国外へ逃亡し、不在のまま有罪を宣告された。結局、二〇一九年に英国に戻り、ブラウンの故殺罪で六年の実刑判決を受けている。

その系譜からわかるように、殺人法を変えるのはセンセーショナルな事件でも影のあるストーカーでも、中庭の下の埋葬人でもない。凡庸な開業医や危ないヴァンの運転手が、ミスや不運から法律の成り立ちに影響を与える。たまたま恐ろしい状況に陥り、その反応が、しばしばひどく人間的でありながら、不充分だったと判明した人々だ。故殺の境界を広げて重大な過失を含むようにしたことで、殺人法は再検討の道を歩みだし、そのまま二〇世紀後半へ突入していく。

レジナルド・ウールミントンを完全に免責することをいとわなかった貴族院が、そのわずか二年後、ウィルフレッド・アンドルーズの有罪判決を支持したことは、ほんの二〇年前なら偶然とみなされていた事例なだけに、別の不安領域がふくらみつつあることを暗示していた。ウールミントンは謀殺罪が成立すれば処刑されていたのに対し、アンドルーズは比較的短い拘禁刑と、車を運転できない不便さを突きつけられたにすぎない。貴族院にも、イングランドの法制度の基本思想のひとつを根本的に誤解した判事の言葉をもとに、ひとりの人間を絞首台に送る用意はなかった。さらに広く、死刑そのものが絶対的な正しさとはほど遠いという懸念は、引きつづき悩みの種となる。第二次世界大戦後のイングランドは、国の集合的良心をさいなむ一連の事件に揺さぶられ、謀殺法は長く論議を呼んできたその歴史上、最も劇的な総点検にかけられる。

第五章

収穫逓減とキャピタル・ゲイン

「こんなことになるとは
思ってもみなかった」

〈マグダラ・タヴァーン〉は、ハムステッドを南北に走るサウスヒル・パークの傾斜したカーブ沿いに建っている。ロンドン・オーヴァーグラウンドのハムステッド・ヒース駅に面した格好だ。高層のロイヤル・フリー病院がそびえているが、そこはむしろ並木道の静かな場所で、ヒースの南端に面し、サウスエンド・グリーン商店街の喧騒を遠巻きに見下ろしている。〈マグダラ〉で最後の一パイントが注《つ》がれたのは二〇一六年。ロンドンの多くのパブと同じく、ここもいまは空き家だが、パブ経営者やプランナー、開発業者はその将来をめぐる議論でかまびすしい。永久に閉店するにせよ、一時的に運気が下がっているだけにせよ、二〇世紀有数の悪名高い殺人事件に関わることで、このパブは不朽の存在となっている。

一九五五年の復活祭の日の夜、ルース・エリスは〈マグダラ〉の外の舗道で恋人のデイヴィッド・ブレイクリーを撃ち殺し、イングランドで絞首刑に処された最後の女性として歴史に名を刻んだ。彼女の謀殺事件の裁判は、ほかに大きな論議を呼んだふたつの事件の直後でもあり、謀殺法の歴史上最も重要な改革のきっかけとなった。裁判所、政府、社会は殺人を犯した者をどのように分類し、犯罪者として処罰するかについて、実存的な問いかけを迫られる。

挑発という由緒ある抗弁

ルース・エリスの物語は、映画、書籍、演劇、そして数えきれないほどのドキュメンタリーの着想源となってきた。彼女は一九二六年にウェールズで生まれたが、一九五〇年代前半にはすでにロンドンに住んでいた。戦争と配給制による窮乏生活から解放され、戦後のウェストエンドで活況を呈した高級クラブで支配人や経営者として働いていたのだ。一九五三年に、経営するクラブの常連客、デイヴィッド・ブレイクリーと交際をはじめる。ブレイクリーはエリスより二歳下で、社会的な地位は数段高かった。名門私立のシュルーズベリー校出身で、自動車レースの現場周辺で過ごす時間が長く、裕福なためレースは趣味以上のものになったが、フルタイムの仕事にできるほど優秀ではなかった。ナイツブリッジのホテルで経営者の見習いをしてみたものの長続きせず、財産のある継父、のちにはクラブで働くエリスの給料がもっぱらの収入源となった。

ブレイクリーは日ごろから無責任で不誠実だった。エリスと交際していながらヨークシャーの資産家の娘との婚約を発表しては破談にしたり、ロンドンで数名の女性と浮気をしたり。それでもエリスは熱が冷めず、不安定なふたりの関係は曲がりなりにも、二年つづく。一九五五年の聖金曜日、ブレイクリーが帰宅せず、エリスは疑心暗鬼に駆られた。ハムステッドにある友人たちのフラットにいるのを突き止めると、通りから建物の監視を長々とつづけ、近所の人からお茶に招かれるほどだった。その日の夜、デイヴィッドの友人たちが警察に通報した。フラットの前の道路に駐めてあったデイヴィッドの車に傷をつけようとしているのを発見したためだ。エリスは憤然としてナイツブリッジの貸し部屋に帰宅した。

復活祭の日、今度は三八口径のスミス＆ウェッソンで武装してハムステッドに戻り、〈マグダラ〉の外でブレイクリーを待った。板張りのバーにいた酒飲みたちの記憶によれば、眼鏡をかけた金髪の女性が型板ガラスの窓越しにのぞきこんでいたという。ブレイクリーが友人とパブから姿を現すと、エリスはそばの戸口からすっと出て声をかけた。その姿を見たブレイクリーはすぐに背を向けて車に乗り込もうとした。エリスにとって、それは最後の侮辱だった。彼女は銃を抜き、パブの外の舗道でブレイクリーを四回撃った。その場で非番の警官に拘束され、一九五五年六月にオールド・ベイリーで裁判にかけられた。審理はわずか二日で終わり、六月二一日にブレイクリー謀殺の有罪判決を受けた。三週間後、彼女は絞首刑に処されている。

その期間から推測されるように、裁判自体は簡単に進められた。エリスは挑発されたことを理由に謀殺にはあたらないと主張した。そこで裁判官はまず、この抗弁を陪審員に検討させるに足る挑発の証拠があるかどうかを検討する。エリスの場合、それはなかったと判断した。こうなると陪審員は彼女が謀殺で有罪かどうかを検討するだけでいい――より軽い故殺の評決を言い渡す選択肢はなかった。そして謀殺罪については、合理的か否かにかかわらず、疑いの余地はなかったに等しい。彼女がブレイクリーを撃ったことは議論するまでもなかった。発砲した当時の意図について訴追側から問われると、エリスはただこう述べた。「決まっています。

彼を撃ったとき、私は彼を殺すつもりでした」

挑発という由緒ある抗弁はルース・エリスのような人々を助けるためのものではない。ジョージ王朝時代に頂点を迎えてから、挑発の概念は裁判所によってしだいに狭められた。一九五五年当時の法律は、考えるまえに行動する短気な人に有利だった反面、故人の側に殺人を誘発した何らかの積極的な行動を要件としていた。挑発という抗弁が前回法廷に持ち込まれたのは、エリスがブレイクリーを撃った五年前、胸が騒ぐほどそっくりな事例でのことだった。

一九歳のルネー・ダフィは、夫のジョージと赤ん坊の息子とともにマンチェスターのチータム地区に住んでいた。夫妻は結婚して一八カ月、ルネーの祖母がフラットに同居しており、それで夫婦関係に緊張が生じていたのはまちがいない。一九四八年一二月七日の夜、妻が出ていきたいと言い出し、ジョージと激しい口論になった。ジョージがルネーの腕をつかんで後ろにひねりあげ、ルネーはどうにかそれを振り払って部屋を飛び出した。しばらくしてルネーの祖母が玄関扉の閉まる音を耳にした。夫妻の寝室に行ってみると、ジョージが意識を失ってベッドに倒れていた。頭には大きく開いた傷口がいくつもあり、そばの上掛けの上に手斧が置かれ、壁に血が飛び散っていた。地元の病院で医師たちが手を尽くしたにもかかわらず、ジョージは負傷が原因で翌日、亡くなった。

謀殺容疑で裁判にかけられたルネーは、ジョージから頻繁に暴力を振るわれていたと主張し、その話は傷や目のまわりのあざを何度か目撃したという姉の証言によって裏づけられた。しかし、陪審はルネーの挑発という抗弁を退け、情状酌量の余地は大きいとしながらも、謀殺で有罪と評決した。死刑の宣告にあたり、裁判官は彼女が「長く体系化された虐待と残忍さ」の犠牲者だったことを認めたが、もはやどうすることもできなかった。ルネーはストレンジウェイ刑務所に再拘留され、運命を待つことになった。

暴力的な夫に追いつめられ、死を定められた一〇代の妻にして母の姿は、民心の琴線にふれた。獄中でつらい生活をおくっていたルネーは、思わぬところから支援の申し出を受ける。アバディーン・プレス紙に掲載された記事によると、「痩せて孤独な三三歳のパリの工員」ジョルジュ・ブーシュがダフィ夫人の窮状を知り、パリの英国大使館に執行猶予を嘆願していた。釈放されたらルネーと結婚できるようにと。また、ある英国兵は、騎士道精神にあふれた奇妙な提案ではあったが、ルネーの代わりに絞首台に立つことを申し出た。リード＝トムソン准尉は新聞にこう宣言している。「この国の女性には多大な敬意を抱いており、われらが女性たちを非難する言葉を耳にしたときは、いつも真っ先に武器を取って彼女たちを守ってきた」そして全女性への感謝の気持ちを示すには、ルネー・ダフィの罰をわが身で受けるのが一番だと考えたのである。結婚して一〇年になる妻の反応は、記録されていない。

控訴院で謀殺の有罪判決を覆そうとしたが、これは不首尾に終わった。判事たちが重視したのは、部屋を離れて手斧を見つけ、横になっていたジョージを襲う、といったルネーの行動で、これは通常の挑発の概念に反する。それでも、万事休すではなかった。控訴院が謀殺の有罪判決を支持した翌日、内務大臣ジェームズ・シューター・イードが刑執行の延期を発表した。死刑判決は減刑され、ルネーはエイルズベリー刑務所に送られた。

一九五一年一一月、二年半あまりの刑期を終えて彼女は釈放された。ジョージの死の残虐さを考えれば、驚くほど軽い判決で、ここにはルネーに対する世間の共感の大きさが反映されている。しかし、ダフィ夫妻の悲劇は挑発の申し立てを伴う事件に固有の矛盾を典型的に示していた。ルネーの処刑延期後、ジョージの父親はマンチェスター・イヴニング・ニューズ紙に投書し、新聞や法廷で息子が暴力夫のように描かれていることに異議を唱えた。その丁寧に記された怒りの手紙は、あらゆる物語には両面があり、息子の場合は片面だけが生き延びたことを明らかにしていた。

挑発に関する法律の限界

ダフィ事件で法廷が適用した判断基準は、控訴院によって「古典的な」挑発の定義として支持されたことで法的閾値となり、五年後にルース・エリスは謀殺の有罪判決を逃れるためにこれに到達しなければならなかった。

挑発とは、故人によって被告人になされた何らかの行為または一連の行為であり、いかに合理的な人物であれ、実際に被告人に突然かつ一時的な自制心の喪失を引き起こし、被告人は激情に支配されて一時的に心を制御できなくなる。

ブレイクリーの場合、何がこれに相当するかを示すのは困難だった。というより、エリスが腹を立てていたのは、殺害前の二日間、彼がまったく姿を見せず、友人宅に電話をかけても口をきくことすらなかったという事実にほかならない。裁判官は確信していた。エリスが自制心を失っていたとしても、それは突発的でも一時的でもないと。彼女は自身の証言で、復活祭の週末に目の色を変えてハムステッドに突撃したのは「いかにも嫉妬深い女」の行動と表現したが、法律はつねに、嫉妬が謀殺の抗弁になるという言い分に抵抗してきた。

エリスが直面した問題のひとつは、ブレイクリーの挑発的な行動は一度ではなく、何度もあったことだ。ふたりの関係は当初から、不安と情熱と問題を同じだけはらんでいた。どちらも嫉妬で頭に血がのぼりやすかったが、ブレイクリーの場合は時間が経つにつれてますます暴力的になっていった。友人たちはあざだらけのエリスを何度も見ていたし、ブレイクリーが彼女を殴るのをじかに目撃した者もいる。

ブレイクリーを撃つ約一カ月前、エリスは自分が妊娠していることを知った。交際前にすでに一度中絶していた彼女は、殺害の一〇日前にブレイクリーに激しく腹を殴られたせいで流産する。一週間ベッドに臥したが、それでも彼を許したらしい。だからこそ、復活祭の週末に彼が姿を消したことにショックを受けたのだ。しかし、裁判所は心を動かされなかった。ふたりの関係におけるブレイクリーの行為がいかに非難に値するものだったにせよ、法の目から見れば、エリスを刺激して殺害に至らせたわけではない。評決は謀殺、その処罰は死刑しかなかった。ルネー・ダフィと同じく、エリスの被害者の行動も故殺罪に軽減するほどではないとみなされ、ルネーとは異なり、エリスの訴訟の陪審は減刑の勧告をしなかった。

理論上、ルース・エリスの有罪判決の法的根拠に異を唱えるのはむずかしい。ブレイクリー銃撃は残忍そのもので、検死から明らかになったように、すべての銃弾が背中に向けて発射され、少なくとも二発はすでに歩道に倒れた彼を直撃していた。殺すために撃ったという裁判での本人の供述は死刑執行令状に署名したに等しい。しかし、この訴訟は逃した好機だった。一七〇〇年代に挑発の抗弁が登場してから二〇〇〇年ほどのあいだに、その範囲は徐々に狭まり、厳格さを増していた。ルース・エリスが満たさなければならない閾値は、一八世紀初頭にモーグリッジの裁判で判事が明示した幅広い分類に比べ、克服不可能といってもよかった。トマス・グラント勅選弁護士が著書『第一法廷（*Court Number One*）』で述べている。

長期にわたって虐待を受けたすえに、パートナーを殺した女性という特殊な立場に、挑発に関する法律が不完全ながらも適応するには、まだまだ時間がかかるだろう。こうした変化全体に、ルース・エリスの亡霊がつきまとっているようだ。

五万人が死刑から終身刑への減刑を訴える嘆願書に署名し、デイリー・ミラー紙は恩赦を支持するキャンペーンを精力的に展開した。そんな努力もむなしく、一九五五年七月一三日、ルース・エリスはホロウェイ刑務所†で死刑執行人のアルバート・ピアポイントによって絞首刑に処せられる。そのとき外では数百人が徹夜の祈りを捧げていた。この事件がもつ法的な意味合いは、とかく彼女の生きた世界に対する当時の高い関心の影に隠れやすい。

エリスとブレイクリーの悲劇は、パブの特別室や高級集合住宅といった、酒を飲むのに早すぎる時間帯などなく、深刻な家庭内の虐待も「彼女を小突きまわした」で片づけられる環境を背景に起こっている。法廷はブレイクリーの行動がふたりの関係や〈マグダラ〉の外での宿命的な対面へと至る展開に果たした役割を無視することで、この事件の説明で見落とされがちな、ある悲しい皮肉を生み出した。ふたりの役まわりが逆だったら、としばし想像してほしい。パブから出てきたブレイクリーが、待ち伏せしていたエリスを見て逆上し、彼女に致命的な攻撃を加えたとしたら。ハムステッドで彼をつけまわす、彼の車を壊す、彼の友人に嫌がらせをする、といった週末の彼女の行動を考慮して、一九五〇年代の陪審はきっと、エリスの挑発を理由にブレイクリーの謀殺容疑を無罪にしたのではないだろうか。

「やってやれ」――共同企図

ルース・エリスを絞首台から落下させる二年前、ピアポイントが一九歳のデレク・ベントリーの死刑を執行したのも、同じように世間の不安が高まるさなかのことだった。一九五二年一一月二日の晩、ベントリーは友人のクリストファー・クレイグと外出した。クレイグはベントリーの三歳下で、ベントリーの家族からは悪い影響を与える人物と思われていた。クロイドンのタムワース・ロードを歩き、強盗に入れそうな場所を物色していたふたりは、バーロウ・アンド・パーカー製菓会社の倉庫を見つけた。倉庫のフェンスをよじ登り、排水管伝いに屋根まで上がって侵入口を探した。しかし、若者たちの不審な行動に向かいの家の住人が目を留め、最寄りの電話ボックスに行って警察に通報した。

駆けつけた警察官、フレデリック・フェアファクス刑事巡査が屋根に登り、ほかの警官たちが道路から監視した。ふたりを屋上で追いつめると、フェアファクス巡査はどうにかベントリーを捕らえたが、クレイグが後ずさりしてコートのポケットから銃を取り出した。フェアファクスに発砲し、肩に傷を負わせた。この少しまえにシドニー・マイルズ巡査が現場に到着していた。四二歳で、地元では有名な人物だった。長年の勤務と善行で複数の勲章を授かっていたが、勇敢さでも叙勲に値しただろう。マイルズをはじめとする警官隊はフェアファクス巡査を助けようと階段の上で待機していた。クレイグからの銃撃が小康状態になったのを見て、警官たちは行動を起こすことにし、マイルズ巡査が突撃の先頭に立った。

吹き抜けの扉から屋上に出たところで、クレイグがふたたび発砲してきた。マイルズ巡査は眉間を直撃されて即死した。その後、ベントリーはフェアファクスに取り押さえられたままだったが、クレイグは屋上から飛び降り、着地の際に背中を骨折した。屋上での出来事について、現場にいたほかの警官たちの証言はいくつか食い違う点があったが、一点だけ驚くほど一致していた。クレイグがフェアファクスを撃ちはじめる直前、どの警官もベントリーが叫ぶのを聞いたと報告している。「やってやれ、クリス（Let him have it, Chris）」と。

クレイグは一六歳で、殺人の刑事責任を問うには充分な年齢だったが、死刑になるには若すぎた。一方、ベントリーは致死の一撃を見舞ったわけでなく、凶器に指一本ふれてもいないのに、共同企図†に関する法律により、友人と並んで謀殺罪で裁かれることになった――しかも、有罪なら絞首刑になる年齢である。ふたりは別々の法的傷害に直面したが、これを組み合わせても、一方しか命は奪われない。クレイグは謀殺を否定し、でたらめに撃って警察を脅して下がらせようとしただけで、殺すつもりはなかったと主張した。逮捕されたとき警察官に向けた暴言、「全員ぶっ殺せばよかった」を考えると、これは無理があるように思われた。

クレイグに対する訴追側の主張は、擬制的悪意という法理に基づいていた。これは被告人がある犯罪（ここでは倉庫への押し込み）を実行する意図を抱き、その犯罪を実行する過程で人を殺した場合、事実上、その殺人は自動的に謀殺罪になるというものだ。窃盗への悪意が殺人へと移し替えられ、その殺人が謀殺になる。ひとつの犯罪が別の犯罪を実行する意図から擬制される。訴追側は、クレイグがマイルズ巡査を殺す意図があったことを証明するまでもなく、致命的な銃撃をもたらした強盗を犯す意図があったことを証明すればよかった。クレイグの弁護は失敗に終わり、結果的に友人の運命も決まることとなる。

殺人に対するベントリーの責任は、刑法の別の側面、やはり論議を呼んでいる共同企図という側面にあった。何世紀ものあいだ、法律は他人による犯罪の実行を幇助《ほうじょ》、教唆、助言、誘致した者を主犯格とまったく同じように扱ってきた。ベントリーの裁判で訴追側は、ベントリーとクレイグがその夜に外出した際には合意ずみの計画があり、倉庫に侵入して、妨害する者がいた場合はクレイグが所持する銃の発砲などの暴力で身を守るつもりでいたことを証明しようとした。ベントリーがこの逸脱行為に同意していたとすれば、法のもとでは、血なまぐさい結果をもたらしたクレイグと同罪となる。クレイグが謀殺で有罪になったことは、この点できわめて重要だった。仮に殺人は偶発的だったという理由でクレイグの罪が故殺にとどまったなら、ベントリーが参加した事前の共同計画などなかったことになる。

訴追側の主張では、ベントリーの計画への参加は、クレイグに「やってやれ（Let him have it）」と叫んだことで明示された。ベントリーに対する訴追側の陳述は、激論を呼んだふたつの点にほぼ全面的に立脚していた。「やってやれ」とはどういう意味だったのか、そして、クレイグが武装していることをベントリーはどの時点で知ったのか、だ。ベントリーは、クレイグが銃を所持していることを知ったのは屋上でフェアファクス巡査に銃を突きつけたときだと言い張った。もし、その時点まで銃があることを知らなかったとしたら、訴追側が訴える条件で共同企図に合意した可能性はなくなる。

いまや悪名高いこの五語からなるフレーズについては、ベントリーが被告人席に立って以来、何を意味するかが議論されてきた。それは彼が共同企図から身を引くという合図で、ゲームは終わったと認め、クレイグに武器を捨てるように指示したのか？　それとも、計画を最後までやり遂げて警察官を撃つよう共犯者をあおったのか？　ベントリーはその言葉を発したこと自体を否定し、クレイグも証人席で彼を支持した。

奇妙な偶然だが、このフレーズと事件全体の状況は、一〇年あまりまえのある裁判といくつか不気味な類似点があった。ウィリアム・アプルビーとヴィンセント・オスラーという二人組の強盗が、ダラム州の村コックスホーで地元の協同組合の店舗に押し入ろうとして警察に捕まった。アプルビーはオスラーがウィリアム・シール巡査を射殺する直前に「やってやれ（Let him have it）」と叫んだとされている。ふたりとも謀殺の有罪判決を受け、一九四〇年七月にダラム刑務所で処刑された。ベントリーの弁護団は、陪審員の同情を失うリスクを嫌い、法廷で警察官の信憑性に疑いを差し挟むことはしなかったが、裁判後、警察官の供述でこのフレーズが使われたのは偶然というより、テスト済みの手法を用いて二重の有罪判決を得ようとしたのではないかとの説が後を絶たなかった。

二日にわたる裁判の結果、一九五二年一二月一一日、クレイグとベントリーはともに謀殺の有罪判決を受けた。陪審はベントリーへの恩赦の勧告をしたが、耳を傾けられることはなかった。ベントリーの控訴は失敗に終わり、絞首刑の執行猶予を求める内務大臣への嘆願も却下される。一九五三年一月二八日、ウォンズワース刑務所で処刑されたときの光景は、二年後のルース・エリスの絞首刑時とよく似ていた。†

自分の身に起きたことについて、ベントリーの精神面での処理能力や理解力には、深刻かつ厄介な問題があった。彼は思春期に軽犯罪を犯したのち、更生学校を転々とし、人格形成期に何人もの教育心理学者と面談していた。殺人事件当時は癲癇《てんかん》を患い、読み書きができず、ＩＱは77で、精神年齢は一一歳から一二歳と評価されていた。ところが裁判を受ける資格があると判断され、法廷はもちろん、判決が内務大臣に委ねられ、執行猶予を認めるべきか検討された際にも、医学的証拠は重視されなかったといっていい。ベントリーにとって不幸だったのは、死刑制度そのものをめぐる議論が沸騰し、政治と法律が正面衝突する十字路に執行猶予の問題が浮上したことだった。

一九五七年殺人法——謀殺に対する三つの部分的抗弁の導入

ベントリーとエリスの死刑執行に対する世間の動揺はおさまらなかった。一九五〇年初頭、やはりピアポイントが担当したティモシー・エヴァンズの絞首刑によって、極刑の効力と正確さへの信頼は揺らいでいた。エヴァンズはロンドン西部のリリントン・プレイス一〇番地にあった自宅で幼い娘を謀殺した罪により、一九五〇年三月に処刑された。三年後、隣人のジョン・クリスティがその家でエヴァンズの妻と娘を含む八人を殺害したと告白し、エヴァンズは死後に無罪放免となっている。一九五五年にルース・エリスが絞首刑に処されるころには、この三つの事件は人々の想像力のなかで密接に結びついていた。彼女の処刑の前日には、群衆がホロウェイ刑務所の外で「エヴァンズ！　ベントリー！　エリス！」と連呼したと伝えられる。

イングランドにおける極刑の物語は、何世紀にもわたって謀殺の歴史とほぼ並行して進んできた。謀殺と同じく、絞首刑はアングロサクソンの発明であり、初期のブリトン人が得意とした油で煮る方法に取って代わるものだった。それ以前のローマ人は一般に斬首刑を好み、この慣行は一八世紀までつづいたが、対象は貴族や王侯に限られていた。彼らにとっては、これまで見てきたように、平民の犯罪者のように首をつるすよりも、速やかに首を切るほうがふさわしく、下品ではないと考えられていたのである。その慣習も一七六〇年、フェラーズ伯爵が謀殺罪で絞首刑となったことで終わりを告げた。

階級に加え、法の最終的な制裁を執行する際には、ほかの区別も用いられた。とりわけ魔術や姦通などの罪を犯した女性は、溺死や火あぶりに処せられることが多かった。船乗りの犯罪者の処刑は、できるだけ海の近くで行なわれるのが普通で、これは犯罪者は犯行現場かその付近で絞首刑に処されるべきだとする古い習慣に由来する。テムズ川北岸のワッピングにあった有名な海賊処刑場は、このためジョージ王朝時代に数百の絞首刑の場となった。当初、死体は完全に腐敗するまで沈められたため、罪を犯した者は海に還元されていったが、しだいに三回の潮汐後に回収するのが習慣となった。ワッピングのパブ〈プロスペクト・オブ・ウィットビー〉の前の海岸には、この地域の恐ろしい過去を偲《しの》ぶように、いまもレプリカの縄と絞首台が残っている。

実際には、一八四〇年代以降、イングランドでは謀殺が唯一極刑に値する罪となったが、謀殺以外の犯罪に対する死刑が正式に廃止されたのは一八六一年のことだ。* 以来、謀殺法の改正を問うことは、死刑そのものの存続と分かちがたく結びついていた。死刑廃止の動きは、一九世紀初頭に「血の法典」への反発からはじまった。一八六〇年代には、最初の王立死刑委員会が招集され、以下の権限が与えられた。

特定の犯罪の有罪判決を受けた者に死刑を科すことができる法律のもとで、またその法律によって、連合王国で現在施行されている法律の規定と運用、および死刑判決の執行方法を調査すること、そして、当該法律やその一部、あるいは当該判決の執行方法に望ましい変更があるかどうか、あるとしたらそれは何かを報告すること。

一八六六年に提出された委員会の報告では、ふたつの画期的な提言がなされた。まず、謀殺を二段階に分類し、故意に殺害した場合と、挑発によって引き起こされたが予謀性に欠ける場合とを区別する。委員会はこの提案を、米国の一部地域で最近採用された謀殺の等級に準拠させた。ふたつめの結論は、数百年にわたって英国の生活の特徴でもあった公開処刑という不快なカーニバルを終わらせるべきだというものだった。委員会の見解によると、死刑の抑止効果は人の命を絶つことをパントマイムに矮小化させる悪影響より大きいとはいえなくなったのだ。公開処刑の廃止は以前にも議題に上がったが、やはり階級の問題が頭をもたげていた。廃止の動きに反対する人たちは、秘密の死刑執行は、とくに囚人が上流階級出身の場合、体制側に刑罰を取り消す機会を与えることになると考えていた。公開処刑なら、少なくとも誰もが刑は執行されたのだと納得がいく。しかし、政府は委員会の姿勢に説得され、これが委員会の提案で唯一採用されたものとなった。最後の公開処刑は一八六八年五月に実施された。以降、すべての極刑は刑務所の敷地内で行なわれ、少数の選ばれた者だけが見物を認められた。

委員会のアプローチが部分的に成功したことに気をよくしたのか、ヴィクトリア時代の後半には数人の国会議員が死刑廃止論者の目的を推進しようと、謀殺の階層化や、挑発に関する法律の改正、さらには死刑の完全廃止といった議員立法法案を提出する。だがいずれも否決された。一八八二年、内務大臣サー・ウィリアム・ハーコートは、極刑を明確な殺意からの謀殺に限定する法案を提出したが、この問題は国会で棚上げされたまま、半世紀にわたって放置される。

第二次世界大戦前夜には、庶民院が死刑廃止の実験期間を設ける案を検討していたが、これが一定の関心を呼んだ矢先に戦争でウェストミンスターの業務が停止した。この問題が一九四

＊二〇世紀までは大逆罪でも死刑が実施されていたが、その事例はまれだった。

五年以降に復活すると、議会ではやはりまずまずの支持を得たものの、政府は世論が依然として絞首刑を支持していると確信していた。一九四八年には、またも王立委員会で極刑問題について協議が開始され、エヴァンズとベントリーの死刑執行が審議に割り込んでくる。ベントリーの絞首刑の直後に王立委員会が報告書を発表した一九五三年、世論の流れは大きく変わり、ルース・エリスの有罪判決に抗議の声があがるころには、もはやこの問題を避けて通れないのは明らかだった。二年後、一九五七年殺人法†が施行された。

この法律の条項は、謀殺法の歴史上最重要な改正を象徴していた。最も画期的な点は、謀殺に対する三つの部分的抗弁の導入である。明らかな殺意があり、謀殺罪の成立が避けられないケースでも、そうした抗弁のいずれかを主張して成功すれば、謀殺罪は故殺罪に軽減される。まず何にもまして革命的だったのは限定責任能力〔あるいは心神耗弱《こうじゃく》〕だ。これは心神喪失の抗弁の従弟に相当し、謀殺罪にのみ適用される。この抗弁が導入されたのは、マクノートン準則のもと心神喪失の基準を満たすには至らないものの、他人の行動に影響を与える多くの精神状態や重圧があることを遅ればせながら認識したためだった。

限定責任能力の抗弁を成功させるには、被告人は自身の行動を制御する精神的能力を大きく損なう「精神の異常」を患っていたことを証明しなければならない。心神喪失も限定責任能力も、基礎疾患がなければ立証されないが、後者の基準ははるかに主観的なものだ。心神喪失の抗弁とは異なり、限定責任能力は、殺人者が自身の行動の性質を理解していたかどうかは問題とされず、殺す判断に精神状態が与えた影響が焦点となる。

抗弁その二は、挑発である。挑発は何世紀もまえから法廷で抗弁として認められていたが、この殺人法で初めて正式に規定された。また、ルネー・ダフィの訴訟で示された挑発の定義（それ自体は一七〇〇年代にジョン・モーグリッジの裁判で確立された規則に由来する）を拡大し、陪審が考慮できる要因に故人の行動に加えて言葉も含めることにした。これで、言葉や行動で挑発されて自制心を失った殺人者は、仮に「合理的な人間」が挑発された場合も、同じように死に至る反応をするものとして、抗弁を主張できるようになった。

最後に、この法律ではつぎのことが確認された。心中の約束を果たそうとして他人を殺したあと、自分は死にきれなかった者は、謀殺ではなく故殺で有罪になる。おかしな優先順位に思えるが、ここに反映されているのは一八世紀から一九世紀の自殺に対する法律上の考え方の名残だ。一八七九年まで自殺は「自己謀殺」に分類され、自殺未遂は一九二〇年代まで犯罪だった。

さらに、この法律では死刑判決が適用される謀殺の種類が制限された。一八六一年対人犯罪法の施行以降、英国での極刑はほぼ謀殺のみに限定されていた。新法では、特定のカテゴリーの謀殺だけが死刑とされた。警察官や刑務官を殺害した場合、窃盗の過程や逮捕への抵抗で殺害した場合、小火器や爆発物で殺害した場合である。過去に複数の殺人で有罪判決を受けるか起訴されるかした多重謀殺犯も、その後の殺人で死刑となる。ほかの状況下の謀殺で有罪となった者は、今後、終身刑を宣告される。この殺人法はさらに、デレク・ベントリーのような事例が二度と起きないように法律を改正した。共同企図のケースでは、実際に被害者に致死の力を加えた者にのみ、極刑に値する謀殺罪が適用されるようになった。ほかの当時者は、謀殺で有罪を宣告されることはあっても、死刑になることはない。

この殺人法は、当時のきわめて厄介な三つの事件が投げかける疑問に答えようとして、かなり混乱した試みとなっていた。デレク・ベントリーはどういうわけでほかの者が引き金を引いた殺人の罪で絞首刑になったのか？　ルース・エリスが被害者から受けた虐待は、なぜ裁判で無視されたのか？　そして、無実のティモシー・エヴァンズをリリントン・プレイス謀殺事件の犯人として処刑し、ジョン・クリスティをさらに三年間見逃していた司法制度に何の信頼を置けるだろう？　その一方、極刑をめぐる賛否両陣営を満足させる努力も求められた。三人の死刑執行に対する市民の抗議にもかかわらず、政府はいまだ、一般の人々が死刑の完全廃止を叫んでいることに納得していなかったのである。政府は謀殺に何らかの等級制度を導入することに断固反対していたが、極刑に値する謀殺という新たなカテゴリーを設けることで、実質的に謀殺事件の最上層を創設した。これは殺人者の意図ではなく、殺人の性質に基づく分類である。

だが、英国法にとって革新的だったのは、限定責任能力という概念の導入だった。従来は、マクノートン準則の範囲内での本格的な心神喪失の場合のみが、謀殺の弁解とするに足ると認めていた。この新しい法律をどう適用するかを突き止めるべく、つづく数年にわたって裁判所は大いに頭を悩ませるが、その最初の試練は数年後、この国が過去一世代のあいだに目撃したなかでも、凄惨をきわめた事件となって訪れる。

限定責任能力の概念をどう適用すべきか

シドニー・ステファニー・ベアードはコッツウォルズの活気のない村、ビショップス・クリーヴで生まれた。一九五八年、二八歳にして北に向かい、華やかな都会のバーミンガムで事務員やタイピストの仕事に携わる。翌年八月、仮住まいから市内の裕福なエジバストン地区のウィーリーズ・ロードにあるYWCAに移った。このホステルは一八二〇年にジョーゼフ・スタージによって建てられた大邸宅を利用したもので、スタージは一九世紀の大工業都市でベルトコンベア式につぎつぎ生み出された博愛精神のある実業家のひとりだった。スタージの会社は工業用化学薬品を製造しており、隣人のキャドバリー家と同じく、彼もクエーカー教徒だった。そんなつながりもあって、一九〇一年にキャドバリー社の後継者がこの家を取得した。そして一九二〇年代後半に退去する際、ＹＷＣＡに寄贈したわけである。

ベアードが入居してからの数カ月間、住人のあいだには不安が広がっていた。女性たちは部屋を見張られていると言い、ホステルの静かで広大な敷地に不審者がいたという目撃情報もあった。一九五九年一二月二三日の早朝、ベアードはクリスマス休暇のためにビショップス・クリーヴに帰る準備をしていた。住人の多くはすでにクリスマスに向けて出発し、残っている者も出発の準備でホステル内を忙しく動きまわっていた。ベアードは仕事を早めに切りあげ、午後には近くのサロンで髪を整えてもらった。ベアードの棟はほとんど人が出払っていた。寝室のドアを開けて廊下をバスルームに向かおうとすると、ドアの前に男が立っていて不意をつかれた。男はこのホステルに住んでいる誰某を探していると言い、彼女は手伝ってもらえるように所長を呼んでくると申し出た。男は口ごもったかと思うと、彼女の首に手をかけ、部屋のなかに押し戻した。

午後七時三〇分ごろ、マーガレット・ブラウンは洗濯室で服を整理しながら、スコットランドへの帰省に備えて荷造りをしていた。突然、地下室の暗影から侵入者が現れ、彼女の頭に何かを振りおろそうとした。マーガレットの悲鳴に男は動きを止め、逃げていった。しばらくして警察が到着し、住居や敷地内に加害者を探しはじめた。とくに異状は見られなかったが、ベアードの部屋のドアを開けようとしたときだった。内側から鍵がかかっていて、呼びかけても反応がなかった。ドアをこじ開けると、シングルベッドのそばに彼女の遺体が横たわっていた。性的暴行を受け、体を切断され、首をはねられていた。死因は絞殺だった。ありふれたテーブルナイフが室内で見つかったが、血痕がつき、ふたつに折れていた。衣装戸棚の上に警察が見つけた封筒には、こう書かれていた。「こんなことになるとは思ってもみなかった」

この事件を受け、すぐに全国的な捜査が開始された。最も有力な手がかりとなったのは、八番バスの多数の乗客からの報告で、マーガレット・ブラウンが洗濯室で犯人を追い払った直後、彼らはＹＷＣＡの近くで男がバスに乗り込んでくるのを見たと語っていた。男の特徴は、二〇代、平均的な身長、やせ型、カールした金髪で、何より、血まみれだったという。殺害後の一週間、この話は国じゅうでトップニュースになった。女性への暴力で前科のある男性はすべて取り調べを受け、バーミンガム警察はスコットランド・ヤード（ロンドン警視庁）の殺人班と相談した。地元紙『バーミンガム・メール』は、犯人を切り裂きジャックになぞらえ、さらなる目撃者の協力を呼びかけ、匿名の提供者からの一〇〇〇ポンドの謝礼を約束した。地元のサッカークラブ、アストン・ヴィラで監督を務めるジョー・マーサーは、南部ボーンマスへのトレーニング遠征を取りやめた理由として、選手たちが妻をひとりで留守番させるのを不安がっていると報じた記事を否定するはめになった。

こうした状況にもかかわらず、一九六〇年の元日を迎えるころにはすでに痕跡は見失われていた。バスに乗っていた血まみれの男の足取りはつかめなかったが、警察は執拗に追跡をつづけていた。ベアードの死後一カ月をすぎたころ、ウィーリーズ・ロードから数百ヤード離れたイズリントン・ローで、ひとりの巡査が一軒一軒聞き込みをしていた。ある家の住人の話によると、パトリック・バーンという臨時雇いの労働者が数カ月前からそこに住んでいたが、クリスマスイブに突然ウォリントンの実家に帰ると言って出ていったという。すぐに不審に思ったウェスト・ミッドランズ警察と北西部の同僚たちは、バーンのいるウォリントンの住所を突き止めた。地元の刑事たちと対面したバーンは、ベアードの殺害をその場で認め、まもなくバーミンガムに戻って起訴されることになる。

事件が大々的に報道されたことで、警察はすでに二度、虚偽の自白を受けていた。だが今回は犯人を捕まえたという確信があった。バーンの供述は生々しく、詳細にわたるもので、ベアードの寝室の様子を語り、メモを見つけたかどうかを警察官に尋ねたりもした。そしてバーンの話によると、建設現場で泥酔して追い出されたあと、パブをはしごしてから下宿に帰る途中、通りかかったYWCAに戻ってくるベアードを見つけたという。彼女を車道まで追いかけ、寝室にいる彼女を外から見ていた。開いていた窓から入り、寝室でベアードを絞め殺したあとで死体を切断した。さらにバーンは、敷地内で目撃されたのぞき魔であることを認め、過去二回はホステルに忍び込んだばかりか、ある女性の部屋に入ってベッドに腰かけ、彼女が目を覚ましたところで立ち去ったと語った。不思議なことに、その夜、八番のバスに乗ったことは強く否定し、多くの目撃者が見たという血まみれの男の足取りはつかめないままとなった。

バーミンガムの血のように赤いヴィクトリア法廷での裁判で、バーンは限定責任能力という新しい抗弁を利用した。残虐な犯行でこそあれ、死刑に値する謀殺事件ではなかったというわけだ。バーンの抗弁を補強したのが三人の心理学者の証言で、彼らは全員、バーンは「性的精神病質者」であると認めた。「暴力的な倒錯した性欲を持ち、それを自制するのは困難あるいは不可能である。倒錯性欲の影響下にある場合を除けば、正常であるかもしれない」

バーンの弁護の鍵となったのは、この自制という問題で、裁判所が限定責任能力という新しい概念をどう適用すべきかについて、ここで初めて詳細な指針が示される結果となる。バーンの医師たちが示した証拠は、マクノートン準則に従った心神喪失の抗弁をするには不充分だった。マクノートン準則では、自分のしていることを理解し、それが間違っていることを認識してさえいれば正気と判定される。彼が自分の行為を理解していたのは確かで、ウォリントン警察での自供は綿密で、熱烈といってもいいものだった。自分の行動が間違っているという認識についても、疑いの余地はない。彼はベアードの殺害後、すぐに街を逃げ出したのである。男性ばかりの陪審団が判断しなければならないのは、バーンの性向が精神異常によるもので、それが殺人に対する精神的責任能力を実質的に損なっているかどうかだった。長時間の審議は必要なかった。裁判は一日で終わり、一九六〇年三月二四日、バーンはステファニー・ベアードの謀殺で有罪となり、終身刑を宣告された。

バーンは直ちに控訴に乗り出し、謀殺罪から故殺罪への差し替えと刑期の軽減を求めた。この事件は裁判所が限定責任能力の意味と、それが成立する状況を詳細に検討しなければならない最初期のケースとなる。執拗に押し寄せてくる、若い女性をレイプし、殺害し、体を切断する妄想が精神的な異常であるのは、さほど疑われはしなかった。鍵となる問題は、バーンがこうした欲望をどのように規制していたかである。抵抗できない衝動と、抵抗しなかった衝動とを区別しなければならない。

この問題に関して、控訴院は相当な疑わしきを寛大にも罰せずとして対処した。控訴院の見たところでは、「殺人とその後の身体切断という胸の悪くなる状況の証拠が……示すのは……明白で、結論として被告人は、通常の言い方をすれば心神喪失の境界線上にある、あるいは部分的に心神喪失である」。これをもとに、バーンはたしかに限定責任能力の状態にあると判断し、謀殺罪の評決を故殺罪に変更した。しかし、終身刑の判決には異議を唱えなかった。

この事件では、新しい法律と先行する有罪判決との折り合いをつけるのが容易ではない。バーンは過去にほかの住人を部屋で不意打ちした際には、充分に衝動を抑えることができた。マーガレット・ブラウンにとって幸運だったのは、洗濯室でバーンに反撃したとき、彼がすぐに暴力的な衝動を抑えてみせたことだ。ベアードを襲ったときはあまりにも残忍で、とても初めての犯行だったとは思えない。ほかにも、おそらくさほど残酷ではない暴行におよんだことはあり、そのうちに衝動が熱狂へと高まり、最後の恐ろしい行為に至ったのではないかと考えられる。現場で発見されたメモは、この殺人が単発ではなく、反復された行為であることを示唆しているのは間違いない。しかし、過去に犠牲者がいたとしても、バーンと関連づけられることはなく、その事件はいまもウェスト・ミッドランズ警察の未解決犯罪資料庫でくすぶっている。エジバストンはバーミンガム郊外の裕福な一地区のままだが、ＹＷＣＡはなくなって久しい。一九六八年に取り壊され、代わって一棟のフラットが建設された。

ベントリーとエリスの有罪判決をめぐる論争

ステファニー・ベアードの殺害を取り巻くメディアの熱狂にもかかわらず、バーンは控訴後まもなく姿を消し、デレク・ベントリーやルース・エリスのように世間の意識に残ることはなかった。ベントリーとエリスは、ジョン・クリスティのような連続殺人犯を別にすると、戦後の殺人犯にはあまり見られない悪名を手にしている。彼らの有罪判決をめぐる論争は死刑執行後も長くつづき、当人たちとその犯罪に関する情報への熱意が火に油を注いできた。

ミランダ・リチャードソンは、マイク・ニューウェル監督がこの事件を語り直した一九八五年の『ダンス・ウィズ・ア・ストレンジャー』でエリスを演じ、ルパート・エヴェレットがブレイクリーを、イアン・ホルムがエリスの元恋人でブレイクリーの恋敵デズモンド・カッセンに扮している。この映画は豪華なキャストと、ふさ飾り付きのランプシェードやガラスの棚に置かれた〈ペルノー〉のボトルなど、当時の儚《はかな》い、くすんだ魅力を丁寧に再現しており、通常の実録物より一枚上手だ。映画はブレイクリーに最後の銃弾を撃ち込んだエリスが、〈マグダラ〉の外の道路に呆然と立つ姿とともに幕を閉じる。

一九七一年公開の映画『10番街の殺人』ではリチャード・アッテンボローがジョン・クリスティを演じ、殺人事件が起きたラドブローク・グローヴの袋小路でロケが行なわれた。エルヴィス・コステロが一九八九年に発表したアルバム『スパイク』の収録曲「レット・ヒム・ダングル」は、デレク・ベントリーの物語を綴るポストパンクのフォークバラードで、ヴィクトリア時代の俗謡風の歌詞に「ミニー・ザ・ムーチャー」のベースラインを組み合わせたものだ。一九九一年には俳優クリストファー・エクルストンが『レット・ヒム・ハヴ・イット（*Let Him Have It*）』のベントリー役で銀幕デビューした。この映画で最も迫力のあるシーンはクライマックス近く、判決後にクレイグとベントリーがオールド・ベイリーの独房に連れていかれる場面だ。ともに浮かべる言葉にならない恐怖の表情が、一方が犯した罪でもう一方が絞首刑になることを物語る。

この事件は二〇世紀後半に長い影を落とした。一九九三年、ベントリーの家族は当時の内務大臣マイケル・ハワードから死刑判決に対する恩赦を得た。しかし、ベントリーの謀殺罪の判決は、一九九八年に遅まきながら刑事事件再審委員会†によって控訴院への二回目の付託が行なわれるまで残っていた。控訴院の裁判官は、第一審の判事が陪審員に説明した事件の要約の仕方に問題があり、とくにベントリーにとって不当な偏見を植えつけるものだったと結論づけた。事件から約五〇年後、ベントリーを謀殺罪とした判決を覆す際、控訴院の評決は原審の司法行為を非難するものとなった。

> われわれの判断では、第一審判事による総括は陪審が冷静に事件に取り組むよう促すどころか……正反対の効果をもたらした。これらの［裁判記録の］文章は、非常に修辞的な強い言葉遣いで被告人とその弁護人双方を糾弾しているとしか読めない。使われている言葉は裁判官のものではなく、唱道者のそれであった……このような裁判官によるこのような指示が、われわれの見解では、有罪にする以外の選択肢はほとんどないとの結論を陪審に出させたにちがいない……われわれの判断では、この訴訟における総括は、すべての英国市民の生得権である公正な裁判を［ベントリーには］与えないというようなものであった。

ルース・エリスの家族もバランスの回復を模索し、二〇〇三年に控訴院への遡及的な付託を確保する。一九五五年にはルース本人が有罪判決にあえて控訴しないことを選んでいた。それから数十年のあいだに、世間が抱く彼女のイメージはかなり変化し、裁判に関する当時の報道に特徴的だった厚かましいブロンドのステレオタイプを脱して、問題の多かった幼少期やブレイクリーから受けた虐待についての情報が増えてきた。元恋人のデズモンド・カッセンが銃撃に関して果たした役割についても、さらに厳しい目が向けられるようになった。

死刑執行の前夜まで、エリスは銃撃の全責任を負っていたが、土壇場になって事務弁護士にこう陳述した。カッセンが彼女に凶器を渡し、撃ち方を教え、あの運命の日曜日の夜、ブレイクリーを見つけるために車でハムステッドに連れていってくれたのだと。もしこのことが裁判の時点で知られていたら、カッセンはデレク・ベントリーの有罪判決をもたらしたのと同じ共同企図に関する法のもと、謀殺罪で告発され、エリスと並んで被告席についていた可能性が高い。彼女の新しい陳述はグウィリム・ロイド＝ジョージ内務大臣に送られ、慈悲を求める最後の手段となったが、徒労に終わった。

二一世紀の司法制度でもエリスの立場は改善されず、遅きに失した上訴は控訴院に却下された。控訴院は有罪判決が事件当時の挑発に関する法律に基づき正しく下されたことに満足しており、判決の最後に歴史的事件の上訴にかかる費用と裁判の時間を辛辣に非難している。しかし、こうした法廷からの批判はあっても、この事件への世間の関心は七〇年近くたっても衰える気配がない。

二〇一六年、ＢＢＣ（英国放送協会）はティム・ロスとジョディ・コウマーを主演に迎え、リリントン・プレイスの物語を新たに脚色したドラマを放送した。その数カ月前、ロンドン博物館では「暴かれる犯罪博物館（The Crime Museum Uncovered）」という展覧会が開催された。ロンドン警視庁の協力を得て、警視庁の半神話的な犯罪資料庫、通称「黒い博物館」から選りすぐりの品々が披露された。会期は七カ月にわたり、大成功をおさめている。展示品のなかには、エドワード朝の妻殺しであるクリッペン医師の逮捕状、ロニー・クレイのマウザー社製拳銃、クリストファー・クレイグがマイルズ巡査を撃った短銃身の４５５イーリー回転式拳銃などがあった。展覧会の主役はガイドブックの表紙を飾り、街じゅうに貼られるポスターにもなったスミス＆ウェッソン社のリボルバー、ルース・エリスが一九五五年春、ある日曜日の夜にデイヴィッド・ブレイクリーを撃ったときに使用した拳銃だった。

死刑廃止以降の問題

第二次世界大戦後のわずか五年という期間に、この国は論議を呼ぶ三つの事件に揺さぶられ、それが謀殺法の改正をめざす転換点となった。一連の改革の成果として二等級の分類が謀殺に設けられ、「極刑」に値する謀殺の判別には、行為の裏にある意図ではなく、行為の性質が基準とされるようになる。

だがおかげで釈然としない結果も残り、ベントリーとエリスが謀殺犯として処刑されたのに対し、そのほんの数年後、パトリック・バーンははるかに恐ろしい事件を起こしながら故殺で済まされた。殺人に関する法律の修正には死刑の問題がついてまわる。死刑をどのように、いつ、あるいは、そもそも二〇世紀の英国で適用すべきなのか。一九五七年の殺人法は死刑廃止問題への煮えきらない対応を象徴していた反面、極刑への弔いの鐘を鳴らしたに等しい。この問題がふたたび提起された一九六五年、議員たちはすでに支持する側にまわっていて、謀殺（死刑廃止）法†が成立し、極刑は五年間の執行停止を経て一九六九年に廃止が確定した。誤審による悲劇的な結末のおそれが解消したいま、裁判所はつづけて謀殺と故殺の断層線をどこに引くのか、そして真に謀殺犯のレッテルに値する者は誰なのか、という問題に取りかかる。

第六章

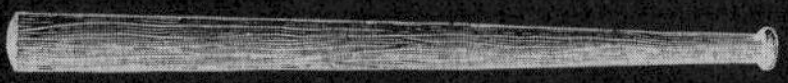

HIRAETH《ヒーライス》

「……勢いよくジェット機のような
轟音をたてて……」

一九一六年末の身が引き締まるほど寒い闇夜、サンクトペテルブルクのモイカ川に星がきらめくころ、芥子色をしたユスーポフ宮殿の正面に一台の車が停まった。降りてきたのはグリゴリー・エフィモヴィチ・ラスプーチン、革のロングブーツにとっておきの絹の上衣といういでたちだった。モイカ川のほとりに建つこの宮殿はロシアの支配階級の末裔ユスーポフ家の邸宅で、その財産はロシア帝室のロマノフ家を凌ぐほどであった。自らを〝長老《スターレツ》〟または聖者と名乗るラスプーチンは、皇帝ニコライ二世と皇后アレクサンドラと親密な間柄になるあまり、ロシア帝国内部では帝室におよぼす影響力を懸念する声があがっていた。ラスプーチンにはある種の霊感があると信じられていて、皇后自ら何らかの魔力に取り込まれてしまったようだった。フェリクス・ユスーポフ公と政界の親しい仲間たちは、自分たちの手でこの問題に対処することにした。

ラスプーチンが宮殿に到着すると、ユスーポフは先に立って階段を降り、宗教にまつわる品々やタペストリーで装飾されたアーチ形天井の地下室に案内した。テーブルには、皿に盛られたケーキ、サモワールで淹《い》れた紅茶、カラフェに入ったマデイラワインが並べられていた。ラスプーチンは地下室に誰もいないことに驚いたが、真上の部屋からは音楽やしゃべり声が聞こえた。彼が宮殿を訪ねたのはユスーポフ公の妻イリーナと会う約束をしていたからで、〝怪憎〟は女性に目がないことで有名だった。ユスーポフは、妻は上の階でパーティを催していてまもなく降りてきますと説明すると、しきりにラスプーチンにケーキやワインを勧めたが、自身は何ひとつ口にしなかった。

ラスプーチンが存分にケーキを食べたのを見届けてから、ユスーポフがそわそわと一言断って上の階へ行くと、そこではまだ共謀者たちが階下のラスプーチンに聞こえるように、にぎやかなパーティの音を演出していた。仲間のひとりであるラゾヴェルト医師はユスーポフ公の報告を聞いて仰天した。ケーキには歩兵大隊の隊員が即死するほどの青酸カリを混入したというのに、ラスプーチンは胃の調子がよくないと不平を漏らすだけだという。ユスーポフは様子を見るために、ふたたび地下に向かった。地下室に戻り、食器棚に飾られたイタリア製の十字架像をのんきに見入っているラスプーチンを目にしたユスーポフは、苛立ちを抑えられなくなった。取り出した拳銃で〝長老〟の背中を撃つと、ラスプーチンは床に崩れ落ちた。ところが、たしかに息絶えたことを確認しようとユスーポフが膝をつくと、ラスプーチンは突然立ち上がり、怯えるユスーポフを地下室から追いかけ、目をぎらつかせて口から泡を吹きながら階段を這い上がっていった。

この騒動に驚いたほかの共謀者たちが〝パーティ〟から姿を現すと、通用口からよろよろと出てきたラスプーチンがちょうど宮殿の中庭を逃げていくところだった。彼らはあとを追い、一斉に銃撃すると、少なくとも一発は頭に当たりラスプーチンは倒れた。共謀者たちはさらに棍棒でめった打ちにし、その体を極寒のネヴァ川に投げ込んだ。一九六〇年代に歴史家ロバート・マッシーが書いたロマノフ王朝の没落に関する解説では、ラスプーチンの死にまつわるさらに衝撃的な逸話に重点が置かれていた。

三日後に死体が発見されたとき、肺には水がたまっていた。グリゴリー・ラスプーチンは、血流に毒がまわり、何発もの実弾を体に浴びていながら、その死因は溺死だったのである。

また、氷の下に滑り落ちるとき、ラスプーチンの目は開き、瞬いていたことも後年の語り草になった。

ひねくれてはいたが、これこそが彼にふさわしい見事な最期であり、ラスプーチンの謀殺は暗殺のしくじり上級編という点でも、あるとされた彼の特殊能力を死後に裏づけたという点でも、世に語り継がれる伝説となった。ラスプーチンの検死結果の歴史的な解釈にはじつにさまざまなものがあり、現在では、溺死説はほぼ誤りであることが歴史学者たちによって証明され、英国の秘密情報部が暗殺に関与した可能性があるなど、同様に興味深い説に置き換わっている。それでもラスプーチンの無敵神話は、真実などものともしない典型的な面白話のひとつとしていまに伝えられている。

もちろん、ラスプーチンの殺害が謀殺であることに疑問の余地はなかった。綿密に企てられた行為で、決然と実行された——最後は計画どおりにことが進まなかったとはいえ。ところが、当時はロシアの政情が不安定だったため、ユスーポフも共謀者たちも裁判にかけられることはなく、皇帝はユスーポフ公とその妻をサンクトペテルブルクから追放させるにとどまった。ラスプーチンの死後、二年も経たないうちにロシアでは革命が勃発し、ロマノフ一家は全員エカテリンブルクで処刑された。

さらにラスプーチンが死んだ五〇年後、彼の死の奇妙なめぐり合わせがイングランドで起きた謀殺事件の裁判で思わぬ共鳴を起こし、法律は、意図せずに、あるいは考えもせずに殺したと主張する人をどう扱うべきかについて複雑な問題が提起された。帝政ロシアの陰鬱な壮麗さにははるかにおよばず、シルヴィア・ノット夫人の悲劇の死からは、活気ある六〇年代《スウィンギング・シックスティーズ》の常套句にもなった〝自由恋愛〟が、世紀半ばの田舎暮らしというわびしい現実にまみれた様子が見てとれる。それはジョン・ブレインの小説で起きていたかもしれないラスプーチンの死だ。だがユスーポフとその友人らとは違って、ノット夫人の殺人者は法の裁きを受けなければならず、その裁判は、謀殺と故殺の現代的定義を見つける努力の縮図となる。

謀殺の概念に疑問を投げかけさせた事件

一九六四年五月三一日日曜日の朝、警察はバッキンガムを流れるウーズ川からひとりの若い女性の遺体を引き上げた。顔は殴打され、痣《あざ》ができていた。被害者がたまたま川で溺れたようには見えなかった。亡くなった女性はシルヴィア・ノットと判明した。三人の幼い子供を持つ二六歳の母親で、遺体が発見された場所からそう遠くないバッキンガム中心部の北側に住んでいた。その前夜、彼女は帰宅していなかった。

遺体の発見場所から川岸に沿ってすぐのところに停まっていたのは白いヴァンだった。警察は、川で発見された女性の身に何が起きたのか手がかりがつかめるのではないかと考え、所有者を探し出した。警察の尋問を受けた男はすぐに口を割った。名前をシリル・チャーチといい、地元で働く肉体労働者だった。土曜日の夜に町でノット夫人と出会い、ふたりは意気投合した。夜が更けると連れ立ってチャーチの仕事用ヴァンに向かった。車は街の中心部から少し外れた川岸に停めてあり、そのあとに何が起きたかを説明できるのは、いうまでもなくチャーチしかいなかった。彼によると、性的にうまくいかなかったとき、ノットは彼の窮地にまったく同情を示さなかった。私が求めているのは「男であって弱虫《ネズミ》じゃないの」とあざけったという。チャーチは激怒し、警察にこう供述した。

俺は頭に来て、その、彼女を殴った……三〇分ほど揺すって起こそうとしたけど、起きなかったから、あわてて車から引きずり出して川に投げ入れた。

チャーチのノットに対する当たりさわりのない暴行の描写は、検死解剖の結果とは一致しなかった。検死によって、彼女は頭部を殴られただけでなく舌骨を折られていたことが判明した。舌骨とは、顎と喉頭のあいだの首の中央にあるU字型の小さな骨である。この骨をうっかり折るのは不可能に近く、こうした怪我は手による絞殺を示すのが普通だ。だが、病理学者の報告によって意外な新事実が明らかになった。ノットはおそらくこうした傷が原因で意識不明に陥り、死に至ったと考えられていたが、傷は実際には死亡する三〇分ほどまえに加えられていた。つまり彼女は、川に投げ入れられたときにはまだ生きていて、実際の死因は溺死だったのである。

チャーチは謀殺罪で起訴された。ノットの死後わずか一カ月ほどで開かれたノッティンガムでの裁判で、彼は無罪を主張した。チャーチの抗弁は行き当たりばったりだった。ノットの嘲笑に基づく挑発の抗弁が中途半端に試みられたが、裁判官によって即座に却下された。けれどもチャーチはもっぱら支離滅裂な供述に頼りつつ、警察に語った話に重大な点を新たにつけ加えた。意識のないノット夫人を川に投げ入れたとき、彼女はとっくに死んでいると思ったというのだ。チャーチが謀殺で有罪になるには、ノットを殺す行為を意図していなければならない。だが、すでに死んでいると思った人物を殺そうと意図するなど、どう考えても無理な話である。

訴追側は、チャーチがノットに与えた傷害の程度、とくに絞扼《こうやく》行為からわかるのは、殺害する、または深刻な危害を加える明確な意図があったことで、彼女の命が川で奪われたという事実とは関連性がないと主張した。裁判官は明瞭な言葉で陪審員に法律を要約した。

この事件では、チャーチはノットが死んでいたと本心から信じており……それが本心からの考えであるなら、死体だと信じたものを川に投げ入れたときに、彼には死亡させる意図も、重大な身体的危害を加える意図もなかったことは明らかです。死体に死をもたらすことも、深刻な身体的危害を加えることもできないからです。

チャーチは、ノット夫人を川に投げ入れたときに、まだ生きているとわかっていたか、少なくとも生きていたと信じていない限り、謀殺で有罪にはなりえなかった。そして彼は、生きているとは思わなかったと否定した。故殺罪に関しては、チャーチが何を信じたかという問題は重要ではなかった。生きている人間を川に投げ込む行為は、当該の人物に危害を加えるという明白なリスクを伴う不法行為で、その結果死亡した場合、故殺とみなすには充分だった。陪審員はチャーチの、自分はウーズ川に死体を投げ入れたと思っていたという証言を認め、裁判官の説示に基づき、チャーチを謀殺ではなく故殺で有罪とする評決を下した。彼を懲役一五年の刑に処した裁判官は、これまで経験したなかで最悪の故殺事件だと評した。

シリル・チャーチの有罪判決は故殺法の近代史における転換点であった。一九二〇年代のベイトマン医師の事件以降、意図的でない死のなかでも不注意または無謀な行為によるもの（「重過失故殺」と呼ばれる）と、独立した違法行為に起因するものを分ける明確な境界線が設けられた。後者の場合、不法行為を犯し、その結果死亡していれば、殺人者を故殺で有罪にするには充分だった。だがチャーチの場合、法廷は新たな要素――リスク――を導入し、つぎのように定めた。

他人を死亡させる［という］行為は、それが不法行為であるというだけで評決が不可避にはならない。否応なくこうした評決を下すには、その不法行為は、冷静かつ合理的なすべての人が、相手を少なくとも何らかの危害が生じるリスクにさらすはずだと認めざるをえないものでなければいけない。

チャーチが、実際に人を殺すのではなく、死体を処分していると考えていたにせよ、彼の行為は明らかに危害を加えるリスクを伴っていた。ノット夫人の呼吸や脈拍をすぐに確認すればこのリスクを帳消しにできたのに、そうはしなかった。彼女がすでに死んでいると思い込んだことは重要ではなかった。彼は彼女がまだ生きているかどうかの賭けに出るのではなく、まず確かめるべきだったのだ。他人の命に関してリスクを取ることがはたしてどの程度まで法で許されるべきかは、ここから二〇世紀のあいだ殺人法をめぐる議論や論争の礎石になる。殺人者の精神状態、知識、意図をどう判断するか、また、それらをどう組み合わせれば、法的に見て彼らが謀殺者になるかが確定しにくい状態に、法律はその後何十年も悩まされつづけることになる。

シルヴィア・ノットは非常に身近な、個人に降りかかった恐怖の犠牲者で、ある意味では、私たちが他人による暴力死を考えるときにまず頭に浮かぶ人物像そのものである。しかし、法の目から見ればこれは謀殺ではなく、シリル・チャーチに言い渡された故殺の有罪判決は、殺人法の改正と再検討の時代の幕開けを示すことになった。チャーチの判決後の数年間で、謀殺と故殺のそれぞれの意味に異議を唱える厄介な事件や裁判が相次ぎ、何が、そして誰が「謀殺」というレッテルに値するかについて、従来の概念に疑問が投げかけられた。私たちがどの程度まで、個人としても社会としても、故意または無意識のうちに、他人の命を危険にさらすことが許されるべきかについては、その先の数十年間で個人の悲劇と公的な災害がかつてないほどの規模で混ざり合ったときに表面化することになる。

災害における刑事責任の欠如

〈ヒーライス（*Hiraeth*）〉は翻訳不可能ともいえる言葉のひとつで、英語という言語がいかに融通のきかない不明瞭な言語かを示している。ほかの言語なら二音節ですむことを伝えるために、英語は入り組んだ文章や、ときにはパラグラフ全体を通して格闘することになる。もともとのウェールズ語から翻訳すると、普通は単に「望郷」とか「郷愁」といった意味になるが、それだけでは言い表せないし、どちらもこの言葉の意味をうまくとらえていない。誰もが自分なりの〈ヒーライス〉を経験するが、たいていはきわめて個人的な悲しみや切望、後悔や喪失をこの言葉は想起させる。ときには二度と戻れない場所や、過ぎ去った時間に寄せる思いとして描写されることもある。南ウェールズのアバヴァン村の人々にとってそれはおそらく、一九六六年一〇月二一日金曜日の朝九時、世界が終わる一五分前に戻ることだろう。

マーサーヴェール炭鉱の最初の立坑は、アバヴァン村のすぐ下に広がるタフ渓谷の底に位置し、一八六九年に掘り抜かれた。第一次世界大戦中に同炭鉱は、採掘活動で生じた廃棄物を、谷一帯にのしかかるようなマーサー山の斜面の巨大なゴミ捨て場、つまり「ぼた山」に処分する作業を慣例化した。以後五〇年にわたってそうしたぼた山が七つ積み上げられ、連なる山脈のごとき漆黒の峰々が、徐々に村の近くを侵食するようになった。一九六六年には、七つめのぼた山の高さは一〇〇フィート〔約三〇メートル〕を超え、そこには三〇万立方ヤード〔約二三万立方メートル〕もの鉱業廃棄物が含まれていた。そうしたぼた山のうち、〈第七ぼた山〉を含む四つがマーサー山のアバヴァン側から流れ出る水路の上に積み上げられていた。村では一〇年以上にわたって洪水問題に悩まされており、住民によれば、土地に入り込んでくる水はたいてい黒くて泥が混じっていたという。

　砂の城を建てたことのある子供なら誰でも知っているように、丈夫な城を建てるには砂に加える水が最適量でなければいけない。水が少なすぎると乾いた砂粒同士がくっつかないし、水が多すぎても形が崩れて非常に不安定になる。同じ原理が村のぼた山の構造にも当てはまり、これらのぼた山は、下からは坑内水の、上からは降雨の侵入という二重の脅威にさらされていた。一定の飽和点を超えて水の密度が二倍になると、ぼた山のなかの固形廃棄物が液化して軟泥になる危険性があり、ぼた山全体の安定性が致命的に損なわれかねなかった。

　一九六六年のあの痛ましい金曜日の朝九時を少しまわったころ、最悪の事態が起こった。目撃者によれば、「黒いきらきらした波が……ぼた山の下のほうから押し寄せてきた」という。ちょうど波の行く手にはいくつもの農場や家屋があり、ぼた山にいちばん近い村の外れにはパントグラス小学校が建っていた。その日に起きたありのままの事実は、必須調査の報告書に簡潔にまとめられている。調査は一九六七年七月に終了した。

午前九時一五分ごろ……何千トンもの炭鉱廃棄物が勢いよくジェット機のような轟音をたてて、炭鉱村アバヴァンの西側にそびえ立つマーサー山の斜面を流れ落ちていった。巨大なぼた山は一気に崩れ、その通り道の山腹に建つハヴォド＝タングルイス＝イーハヴ農場の家屋二軒を覆い尽くし、その居住者たちが死亡した。泥水は使われていない水路を横切り、鉄道の盛り土を乗り越えた。学校一校と住宅一八棟が土砂に飲み込まれて崩壊したほか、村内の別の一校と住居数棟が損害を受けたあと、流れる泥水はおおむね停止した。

ぼた山が崩れたのは午前九時一五分で、地元の人々や救急隊の必死の救助にもかかわらず、崩れ落ちた建物の残骸から午前一一時以降に生きて救出された者はひとりもいなかった。この災害で大人二八名、子供一一六名、計一四四名の命が失われた。校舎が土砂に飲み込まれたとき、児童の多くは校内の自分の席についていていた。

マーサーヴェール炭鉱は、当時英国にあったすべての炭鉱と同様、石炭鉱業の国有化に伴い一九四六年に設立された石炭庁（ＮＣＢ）によって運営されていた。災害原因を究明する公開審問が開始された当初、石炭庁は一歩も引かなかった。ぼた山が崩れたのはマーサー山独特のまだ知られていない地質状況によるもので、大惨事はまったく予見できなかったというのだ。石炭庁長官のアルフレッド・ローベンズ卿は、カメラのまえでジャーナリストに、ぼた山の真下に水路があったことは事前に知りえなかったと答えた。しかし地元の人々や炭鉱職員の証言から、この主張が偽りであることがすぐに立証された。

審判所が七六日間にわたって目撃者一三六人から証言を聞いたあと、石炭庁は責任を強く否定したからといって擁護される立場にまわるわけではないことを、遅まきながら受け入れざるをえなかった。審判所は、同庁がぼた山を管理する政策の整備を怠ったことが災害の根本的原因であると結論づけた。ぼた山は、マーサーヴェールだけでなくほかの炭鉱でも、これまでに何度か崩れたことがあったにもかかわらず、ぼた山を監視、調査する制度もなければ、ぼた山を積み上げるまえの地盤状態の調査も行われず、石炭庁は山崩れがもたらす危険性をまるで理解していなかった。

〈第七ぼた山〉は三年前にも大規模な山崩れを起こしていたが、是正措置も調査も行なわれなかった。それどころか石炭庁は、その事件に関する記録は一切ないと主張した。また地元住民と自治区議会は、〈第七ぼた山〉が村や学校に近いと懸念を示していたが、石炭庁は一度もその問題に取り組まなかった。石炭庁という組織全体が、ぼた山による災害に潜む真のリスクにまったく気づいていなかったのである。とはいえ、懸念していた人々でさえ、そのほとんどが、山が崩れたとしても村じゅうに警告して一帯から避難する時間は充分にあると考えていた。大惨事が起きた速さと規模に誰もが衝撃を受けた。

調査の結果、災害の責任は組織としての石炭庁が負うことになったが、さらに地域管理に携わる中下層部数名が名指しされた。これにより、石炭庁の入り組んだ組織構造のせいで、効果的な情報の交換や拡散が困難になったことは認められたものの、上層部は最終報告書に名前が載ることもなければ面目をつぶされることもなく、石炭庁やその職員に対していかなる法的措置も取られなかったばかりか、石炭庁の誰ひとりとして失職も辞職もしなかったのである。実際には一九七〇年に、ローベンズ卿が政府に委託されて作業場の危険要因や事故に関する再調査を実施した。彼がその後発表した報告書は、アバヴァンの大惨事にはわずかにふれただけで、すぐに健康と安全に関する法律の全面的な見直しに移っている。その見直しは一九七〇年代に着手された。

二〇一九年一一月、ネットフリックスはロイヤル・ファミリーを題材とする大ヒット伝記ドラマ、『ザ・クラウン』シーズン3の配信を開始した。第3話のタイトルはずばり「アバヴァン」（邦題は「悲劇の波紋」）で、もっぱら一九六六年一〇月の出来事に焦点を当て、とくに（オリヴィア・コールマン演じる）エリザベス女王の災害に対する控えめな反応に目が向けられた。この一話はアバヴァンの大惨事が映画やテレビでドラマ化された初の作品となった。不穏なオープニングシーンでは、鉱山が村一帯と住民を覆うように大きくそびえ立ち、その地域の風景と経済を見下ろしている。生活と生計と村の存在そのものが炭鉱にかかっていた。ぼた山が崩れる前日の村の暮らしでは、採掘と爆破の轟音が絶え間なく響きわたり、災害直後のシーンの渓谷の静寂との対比をなしている。混乱をきわめた救助活動の様子はハロルド・ウィルソン首相の目を通して映し出される。首相は途中で専用車を降りると、緊急車両でふさがれた、炭塵の煙で覆われた道に沿って、村へとつづく最後の道程を歩いていく。

同作品は、悲劇の背景に切り込むことはなく、答えを探し求める家族の心痛が唯一感じられるのがお決まりの短い市民集会のシーンで、そこでは激怒した村民が集会場の舞台上に座る無表情の役人を怒鳴りつけている。それでも『ザ・クラウン』のこの第3話は、世間の関心をアバヴァンの出来事に呼び戻したとして高い評価を得ている。アバヴァンはこれまで米国ではほとんど知られておらず、英国のメディアでさえ、この大惨事の追悼式典を別にすれば報道することはめったにない。

マーサーヴェール炭鉱は一九八九年に閉鎖され、新たな住宅団地がつぎつぎと建てられるなど、村の鉱山跡地を埋め立てる大規模な再開発が進められた。崩壊したパントグラス小学校の校舎は解体され、一帯はその悲劇を忘れないためにメモリアルガーデンに造り替えられた。芝地と石畳でできた小道に学校の平面図が展開され、小道は花々で縁取られてあちこちに低木が植えられている。学校の裏に敷かれ、土砂崩れで押し流された線路は、いまでは自転車や歩行者専用の小道になっている。学校から渓谷を下って少し行った先に村の墓地があり、丘の斜面の高い場所にアバヴァンの犠牲者に捧げられた区画がある。鮮やかな白いアーチの連なりからなる記念碑群は、緑の斜面を背にひときわ目立っている。そして、ぼた山の低い轟音に代わって、渓谷のてっぺんを走る道路からかすかな騒音が聞こえてくる。

災害における刑事責任の欠如もけっして忘れられることはない。アバヴァンの大惨事のあと、大勢の命が奪われる災害が相次ぎ、罪のない一般の人々を負傷または死亡させる組織に対する法律の扱いのパラダイムシフトにつながった。規模の大小を問わず、顔のない法人という殺人者を訴追できるようになるのは、さらに五〇年も先だが、一九六六年の惨事から二〇年後、アバヴァン周辺の鉱山集落は、同渓谷で起きた別の悲劇で各紙の一面に押し戻されることになる。つづいて開かれた裁判は、これまでの謀殺事件ではけっして見られなかった政治的性格を帯び、殺人法に広範にわたる影響をおよぼすことになった。

殺害する意図がない場合の罪はどうなるのか？

一九八四年、マーサーヴェール炭鉱は国内に点在するほかの鉱山と同じように、炭鉱労働者たちのストライキに巻き込まれた。渓谷がアバヴァンの災害に見舞われてから一八年が経過し、石炭鉱業は全体として生き残りをかけた闘いを繰り広げていた。一九八〇年代前半には、マーガレット・サッチャー政権が英国石炭鉱業の構造全体の合理化と効率化を図り、炭鉱労働者の組合と一触即発の状況にあった。一九八四年三月、石炭庁は一連の解雇と炭鉱閉鎖を発表した。反サッチャー派の扇動家アーサー・スカーギルが率いる炭鉱労働者組合（NUM）は、これをきっかけに産業全体の弱体化が進むのは必至だと考えた。イングランド、ウェールズ、スコットランド全域の鉱山では、予定された人員削減に抗議して炭鉱労働者たちが道具を置いてピケラインを張りに出てきた。

しかし、ストライキへの支持は鉱業全体で一致せず、同組合は失敗に終わることを恐れて、この闘いについて組合員の全国投票を求めないようにしていた。彼らは、一部の炭鉱で争議行為が支持されれば、ドミノ効果でストライキは国全体に広がることになるだろうと的確に予想していた。こうしたアプローチによって高等法院では、全国投票が行なわれないストライキの全体的な合法性にふたつの異議が唱えられる結果となったが、同組合はくじけず、ストライキは続行された。
この闘いは何カ月も報道をにぎわせ、気のきいたコメントに斬新な美辞麗句を並べ立てるスカーギルの話術も手伝って注目を集めた。ジャーナリストでテレビキャスターのアンドルー・マーは、同組合がストライキの目標設定に成功した理由をつぎのように手際よくまとめた。

最初からスカーギルは［炭鉱の］閉鎖を重要視した。ストライキは仕事を守るため、とくにほかの人たちの村やほかの州の炭鉱で働くほかの人々の仕事を守るためで、単なる賃金論争では享受できない崇高さと犠牲的行為の空気が対決に加わった。

とはいえ、同組合は誰からも好意的に評価されたわけではなく、それは仲間内でも同様だった。労働党党首ニール・キノックは、ストライキ発生時は就任してまだ半年で、ストライキの原則は支持したものの、スカーギルもその闘志あふれる戦術も気に入っていなかった。左派の内紛や、一部の炭鉱での警察とピケ隊の激しい衝突にもかかわらず、世論はあいかわらずストライキ中の炭鉱労働者たちを断固支持した。
南ウェールズのストライキは国内でもとりわけ高く支持され、スト破りをする労働者はほとんどいなかった。いわゆる「非組合員《スキャップ》」たちはストライキへの参加を拒んだが、争議行為のイデオロギーに反対だったり、ストライキ中は賃金が出ないため参加する金銭的余裕がないというだけのことだったりした。石炭庁は給料の支払い再開に加えて、臨時の現金支給によって労働者を仕事に戻らせようとしたが、それでもマーサーヴェール炭鉱に通いつづけた労働者はふたりしかいなかった。そのうちのひとりがデイヴィッド・ウィリアムズで、地元でストをつづける同僚たちのあいだではその決断のせいでよく思われなかった。ウィリアムズの家には投石などが相次いだため、炭鉱現場の上司は職場までのタクシーを手配し、警察の護衛もつくことになった。タクシーと護衛車は、行く手を阻もうとする不機嫌なピケ隊を避けるため、通勤の時間帯とルートを変えるようになった。

一九八四年一一月三〇日、朝五時少しまえにウィリアムズが自宅から乗り込んだタクシーは、ヘッズ・オブ・ザ・ヴァリーズ・ロードを進みマーサー・ティドヴィルへ向かった。ほの暗い夜明けまえ、タクシーと護衛車がリムニー村に向かう小道に近づいたときに、数百ヤード先の橋の上に現れた人影に気づいた者はいなかった。タクシーが橋の真下を通過しようとしたそのとき、ものすごい力でフロントガラスが叩き割られた。後続の警察車両はタイヤをきしませて停まったが、先を行くタクシーについては、制御不能のまま向きを変えて道路脇の土手にぶつかるのを見つめることしかできなかった。

タクシーの後部座席ではウィリアムズが体を震わせていたものの、怪我はしていなかった。

しかし、タクシー運転手のデイヴィッド・ウィルキーは呼びかけに反応せず、フロントガラス越しに投げつけられた二〇キロのコンクリートブロックで座席に釘づけになっていた。運転手は頭と胸を損傷し、病院到着時に死亡が宣告された。二児の父で、恋人は妊娠八カ月になろうとしていた。警察がウィルキーの自宅に出向いて事故を告げると彼女は崩れ落ち、病院に搬送せざるをえなかった。

逮捕は速やかに行なわれた。マーサー地域のほかの炭鉱から来ていたスト中の炭鉱労働者二名、レジナルド・ディーン・ハンコックとラッセル・シャンクランドは、ウィルキーの運転するタクシーが橋の真下を通ったときに橋の上にいたことを認めた。ハンコックが突き落としたコンクリートブロックでウィルキーは死亡し、シャンクランドが橋から落としたセメントの柱はタクシーの側面を直撃した。

デイヴィッド・ウィルキーの死亡は国じゅうでトップニュースとなり、事故発生直後から政治的な論争に巻き込まれた。ストライキ自体が正念場を迎えようとしていた。八カ月以上にわたるピケの末、炭鉱労働者たちは少しずつ、だが確実に人数を増やしながら仕事に戻りはじめていた。南ウェールズは炭鉱労働者組合支援の本拠地で、タクシーの乗客デイヴィッド・ウィリアムズは、マーサーヴェールで仕事をつづけていた、たったふたりの炭鉱労働者のひとりだったとはいえ、形勢は変わりつつあった。デイヴィッド・ウィルキーの死が転機となって、ストライキに関して見事に均衡していた世論に傾きが生じるようになった。ウィルキーはまったく無実の犠牲者で、いつもどおり仕事をしていて殺害され、炭鉱とも炭鉱の争議とも一切関係がなかった。ストライキ支持派からさえ、この悲劇の直後、ハンコックとシャンクランドに同情する声はほとんど聞かれなかった。

ストライキ反対派は、あの事故はじつは地元の労働組合支部によるもので、ほかの「スキャッブ」たちによるスト破りを阻止するつもりだったとする陰謀説を徐々に広めていった。マーガレット・サッチャーは直ちにハンコックとシャンクランドの行為を非難した。一一月三〇日の夜、ニール・キノック労働党党首は、ストーク・オン・トレントで開かれた選挙集会でアーサー・スカーギルを従えて演壇に登場すると、ウィルキーの死を「暴力によるもの」と描写した。ただし、スカーギルは何も言わなかった。事件の二日後に発表された社説で、左寄りの日曜版サンデー・ミラー紙までもがスカーギルの沈黙を責め立てた。

恐るべき、単純な事実は、炭鉱労働者組合のピケでの暴行をとがめなかったことから、スカーギル氏はウィルキー氏殺害の共謀罪にあたるということだ……もし暗黒の金曜日［と同紙はウィルキーの死亡日を名づけた］が、この不快きわまる争議の転換点になるのなら、デイヴィッド・ウィルキー氏の死も無駄ではないだろう。

こうした熱に浮かされたような騒ぎは、一九八五年五月にハンコックとシャンクランドのふたりが謀殺の容疑で裁判にかけられたときもしぶとくつづいていたが、事件のきっかけとなったストライキはおさまっていた。その二カ月前、炭鉱労働者組合が職場復帰を決定する投票を実施したあと、英国史上最も激しい対立を生んだ労働争議は終結した。だがハンコックとシャンクランドは、慣れ親しんだ採炭場とはまったく異なる場所に身を置くことになり、謀殺法のなかでもとりわけ論議を呼ぶ側面——意図という難題——を変えようとして弁護で提示された主張は、苦戦を強いられることになる。

ふたりとも、あの寒い一一月の朝にウィルキーを殺害する意図はなかったと訴えた。彼らによると、当初の計画ではただ道路を封鎖して、デイヴィッド・ウィリアムズを仕事に行かせないようにするつもりだったという。コンクリートブロックやセメント柱は車道の中央車線に投げ入れる予定で、そうすれば二台が走っていた左側の車線には落下しなくても、車を停止できるはずだった。地元警察も数カ月前から、ピケ隊が同様の手口で炭鉱への搬入を妨げた複数の事件に対処していた。ハンコックとシャンクランドは、デイヴィッド・ウィルキーも彼の乗客も傷つける意図はなかったとする姿勢を崩さなかった。訴追手続きがはじまるまえの警察の取り調べで、どちらも故殺の罪を認める覚悟はできていると述べたが、訴追側は謀殺罪で押し進めることにした。ふたりは有罪を認めたものの、ここで問題となるのは、いったい何の罪で有罪なのかということだった。

一九八五年五月一六日、レジナルド・ハンコックとラッセル・シャンクランドは、カーディフ刑事法院で謀殺の有罪判決を受け、終身刑を宣告された。決定に対する反応はすさまじく、きわめて迅速だった。労働党議員のトニー・ベンはこのふたりの炭鉱労働者を弁護するために立ち上がり、BBCの番組『オープン・トゥ・クエスチョン（*Open to Question*）』で一〇代の聴衆に「ウェールズで起きたタクシー運転手の悲劇は、痛ましい悲劇ではあったが、犯罪ではない。これは労働争議から生じた悲劇だ」と述べて、マスコミから激しい非難を浴びた。有罪判決のニュースが地元の炭鉱に届くと、七〇〇人もの炭鉱労働者が抗議のストを行った。一〇日後、抗議者たちは夜通しカーディフの中心地を練り歩き、ハンコックとシャンクランドが服役を開始した同市の刑務所の外で静かなデモを実施した。六月半ば、労働者革命党は三〇〇人を集めると、ハンコックとシャンクランドの即時解放を求めてスウォンジーからロンドンまで行進した。

この事件の悪評とストライキとの深いかかわりは、労働党の長引く頭痛の種となった。党首ニール・キノックは、スカーギルと、争議全体を取り仕切った彼の行為を嫌ったため、同党の一部の議員、とくに左派の重鎮トニー・ベンとの関係が悪化していた。一九八五年夏、ベンは庶民院に炭鉱労働者の大赦（一般恩赦）法案を提出、ストライキ中の刑事犯罪で有罪となった炭鉱労働者に対する完全恩赦を提案した。デイヴィッド・ウィルキーの殺人者のために立案された政策がもたらしうる結果について、ある保守党議員は、同法案の議論の最中につぎのような弁舌巧みな質問を痛烈に放った。

炭鉱労働者の大赦（一般恩赦）法案が、チェスターフィールドの下院議員閣下［トニー・ベン］の名のもとで可決された場合、この法案の要旨が、労働党の全国執行部の中心にある目的を追求するという条件で、人々に謀殺を犯す権利を与えることだとすれば、これが犯罪の水準におよぼしうる影響はどのようなものになるでしょうか？

ベンもスカーギルも、謀殺の有罪判決を覆す炭鉱労働者家族の運動を支援し、一九八五年の秋には、カーディフの陪審評決を不服として控訴することが許可された。控訴院が重視したのは、ハンコックとシャンクランドにはデイヴィッド・ウィルキーを殺害する、または危害を加える意図があったかどうかで、この要件を満たせば謀殺で有罪となる。

彼らの事件のように直接的な意図が否定される場合、法律はつづいて、特定の状況における意図を推測できる。一九世紀末までは、刑事事件の被告人は自身の抗弁で示すことのできる証拠が非常に限られていた。心神喪失の抗弁をする場合を除き、被告人は証言をすることが許されなかったため、ある人物が殺害におよんだ時点の精神状態と真の意図に疑義は生じなかった。ところが二〇世紀に入って、とくにシリル・チャーチの判決後は、法律が故殺の精神的要素の拡大解釈を探りはじめるにつれ、故殺と謀殺を区別する境界線に避けられない曖昧さが生じ、部分的に重なり合う可能性が非常に高くなっていった。

ハンコックとシャンクランドが裁判にかけられるわずか二年前、アリスター・モローニーは意図、事故、見通しという似たような法律の泥沼に陥り、謀殺で有罪となった。モローニーは、ケンブリッジシャー州ハンティンドンの実家で両親の結婚記念日を祝っていた。酒が進み、継父のパトリックと遅くまで話し込んだ。ふたりは仲が良く、酔っぱらったパトリックがモローニーに勝負を挑み、どちらが早く散弾銃に装塡できるか決めることになった。当時モローニーはスコットランドの歩兵連隊に所属していて、配置先のベリーズを離れて休暇中だったが、予想にたがわず彼のほうが銃を抜くのは早かった。

警察へのモローニーの供述によると、パトリックはそのとき、撃てるものなら撃ってみろと言ったという。モローニーは言われたとおりにしたが、銃口がどこを向いているかを気にしたり確かめたりはしなかったようだ。発砲後、すぐにモローニーは大切な継父の頭を吹き飛ばしてしまったことに気づいた。モローニーは裁判で、パトリックを撃つ意図はなく銃口も向けていなかったが、引き金を引いたのは、ほぼ反射的に体が動いたせいだと主張した。一九八二年九月、モローニーはバーミンガム刑事法院で謀殺の有罪判決を受け、終身刑を宣告された。一九八四年六月、この判決は控訴院で支持され、これがハンコックとシャンクランドの運命を決定づけた。モローニーが謀殺で有罪となったのは、彼にパトリックを撃つ直接的な意図がなかったとしても、銃創は銃がどこを向いているか確かめずに発砲したことによる当然の結果だったからだ。こうした状況では、殺人者は結果を予見できたはずで、よって陪審員には、たとえモローニー自身が意識していなかったとしても、彼の行動から死を招く意図を推論する権利があった。同様のアプローチがハンコックとシャンクランドの原審でも取られた。

控訴院で彼らの言い分を論じるにあたって、炭鉱労働者たちの弁護団は、モローニーの事件によって「無謀な謀殺」という新たな区分が実質的に作り出されたが、この区分はむしろ故殺に分類されるべきだとしてモローニーの評決に異議を申し立てた。控訴院は説得に応じ、謀殺の有罪判決を覆して故殺とした。ハンコックとシャンクランドが謀殺で有罪になるには、彼らが自分たちの行為の結果を予見すべきだったというだけでは充分ではなかった。訴追側はまた、こうした行為の結果、デイヴィッド・ウィルキーの死が予想されることを証明しなければならなかったが、していなかった。終身刑は八年の刑期に置き換えられた。ハンコックとシャンクランドがようやく刑務所から釈放されたのは一九八九年一一月三〇日のことで、ウィルキーの死から五年が経過していた。

ヨークシャーの切り裂き魔との対比

レジナルド・ハンコックとラッセル・シャンクランド、それにアリスター・モローニーはひとつの重要な信念を分かち合った。たとえ命と引き換えになろうと、彼らはけっして自分たちを謀殺者だとは思わなかっただろう。自らの行為が無謀で身勝手で愚かだったことを受け入れ、法によって罰せられるべきだと認めてもいた。だが、自分たちの犯罪につけられたレッテルには異議を唱えた。それに、後先考えずにひどく馬鹿げたことをする不運な若者たちが、多くの人が思い描く殺人者像に一致するというわけでもない。こうした事件の込み入った事情により、はたして殺人法は、現代生活の命にかかわる現実に後れを取らずについてきたのか、それとも、いまではなまくらすぎる道具になり果てて法廷できちんと裁くことができないのか、という気まずい疑問が投げかけられた。

ハンコックとシャンクランドがデイヴィッド・ウィルキーを殺害するわずか三年前、オールド・ベイリーの第一法廷では、ヨークシャーの切り裂き魔（ヨークシャー・リッパー）の六年にわたる恐怖時代が終焉を迎えた。ピーター・サトクリフは一三人の女性の謀殺で有罪となり、複数回の終身刑を宣告された。裁判官のボーラム判事は最低三〇年間の服役を勧告し、サトクリフの場合、終身とは文字どおり一生を意味するものであってほしいという期待を表明した。ガーディアン紙でこの裁判を取材したジャーナリストのニック・デイヴィスは、つぎのように綴っている。

> **刑務官が向きを変え、午後四時二二分、サトクリフは無表情のまま階段を降りて独房に入ると、ロンドンのワームウッド・スクラブズ刑務所で服役を開始した。のちに彼はウェイクフィールド刑務所に移送されることになる。**

サトクリフの有罪判決によって、英国の警察史上最長ともいえる犯人追跡調査は終わりを告げた。彼は一九七五年から一九八〇年にかけて、ウェストヨークシャーとマンチェスターで一三人の女性を殺害、さらに少なくとも九人にひどい暴行を加えていた。サトクリフは限定責任能力を理由に謀殺にはあたらないと主張、事件を担当していたマイケル・ヘイヴァーズ法務総裁*は裁判官に故殺の有罪答弁を認める用意があると申し出たため、裁判は論議を呼びかねない幕開けを迎えた。裁判官はこの申し出を却下し、謀殺罪の訴追手続きを命じた。これにより、サトクリフが限定責任能力の状態にあったかどうかの判断は陪審員に委ねられた。サトクリフの証言は精神科医の証言によって裏づけられたもので、立てつづけに人を殺したのは、ブラッドフォード近郊のビングリーの墓地で墓掘人として働いていたときに、墓碑から発せられた聖なる声に導かれたという内容だった。神の代弁者が人殺しを命じたというわけだ。被告人側の精神科医は、ひとつ重要な補足条件――つまりサトクリフがその声を聞いたと心から信じていること――はつくものの、そうした妄想が限定責任能力の認定を裏づけるのに充分であるという確信を得た。

訴追側の事件の説明は、精神障害を患っているとするサトクリフの訴えの信憑性にかなりの疑問を投げかけた。サトクリフは、一九八一年一月の逮捕後に警察の事情徴収を受けたときには、そうした神の声を聞いたとは言っていなかった。しかも、リーズ地域の殺人が世間の注目を集めたため逮捕の危険性が高まっていると考え、犯行現場をペナイン山脈一帯からマンチェスターに移すという計算高い決断を下していた。これはもはや、自分は神の仕事に従事していると思い込んだ信徒の行為にはほど遠い。再勾留中のサトクリフを担当した刑務官も、周囲に狂人だと信じ込ませて入る「脳病院」での滞在が比較的短くてすみそうだと彼が自慢していたと証言した。陪審員は一〇対二の過半数で、神から与えられた使命を全うしているというサトクリフの主張を退けて、謀殺で有罪と評決した。

当時、二週間にわたるサトクリフの裁判は連日報道をにぎわせたが、いまなお二〇世紀に起きた屈指の凶悪殺人事件だといえるだろう。四〇年が経過してもその恐怖は薄れはしない。

ヴィクトリア朝の切り裂きジャック（ジャック・ザ・リッパー）との共通点はキャッチーなあだ名だけではない。サトクリフもまた、私たちが潜在意識下で思い描く殺人者像にあまりにも合致していた。ガス灯がともるロンドンの細い路地をシルクハットにフロックコート姿で徘徊する怪しいよそ者が、イングランド北部の通りをフォード・コルセアでうろつくひげ面のトラック運転手に変わったとはいえ、一皮むけば、ふたりは同一人物だった。二〇一〇年にサトクリフの再審査を行ない、彼の生涯終身を支持した高等法院の裁判官は、サトクリフの行為が引き起こした長引く恐怖についてこう述べている。

これは、数年間にわたってヨークシャーの住民の多くを恐怖に陥れた連続殺人事件であった。この事件は、怒り、憎しみ、強迫観念……としか説明しようがない。テロリストによる非道な行為は別として、ひとりの男が原因でこれだけ多くの犠牲者が出るという状況は想像しにくい。

＊サー・マイケルの父セシル・ヘイヴァーズは、ルース・エリスに死刑を宣告した裁判官だったが、マイケルの息子ナイジェルは法律の道には進まず俳優になった。

サトクリフの犯罪の恐怖もさることながら、この事件の悪評は、彼をその場で逮捕する機会を何度も逃した失態にも起因する。警察は、リーズとブラッドフォードとマンチェスターの売春街で車両を監視していたときに、複数回サトクリフの車を目撃していたが、一度も停止させなかった。彼の体格は、残酷な襲撃をどうにか逃れた女性たちによる描写に酷似していた。なによりぞっとすることに、一九七七年から一九八〇年にかけて、彼は四件の殺害の関連で計九回、警察の尋問を受けていたにもかかわらず、点と点が結ばれることはなかったのである。サトクリフは一度も容疑者として特定されず、ついに逮捕されたのは偶然の賜物で、シェフィールドを巡回していたふたりの巡査が、盗まれたナンバープレートのついた車に乗っていたサトクリフを捕まえたからだった。車内には、彼がつぎの犠牲者にするつもりだった女性が同乗していた。

法的観点からすれば、事件は比較的単純だった。ある裁判官に言わせると、これは「白か黒かがはっきりした」事件だった。つまり、サトクリフは本当に精神障害を患っていて故殺でしか有罪にならないか、もしくは精神障害ではなく、唯一の正当な評決が謀殺かのどちらかだというのだ。この事件の評決は、謀殺法そのものの核心に迫る根本的な部分とからみ合った、この時代のほかの事件に影を落としている。一九七〇年代から一九八〇年代にかけて控訴院と貴族院は、謀殺そのものをどう定義するかをめぐり、一般世論に挑むような複雑な事件を立てつづけに体験した。一部の裁判官のあいだで法律の現状に対する不満が高まったほか、法律貴族のなかには、謀殺罪を明確な殺害の意図がある事例に限定したがる者もいた。シリル・チャーチや南ウェールズの炭鉱労働者たちのように、他人の命を奪う危険を冒した被告人は、自分の行為が謀殺と故殺の境界線のどちら側に分類されるのか確信が持てずにいた。

殺人法にとって混乱をきわめた二〇年間であり、裁判所では謀殺罪の適切な範囲について相当な不確定性が見受けられた。サトクリフのような殺人者の邪悪な行為と照らし合わせると、ハンコックやシャンクランドらに対する謀殺の有罪判決はくっきりと際立つ。彼らをサトクリフのような極悪人と同じように分類して処罰することで、はたして正しい裁きは下されたのだろうか？　ふたりはサトクリフと同じく謀殺で有罪となり、首尾よく控訴できたとはいえ、それまではサトクリフと同じ終身刑だった。裁判にかけられて有罪になるのがあと二〇年早ければ、死刑になっていただろう。こうした境界線上にある事件は、刑法のこの複雑な領域の線引きを明確にするのに役立った。

とはいえ、今日の大衆文化での殺人と犯罪の描写には、おそらく二〇世紀後半に登場したどの謀殺者よりも、サトクリフとその犯罪のイメージがにじみ出ている。彼の事件の多くの特徴――荒地に投げ捨てられた死体、夜道を歩く女性にじわじわと忍び寄る手口、長引く犯人追跡捜査――はいまでは犯罪小説にはおなじみの設定だ。とくに女性を狙った連続殺人における様式化された、ときに美化された描写はサトクリフの犯罪の直系にあたる。どれもいまでは映画やテレビドラマで繰り返し目にする特徴だ。けれどもヨークシャーの切り裂き魔は、英国で謀殺や故殺の容疑で出廷する殺人者の多くを代表しているわけではない。むしろ、この国ではめったに連続殺人犯にお目にかかれないという点こそが、多くの人が惹きつけられる一因なのかもしれない。現代の殺人は、実際には映画やテレビの印象ほどドラマティックではないが、その結果は関わったすべての人にとって負けず劣らずショッキングである。

一九八一年、ピーター・サトクリフが有罪となった年に、貴族院はマーゲイトのパブでの乱闘でコロシュ・〝キム〟・ナッチーを殺害したアンソニー・カニンガムの謀殺の有罪判決を支持した。カニンガムは、ナッチーに襲いかかったのは元恋人と付き合っていると思い込んで嫉妬に駆られたせいだと主張したが、殺すつもりはなかったとして殺意を否認した。法律貴族は、カニンガムには犠牲者に深刻な危害を加える明確な意図があったとして、たとえ実際に殺す意図はなかったにせよ、謀殺の有罪判決が正しいことを確認した。これは謀殺罪の精神的要素を満たすには充分であり、〝殺害する、または重大な身体的危害を加える意図〟は、ここからサー・エドワード・クックが定めた計画的犯意の現代的な意味として定着した。

一方のサトクリフがつぎつぎと恐ろしい攻撃を計画、実行し、暴力と悪行をエスカレートさせた連続殺人犯だったのに対し、他方のカニンガムは、ついかっとなってパブで度のすぎた喧嘩を繰り広げたにすぎず、ふたりのあいだには純然たる相違があった。カニンガムの事件の判決を言い渡す際、裁判官たちは二〇世紀後半に見られる混乱状態の謀殺法に不満の意を表した。ヘイルシャム卿は、殺人法は制定法ではなく判例法を通じて断片的に構築されてきたため、本来ならすぐに着手すべき明確化と簡素化が放置されてきたという的を射た指摘をして、考えられる解決策をひとつ挙げた。

あるいは、われわれは……たったひとつの殺人罪を創設して、殺人の凶悪さは限りなく多様であり、その凶悪さは被告人の動機によるところが非常に大きいということを認識すべきであり、それゆえ裁判官は、条件付き釈放から終身刑まで、何であれ自身が公正とみなす判決を下す絶対的裁量を有するべきではないか？

提案されたこの方法なら、意図や知識や予見性をどのように判断すべきかという不確定要素は取り除かれ、陪審は被告人が他人の死亡の原因かどうかだけを判断すればよくなる。殺人者や殺害の特別な事情は裁判官が審議し、情状酌量の余地を判断する。だが貴族院は、この決定は司法部に下す権限があるものではなく、またこのような包括的な変更には議会による立法上の介入が求められることを認めた。カニンガムが起こした事件の判決は、真っ向から困難に立ち向かいイングランドの殺人法を徹底的に見直してほしい、という貴族院の庶民院に対する訴えで幕を閉じた。

二〇世紀後半には謀殺法の欠陥が目につくようになった。それが最も顕著に見られたのは、不法な死の状況に、冷酷な予謀殺人という従来の枠組みよりも微妙な違いが生じる事件だった。また、アバヴァンをはじめとする災害によって、公共の安全に危険をおよぼす者に適切に有罪を言い渡し、彼らを処罰するために存在する法律の力に疑いの目が向けられるようになった。こうした状況がその後何十年もただつづくなか、論議を呼ぶ事件はこれまで以上に、いったい何をもって謀殺犯とするのかをよく考えるよう社会に訴えかけていた。犠牲者よりも殺人者に同情が寄せられるときにはなおさら。

第七章

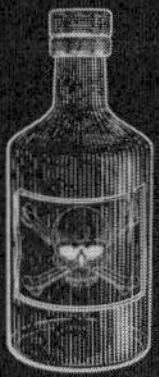

鏡に口紅

「法は曲げられぬ」

スタワーブリッジにほど近い幹線道路A449を走っていると、その赤レンガ造りの農家はつい見落としがちだ。農家は細い田舎道の曲がり角にあり、幹線道路から少し引っ込んだ丘の上に建っていて、そこから田舎道は木々が生い茂る斜面を下っていく。農家のちょうど東側にはいくつかの町があり、ウェスト・ミッドランズ州の脱工業化の中核地域を構成している。だがその家は西側を向いていて、そこには、サウススタッフォードシャー州とその先のシュロップシャー州の広大な野原となだらかな起伏の丘陵地帯が広がっている。戸口の前をつぎつぎと車が通過していく時期でも、その農家は寂しげにぽつんと建っている。何年ものあいだ空き家のまま放置されているのは、まるでそこで起きた出来事を忘れないためのようでもある。家の窓が割られているうえ、周辺の地面は草が伸び放題で、道路からは、高い木々の隙間からカーブを描く切妻の端と朽ちかけた組み合わせ煙突がかろうじて見えるにすぎない。その家は木々の名前をとって「イチイ農家」と呼ばれていた。

一三歳のカール・ブリッジウォーターが最後に目撃されたのは一九七八年九月のある火曜日の夕方で、新聞配達先のイチイ農家に向かってローンズウッド通りを自転車で走っていた。水道委員会の職員ふたりが手を振る脇を、少年はさっそうと通り過ぎた。その一時間後の夕方五時ごろ、地元の医師アンガス・マクドナルドは高齢の住民の往診で農家に立ち寄った。医師は知らなかったが、その日、家の住民は出払っていた。車をぐるりと回転させて農家の庭に駐めると家に近づいた。医師はのちにこう回想した。「家に近づくにつれて何かすごく変な感じがしたんだ。風のせいだったのかもしれないが、どうかな」

医師の予感は当たった。正面玄関に近づくと扉が少し開いていた。こじ開けられたにちがいなかった。なかに入ると盗みに入られたのがわかった。リビングのソファーの上にはショットガンで撃たれたカールの遺体が横たわっていた。

新聞配達少年が新聞を配りに農家にやってきて、うっかり強盗と鉢合わせたのは明らかだった。室内は骨董品であふれ返り、一部は庭や離れに散乱していた。現場から逃走するときにそこに投げ捨てていったのだろう。カール殺害の二カ月後、ウスターシャー州に同じようにぽつんと建つ、イチイ農家から車で三〇分しか離れていない農家に住む老人が覆面の強盗団に銃口を突きつけられて金品を奪われたとき、警察は何かしらつながりがあると確信した。強盗団のメンバーは、ジェームズ・ロビンソン、パトリック・モロイ、従兄弟同士のヴィンセント・ヒッキーとマイケル・ヒッキーからなるバーミンガムのチンピラたちで、警察はまもなく二件目の強盗は彼らだと特定した。一九七九年一〇月、ウスターシャー州の強盗とカール・ブリッジウォーター謀殺の両方の罪で彼らの有罪が決定した。

のちに〈ブリッジウォーター・フォー〉と呼ばれるようになる四人は、有罪が決定した直後から一貫してカールの死への関与をはっきりと否定し、終身刑に長く服しているあいだも、彼らの声高な抗議が止むことはなかった。冷静に考えると、彼らに対する訴訟は決して用意周到とはいえないように思われた。彼らとイチイ農家を結びつける物的証拠や法医学的証拠はなく、目撃証言も限られていた。四人の指紋はどれも農家で見つかった指紋と一致しなかった。ロビンソンは、犯行時に使われたとされる短銃身のショットガンを所持していることは認めたが、弾道学的証拠は現場で見つかった薬莢《やっきょう》と一致せず、実際に殺害に使われた凶器も特定されなかった。事件が起きた日の午後、何人かが農家の私道やその近くで青い車を目撃していたが、はたして四人のうちひとりでもそこにいたことを明確に識別できたかどうかは疑問が残った。捜査のために作成された唯一のモンタージュ写真は、事件の日の午後に農家の近くで一台の車を追い越した目撃者の説明に基づいて作られたが、有罪となった四人の誰とも似ていなかった。

このため、訴追側の主張はおもに、四人のうち自白をしたとされるモロイとヴィンセント・ヒッキーにかかっていた。最初に情報を提供したのはヒッキーで、明らかに二件目の不法目的侵入の罪から逃れるためであり、二件目の侵入に彼が関与したのは間違いなかった。警察からヒッキーが密告したと知らされたモロイは詳しい供述で応酬し、四人で家じゅうをあさっていたらカール・ブリッジウォーターに邪魔されたと述べた。モロイは、銃声がしたとき自分は二階にいたと主張した。

ところがふたりは自白直後に前言を撤回し、あれは服従するよう迫られて強要されたうえ、暴行も受けたため、不利な供述をせざるをえなかったのだと主張した。マイケル・ヒッキーは四人のなかでいちばん若く、有罪決定当時はまだ一八歳で、とりわけ自らの正当性を繰り返し訴えた。判決が下されて四年が過ぎたころ、彼はレスターシャー州にあるガートゥリー刑務所の屋根の上で抗議運動を行ない、〈ブリッジウォーター・フォー〉の無実を主張した。マイケルは屋根の上に三カ月間居座り、仲間の受刑者たちが監房の窓から手渡す食品で冬を乗り切った。多くの受刑者は、ヒッキーもほかの三人もカールを殺害していないと確信するようになった。

〈ブリッジウォーター・フォー〉の容疑を晴らす活動には、有罪判決に対する包括的で骨の折れる控訴手続きが伴ったが、こうした闘いに挑んでいたのは彼らだけではなかった。裁判所や官庁の外を取り囲んだプラカードや抗議者たちは、二〇世紀最後の数十年間のニュース報道を何度もにぎわせた。議論の的となった相次ぐ謀殺の有罪判決は、法制度の欠陥と不正義のリスクを際立たせ、控訴院と、歴史に残る不当な処置を正す同院の役割に、世間やマスコミの注目を向けさせることになった。

謀殺事件にはつねに最大のリスクが伴う。何年ものあいだ、評決が覆るかどうかは、死刑宣告を受けた人にとって文字どおり生死にかかわる問題だった。死刑廃止後でさえ、謀殺だからといって機械的に終身刑を適用しないことが、控訴を求める強い動機となっている。再審すべき事件を判断する際に当時の政府が果たした役割からは、一九五〇年代以来見られなかったほど、政治が法律に巻き込まれるようになったことがわかる。五〇年代当時は、ルース・エリスやデレク・ベントリーの処罰に対する寛大な処置を内務大臣に訴えても聞き入れられることはなかった。こうした事件や運動が長引くにつれて、ときには何年にもおよぶうちに、一九九〇年代はイングランドの法制度の責任を取る一〇年となり、殺人法が法的判断だけでなく政治的判断によって形作られていった。

控訴院の欠陥と司法過程における役割

〈ブリッジウォーター・フォー〉の正義の追求とほぼ並行して、別の男性グループの正義の追求も進められていた。彼らも名前と数字で呼ばれ、一九七〇年代にイングランド中部で起きたもうひとつの悲劇の無実を訴えていた。一九七四年一一月二一日夜、午後八時一八分ちょうどに、バーミンガム市街のパブ〈マルベリー・ブッシュ〉を猛烈な爆風が通り抜けた。店内は木曜日の夜に集まった酒飲みたちでひしめき合っていた。まだ瓦礫の落下がおさまらず、つんざくような爆発音がパブに閉じ込められた客の耳に鳴り響いているとき、別の爆発音が聞こえた。最初の爆発より離れているが、それでも恐ろしいほど近い。〈マルベリー・ブッシュ〉の角を曲がった数百ヤード先で、ふたつめの爆弾が市内有数のショッピング街ニューストリートにある地下のパブ〈タヴァーン・イン・ザ・タウン〉で爆発した。爆発の二〇分前、アイルランド訛りの五人の男がニューストリート駅から列車に乗り込み、六人目の男がホームから五人に手を振っていた。列車はランカシャー州ヒーシャム行きで、そこからベルファストに向かうフェリーに接続していた。ふたつのパブからニューストリート駅までは、早足で数分ほどだった。

このバーミンガム・パブ爆破事件では二一名が死亡したほか、二〇〇名近くが負傷した。一一月の晩に起きたこの事件は、そのまえの年にイングランド中部全域で起きた一連の攻撃活動の頂点を印すものだった。市は、まえの週にコヴェントリーで別の爆発が起きてからすでに厳重警戒態勢を敷いており、そのときは、アイルランド共和軍（IRA）バーミンガム支部のメンバーのひとりが、仕掛けていた爆弾の早すぎる爆発により死亡していた。このため駅員は即座に、パブの爆発直後に市を離れたアイルランド人の男たちが怪しいとにらんだ。駅員はバーミンガム警察に内報し、列車がヒーシャムに着くと、五人は英国鉄道警察に呼び止められて逮捕された。爆発から三日も経たないうちに、全員が書面または口頭で自白した。

彼らはすぐに、ホームにいた男も入れて〈バーミンガム・シックス〉と呼ばれるようになった。一九七五年に開かれた裁判は、二〇世紀後半に起きた謀殺事件のなかでもとりわけ論議を呼んだ。裁判は、古き石造りの都市ランカスターの中心部に建つランカスター城で開かれた。ランカスター城は、当時はまだ刑務所として使われていて、刑事法院の法廷も置かれていた。

その難攻不落な造りゆえ、国家の安全上のリスクやテロのおそれがある刑事裁判に使われることが多く、〈バーミンガム・シックス〉も三カ月の裁判のあいだ、城の中心部に位置するヴィクトリア朝に設置された監房に厳重に収容された。

真偽の疑わしい自白に加え、彼らに対する訴訟はメンバー数人の手や服からニトログリセリンが検出されたという科学的証拠に基づいていた。ニトログリセリンは爆薬のゼリグナイトによく使われる成分のひとつである。裁判では、警察官に殴られて自白させられたとして、被告人全員が無罪を訴えたが、裁判官は進んで白状したと判示した。一九七五年八月一五日、二一人を謀殺した罪で六人全員に有罪判決が下された。

一六年後、三度目の控訴で〈バーミンガム・シックス〉の謀殺の有罪判決は破棄され、晴れて彼らは無罪放免となった。事件に対する市民の激しい抗議と、判決が覆るまでの長い道のりは、控訴院の欠陥と司法過程における控訴院の役割を際立たせた。イングランドの法律では、控訴する権利と、その控訴が成功する状況が非常に厳格に規定されていたため、その制度内に、先を見越して調査し、誤審を是正する実際の機会がなかった。謀殺の評決にかかわる訴訟はさらに複雑で、ほんの数十年前なら被告人が処刑されていたかもしれず、その場合には、とうの昔に有罪判決の妥当性を論じる意味はなくなっていたことになる。

控訴院という組織の着想は比較的新しく、一九世紀から二〇世紀への変わり目にようやく創設された。それ以前は、有罪となった謀殺者が評決を覆す唯一の望みは、事件が刑事留保問題付託裁判所†にまわされるか否かであった。この上級裁判所に備わっていたのが、判決を再審査し、覆すという非常に限定的な機能だった。ヴィクトリア朝の司法制度は、陪審員の決定の優位性と、控訴でつまずかない迅速な死刑執行による犯罪防止効果に信頼を寄せていた。けれどもエドワード七世時代の人々は、裁判所もときには過ちを犯すということに気づくようになり、一九〇七年に議会は、刑事留保問題付託裁判所に代わる刑事控訴院を設立した。

その後数年で、控訴院は歴史上きわめて悪名高く、かつ重要な謀殺事件で中心的役割を果たし、「二〇世紀には、刑事控訴院は刑事司法制度の中心的地位を占め、不正義に対抗する不可欠な保護手段と目されるようになった」。もうひとつの防壁となったのが、死刑囚の刑執行前に仲裁に入って執行を延期する政府の機能である。何世紀ものあいだ、死刑を減刑する権限は、「国王の慈悲大権†」として君主が行使してきたが、ここ一〇〇年ほどは内務大臣に委託されている。

とはいえ、控訴と政治的介入という一対の保護手段には、必ずしも期待された効果があったわけではない。一九五〇年代、デレク・ベントリーとティモシー・エヴァンズの事件はどちらも控訴院に却下された。エヴァンズの事件では、リリントン・プレイスの真犯人はジョン・クリスティだと訴えたエヴァンズの主張を、控訴院の裁判官ははっきりと退けた。クリスティが謀殺で有罪となったのは、そのわずか三年後のことだ。ルース・エリスの場合、有罪が決定しても異議を唱えなかったが、ベントリーやエヴァンズと同じように、彼女も内務大臣に刑の執行延期を求めていた。これら三件の事件はすべて訴えが却下され、彼らはいずれも、内務省の職員が事件の関連書類に記した、あの忌まわしき「法は曲げられぬ」の言葉とともに絞首刑に処された。

生殺与奪の権をひとりの政治家の手に委ねるということは、相反する結果が生じるリスクを冒すということでもある。一九一六年にカナダ人兵士ジョルジュ・コデールは、法の適用の恩恵と同じくらい多くの政治的便宜の恩恵を受けた決定により、ヘンリー・オザンヌ謀殺による絞殺刑を免れた。ルース・エリスが絞首刑に処されたのに対し、ルネー・ダフィはその数年ほど前に非常によく似た謀殺で死刑執行が延期されていた。だがエリスの犯行当時、政府は恩赦を示せば死刑制度そのものが弱体化していくのではないかと恐れた。

死刑が非合法化されたあとも、内務大臣は困難な事件の中心的役割を担いつづけることになる。死刑廃止後、内務大臣には、たとえ先の控訴が却下されても自らの意志で控訴院に事件を付託する権限を与えられた。この権限は、通常新たな証拠が発見されたときに行使され、一九九〇年代まではめったに発動されなかった。しかしその一〇年間に、一九七〇年代のＩＲＡによる爆弾攻撃の判決など、論議を呼ぶ判決に反対する運動が巻き起こった。そのすべてが謀殺の有罪判決だったわけではないが、とりわけ声高に異議が唱えられたのが殺人罪の評決であった。

このプロセスのおかげで、〈バーミンガム・シックス〉は、有罪からわずか一年後の最初の控訴は失敗に終わるものの、さらに二回控訴院に控訴することができた。設立から一世紀以上経ったいまでも、刑事控訴院の権限は非常に厳格に規定されていて、〈バーミンガム・シックス〉の最後の控訴が行なわれたときに、法廷は熱を込めてこう強調した。

［控訴院には］上訴人が無罪だと思うか否かを口にする一切の……義務もなければ権利もない。これは立憲上、非常に重要な点で、ひとりの人間が有罪か否かを確定する任務は陪審員の責任になる。われわれ控訴院が気にかける問題は、評決が一致するか否かだけである。

控訴によって判決が覆されるのは、判決自体に充分な信用を置けないと法廷が納得した場合か、原審で著しい不法行為が生じた場合か、法律の誤謬がそのまま裁判に適用された場合に限られる。判決を破棄して再審を命じる法廷の権限が導入されたのは、一九六〇年代に入ってからだった。

〈バーミンガム・シックス〉の事件では、提示された新たな証拠をもとに、控訴院は原審の評決は充分な信用を置けないという裁定を下した。その新たな証拠は、男たちの手についていた微量物質が日常によくあるものに付着していたか、最初に検査した科学者の汚染の結果である可能性を示していた。さらに、その杜撰《ずさん》さがとりわけ際立ったのが、民間警察隊がその後実施した事件の再審査によって最初の捜査に浮上したいくつもの疑問点だった。身柄の拘束と告発に関する記録は不完全で、自白自体がその信頼性にかなりの疑問を投げかける矛盾をはらんでいた。

一九九一年三月一四日、〈バーミンガム・シックス〉が無罪放免となったその日に、政府は刑事司法制度全体を徹底的に見直すために新たな王立委員会を設立すると発表した。王立委員会は二年を費やして、警察の最初の取り調べから、妥当ではない判決を再審する控訴院の役割に至るまで、パブ爆破事件の捜査を取り巻く論争に重点を置き、刑事事件をあらゆる面から考察した。同委員会の報告書には、自白証拠の採用、容疑者の取り調べの実施、現行の司法制度に生じる誤審のリスクに関する具体的な項目が記載された。同委員会の指導原則は簡潔な声明にまとめられ、最終報告書につぎのように記述された。

法律を遵守するすべての市民が共通の関心を寄せるのは、罪のない人が有罪判決を受けて、罪を犯した人が無罪判決を言い渡されるというリスクが、人間の可謬性の許す限り低い刑事司法制度である。

控訴手続きの問題について王立委員会は、刑事事件を裁判所に差し戻せるか、差し戻すべきかの判断において、もはや内務大臣は最終調停者の立場を維持できないと結論づけた。この手続きには大臣が配置され、本業では法務経験や法的資格を求められない彼らが事実上、裁判官や陪審員の役割を果たした。内務大臣は差し戻す権限を完全に一任されており、たとえ明らかと思える誤審が生じた場合でも事件を控訴院に差し戻す義務はなかった。平均すると年間七〇〇件もの事件が政府に付託されたが、そのうち控訴院に進んだのはわずか四、五件で、最も厄介な有罪判決のうち何件かは、政府の門番である内務大臣の前を通過して法廷に差し戻されることはかなわずにいた。王立委員会の報告書が発表された年と同じ年に、ケネス・クラーク内務大臣は、控訴院に裁判の差し戻しを求める〈ブリッジウォーター・フォー〉の新たな訴えを退けた。

そこで王立委員会は、政府からも法廷からも独立したまったく新しい組織体を設立することで、その組織にそうした事件を率先して捜査する権限と、控訴を受けて再審するだけの根拠があると認められた場合に再審を命じる権限を持たせることを提案した。独立組織に期待された役割は、目に見えて気乗り薄の法廷が、少なくとも一部の事件について、たとえ歴史的な誤りであっても、司法手続きが脱線したおそれがあるとは認めようとしない姿勢に対抗することだった。

こうした提案がまだ政府によって検討されていた一九九二年夏、誤審の疑いがある別の訴訟が法曹界を揺るがし、男性ばかりが不正義を被るわけではないことが判明した。この訴訟を機に、じつに多種多様なあらゆる殺人法に光が当てられるとともに、謀殺罪・故殺罪・その中間にあるすべての犯罪の改正要請に新たな重みが加わり、謀殺法のなかでもとりわけ論議を呼ぶ側面が一部再検討されることになった。

虐待に苦しむ女性と挑発に関する法律の見直し

その夏、昼休みに国会議事堂を足早に通り抜ける公務員や、ウェストミンスター寺院からセントジェームズ公園を経由してバッキンガム宮殿に向かう観光ルートをたどる観光客は、女性たちの集まりをよく目にするようになった。毎週水曜日に彼女たちは集合し、クイーンアンズゲートの舗道を埋め尽くした。その通りは内務省の入ったやけに大きい高層建築のすぐそばにある。彼女たちの叫び声、口笛、やじを飛ばす声は、誰かがはじめた歌をきっかけに合唱へと変わっていく。ときには水夫のはやし歌を即興で替え歌にし、原曲に出てくる酔っぱらった水夫を当時の内務大臣にして「ケネス・ベイカーをどうすりゃいいんだ」と歌うこともあった。また別の日には、「あの娘が山にやってくる（She'll be coming round the mountain）」のメロディで「われわれは女性を全員解放する。そう、いつかきっと」と力強く繰り返した。手作りのプラカードを持つ人もいて、ピケラインのような雰囲気を醸し出していた。もしベイカー内務大臣が通りの騒ぎが気になって仕事場の窓から見下ろしていたら、プラカードに大きく書かれた「キランジット・アルワリアを解放せよ」というスローガンが目に入っていただろう。

一九八九年五月八日の早朝、ウェストサセックス州クローリーのラングリーグリーン地域に建つ一軒の家から消防隊に電話が入った。現場に到着すると、前庭の芝生に人だかりができていて、リビングの窓に映る人影に向かって声をあげ、激しい身振りを繰り返していた。なかにいたのは若い女性で、子供を腕に抱いている。燃え盛る家を出るよう急きたてる外の隣人たちの叫び声も耳に入らないようだ。やがて彼女は、小さな息子を家の外に連れ出して芝生の上に立つと、二階の窓の外を舐めるように燃え広がる炎を生気のない目で見上げた。背後では、毛布にくるまれ、意識が朦朧としている彼女の夫が救急車に乗せられていた。

救急車で病院に向かっているとき、三四歳のディーパク・アルワリアは、痛みに耐えて歯を食いしばりながら救急医療士に事の顚末を話した。ディーパクによると、前の晩に妻キランジットの家族に貸したお金をめぐって妻と喧嘩したという。その晩、彼が寝室で寝ていると、妻が部屋に入ってきてベッドに火をつけたあと、苛性ソーダの溶液を浴びせた。クローリー病院に到着したディーパクは、顔や首、胸部、両腿など体の四〇パーセント以上を火傷したことが判明した。彼は火傷専門医のいるローハンプトン病院に移送され、大がかりな輸血が行なわれた。ひどい傷にもかかわらず意識はあり、警察にも筋道立てて供述できるほどで、火事の晩に救急医療士に話した内容を繰り返した。しかし、その後ディーパクは敗血症を発症したあと臓器不全に陥り、火事の一週間後に致命的な心臓発作を起こした。キランジットは謀殺未遂容疑ですでにホロウェイ刑務所に再勾留されていて、監房で夫の死と、夫謀殺の容疑で裁判にかけられることを知らされた。

キランジットは九人の兄弟姉妹のひとりとして、一九五五年にインドのパンジャブ州チャク・カラル村で生まれた。二〇代前半のとき、数年前にカナダに移住した兄家族と暮らすためにカナダに引っ越した。インドの大学では社会学と法律を学び、いずれかの分野でキャリアを積みたいと考えていた。けれども見合いをして結婚するよう家族に説得され、一九七九年にはロンドン在住の友人から、知人のディーパクと合うのではないかと勧められた。兄たちのアドバイスに従って、求婚者となる男性の写真を見ただけで、キランジットはディーパクとの結婚を承諾した。数日後、ディーパクは飛行機でトロントにやってきて、ふたりは登記所で簡単な式を挙げて正式に結婚した。本格的な宗教上の結婚式は、その翌月にイングランドで催されることになった。ディーパクはイングランドに戻り、花嫁が数週間後に合流して、ディーパクの実家があるクローリーで新生活を開始した。

その直後、キランジットは自分の決断を後悔した。イングランドに到着して何日もしないころ、まだ結婚式も挙げていないうちから、ディーパクは何度もかっとなり、先が思いやられる不吉な予兆として、キランジットを壁に押さえつけると頭のてっぺんに拳を振り下ろした。ディーパクは本気ではなかったと弁解した。結婚式のあとキランジットは、自分が、短気で暴力的な夫とその家族が住む不快な家庭環境に囚われたことに気づいた。結婚生活の最初の数週間を、彼女は不安げな口調でこう説明した。

夫は徹底的に支配したがりました。私を叩くときも、セックスのときも、外に連れ出すときも、家に閉じ込めるときも、二階に連れていくときもです。私はテレビも見られず、飲んだり食べたりすることもできませんでした。夫の許可がなければ何ひとつできなかったのです。

ディーパクは新妻に対して日常的に、言葉による虐待、身体的・性的虐待を加えていた。義理の家族も夫の怒りを免れず、ディーパクは彼らにもよく怒りを爆発させた。だが、いちばん激しい怒りと攻撃の矛先が向けられるのはいつも妻で、両親も兄弟も手をこまねいて見ているだけだった。キランジットいわく、「息子がただ飼い猫をいじめているだけといった様子だった」。けれども、とくに激しい口喧嘩の最中にディーパクが包丁を取り出し、殺すぞと母親を脅したため、義父母はふたりを家から追い出してしまった。キランジットは、逃げ出そうにもディーパクに何をされるかと思うと怖くてたまらず、自分の家族にも何と言われるか心配で、結局夫のもとにとどまった。だが、事態はさらに悪化した。

キランジットは結婚して一〇年が経っていた。そのあいだ、ディーパクとのあいだにふたりの息子をもうけていた。一度は自殺を試みたほか、何度か家を出ようとしたこともあった。夫による虐待と脅しはほぼ弱まることなく続いた。あるとき家族の集まりで、夫はキランジットの喉にナイフを突きつけ、通りに逃げた妻を車で轢こうとした。このとき彼女は訴訟を起こし、夫に一定の行為を禁じる命令が出されたが、ほとんど効果はなかった。夫はこれまでどおり同じ家に住み、暴力が止むことはなかった。またキランジットは、夫が職場の同僚と浮気をしているのではないかと疑っていた。

事態が緊迫したのは一九八九年五月七日の晩だった。ふたりは身内に貸した金の返済でもめていた。喧嘩は暴力に発展し、ディーパクはキランジットの顔に熱いアイロンを押し当てて火傷を負わせた。キランジットの回想によると、そのあとベッドで「横になると、この一〇年間の出来事が頭に浮かんでは消えました……ひとつ、またひとつと暴行された場面が流れていくなか眠りにつきました」。

彼女は午前二時三〇分ごろに目を覚ますと階下へ降り、ガソリンの入った瓶と、台所で混ぜた苛性ソーダ溶液を入れた鍋を持って寝室に戻った。寝室に入ってベッドの周りにガソリンをまき、火のついた蝋燭を投げ入れた。のちに彼女は、浴室に苛性ソーダの鍋を置いていったので、ディーパクが体についた炎を風呂水で消そうとして浴びてしまったのだろうと主張した。再勾留中、夫が亡くなるまえに義母に宛てた手紙でキランジットは、夫の暴力と姦通の罪を洗い清めるために、夫を〝アグニイシュナーン〟（ヒンディー語で「火風呂」）に入れたのだと綴っていた。訴追側は、キランジットの行為の計画的かつ報復的な性質を示す証拠として、その手紙に全面的に依拠した。

ディーパク謀殺の罪に問われた裁判で、彼女は火をつけたときに夫を殺すつもりはなかったと主張したが、同時に、挑発という抗弁の根拠として、婚姻関係中のディーパクの態度にも依拠していた。問題は、ふたつの主張が若干相容れなかったことだ。挑発されたのなら意図的な行為でしかありえず、ディーパクをうっかり殺したのなら挑発の問題とは関連性がない。陪審員は一〇対二の過半数で彼女を謀殺で有罪とした。

ここで彼女の話は終わっていたかもしれないが、報道でキランジットの有罪判決を知った女性の活動団体「サウソール・ブラック・シスターズ」が支援に関わるようになった。シスターズの活動は、これまではパートナーに虐待されて負傷または死亡した女性の窮状に焦点を当ててきたが、創設メンバーのプラグナ・パテルは、「［キランジットの事件の］支援を引き受けたのは、ここにひとりの女性がいて、彼女が殴り殺されるほど暴力を受ける側にいるのではなく――これまで私たちが引き受けた事例はそうでしたが――生き抜くために究極の行為におよんだからにほかなりません」と述べた。シスターズはキランジットに新たな弁護団をつけ、彼女の事件は一九九二年に控訴院に進んだ。

家庭内暴力に苦しんだ末にパートナーを殺害した女性に対する法廷の処遇は、ルース・エリスの時代以降、いくつかの点で改善されてきた。一九五五年にエリスの公判を担当した裁判官は、被告人に挑発の可能性を提起させようとしなかったのに対し、キランジットの場合は、少なくとも、たとえ最終的に陪審員に却下されるとしても、抗弁の主張は認められた。また控訴院には、いずれの立場の女性にとってもハードルとなった挑発という抗弁の一面を見直す用意があった。つまり、自制心の喪失は突然で一時的だったのかという問題だ。ルース・エリスの事件では、最初からこの主張を通せる見込みはなかった。彼女はデイヴィッド・ブレイクリーに見捨てられて週末ずっとくよくよしたあげく、彼を撃ったからだ。キランジットにしても、ディーパクと激しい口論をしてから夫のベッドに火をつけると決めるまでには時の経過があった。
　控訴院の裁判官は、一部の事件では、また一部の被告人にとっては、この時間差は「徐々に怒りがつのる」タイプの挑発を示唆しているのではないか、という考えを受け入れるには受け入れた。しかし、彼らにはその趣旨の決定的な声明を出す用意はなく、挑発の抗弁の範囲を広げすぎるリスクについては慎重だった。

　法律のなかの特定の原則が、これほど何度も再確認され、これほど長期にわたって広く適用されているということは、議会にとって変更を検討すべき問題にちがいない。万一にも、突然の自制心の喪失と故意の報復の区別が曖昧になるように挑発の範囲が再定義されるようなことがあれば、これは公序良俗が関与する重要な検討事項となる。

　裁判官たちは、キランジットの劣悪な家庭環境には同情を示したものの、長年にわたる挑発の定義を極端に逸脱する用意はなかった。その定義は一九四〇年代に起きたルネー・ダフィの事件にさかのぼる。裁判官たちは、キランジットは挑発行為を受けていなかったと結論づけた。とはいえ、ディーパクの虐待の影響を示す新たな精神医学的証拠に、より強い関心を寄せた。原審では提示されなかった証拠だ。控訴院は、キランジットが火事のときに限定責任能力の状態にあったことだけはほぼ間違いなく、よって謀殺の有罪判決は信頼できないと結論づけた。有罪評決は破棄され、一九九二年九月にキランジット・アルワリアは無罪放免となった。釈放後、キランジットは冷静になって考えたときに、自分の訴えが本来の目的、つまり虐待するパートナーを殺害する女性を擁護して、挑発に関する法律を見直すという目的を達成していなかったことを認めた。

司法制度が、「もう我慢できない」と口にする女性たちの意見を唯一聞き入れるのは、彼女たちが犯行時に自分を完全にコントロールできる状態になかったことを示せるか、精神が錯乱していたとみなされる場合で、それならば社会秩序が覆されないからである。

彼女が自由を手に入れるために重要だったのは、長年にわたる虐待が精神におよぼした影響であり、虐待を受けた末に示した反応の妥当性ではなかったのである。

蓄積された挑発という考え方

キランジット・アルワリアは、エセックス州のブルウッドホール女性刑務所に服役していたとき、同じく夫を殺害し、熱心な社会運動によって人々の注目を集めていた女性と出会った。サラ・ソーントンは、キランジットの裁判のわずか三カ月後に謀殺で有罪となっていて、世間はすぐにふたりの事件を結びつけた。一九八九年六月のある晩遅く、サラはウォリックシャー州の自宅で、酔ってソファーで寝ていた夫マルコムの腹部に、ゆっくりと、故意に包丁を下ろした。その日の夕方、ふたりは喧嘩をしてサラはパブに出かけた。家を出るまえに彼女は、「サイテー　ソーントン　大きらい」と寝室の鏡に口紅で書き殴っていた。

飲酒はソーントン夫妻の短くも危うい結婚生活の大部分を占め、婚姻は一年ともたなかった。どちらも再婚で、それぞれに初婚のときの子供がいた。マルコムはサラの一〇歳上で警備員をしていたが、しだいにアルコールに依存するようになり、仕事にもプライベートにも暗い影を落としていた。彼はアルコールを絶とうとしたものの、運転免許を失い、あげくの果てに仕事まで失った。夫婦の関係が、裁判官のいうところの「致命的な結末」を迎える一カ月ほどまえのことだ。

サラはサラで心に葛藤を抱えていた。最初の結婚生活が終わったあと何度か自殺を図り、一時は精神保健法に従い、精神科病院に短期間強制収容されていた。のちにパーソナリティ障害と診断され、学生時代までさかのぼる問題が原因だとされた。マルコムは亡くなる数週間前、口論の最中にサラの顔を殴って警察に告発されていた。マルコムは訴訟を取り下げるようサラを説得していて、六月末には裁判所に出頭しなければならなかった。だがその後も激しい口論はつづいていた。刺される数日前、マルコムはサラが職場の会議に出かけているときに、彼女の連れ子を家から追い出していた。帰ってきたサラは激怒し、たがいに憎しみをつのらせるようになり、マルコムが家具を投げ飛ばしたこともあった。

サラは裁判で、喧嘩はしょっちゅう暴力に発展し、殺すぞと脅されたこともあったと述べた。事件があったあの晩は、マルコムを脅そうとしただけで、これ以上言いなりにはならないと示そうとしたのだと主張した。サラによると、パブから帰宅すると夫に売春婦呼ばわりされたうえ、殺すぞとまたもや脅された。法廷で証言したとき、サラは「夫を刺したり傷つけたりするつもりはまったくなかったと繰り返した。ナイフは一気に振り下ろさなかった。ゆっくりと下ろした。彼女には……中断する時間が充分にあった……彼女は夫を突き刺したが、刺すつもりはなかった」。この一風変わった抗弁は、家に駆けつけた警察官と救急医療士の証言と矛盾していた。彼らは口を揃えて、サラは異様に落ち着いた態度で、マルコムをわざと刺した、夫を殺したかったと述べたと報告した。彼女の抗弁はおもに限定責任能力の論拠に基づいていたが、先のキランジット・アルワリアの事件と同様、サラ・ソーントンは謀殺で有罪となり、終身刑を宣告された。

ふたりの女性は刑務所で無二の友となり、服役するはめになった窮境を揶揄した冗談を言い合った。キランジットは自叙伝でこう回想した。

サラとはよく、たがいの夫に思いをめぐらせたものです。私たちは、刑務所の廊下の窓から見える運動場のベンチに夫たちが腰かけている姿を想像しました。サラは私に、ディーパクとマルコムはあの世で仲良くなって、私たちの話をして暮らしてるわよと言って笑わせました。

有罪判決を受けたあと、サラの事件は運動団体「ジャスティス・フォー・ウィメン」に取り上げられた。同団体は、キランジットの控訴に関してサウソール・ブラック・シスターズとも連携していた。サラの事件が先に控訴院に進み、彼女の弁護士たちは、挑発の抗弁の可能性について裁判では充分な配慮が欠けていたと主張した。控訴院は、サラが受けた虐待が、マルコムの脅しや侮辱に対する彼女の反応に悪影響を与えた可能性を認める用意があったが、一方で、故殺に軽減するには不充分だと結論づけた。刑務所に戻ったサラは控訴棄却に抗議し、一カ月におよぶハンガー・ストライキを決行した。

一年後、控訴の結果キランジットが釈放されたとき、裁判所がふたつの事件で異なる措置を取ったことが、サラと支援活動チームのやる気をかき立てた。彼らは、さらに上訴するために事件を裁判所に差し戻すよう内務大臣に嘆願した。最終的には彼らの粘り強さが報われ、一九九五年にサラの事件はふたたび控訴院に差し戻された。今度は裁判所も、まえより理解を示す用意があった。マルコムが死んだ晩の彼女の行動を評価するとき、サラが結婚生活で被った虐待は考慮できるし、考慮すべきであった。刺す行為を実際に促した夫の態度は、夫から受けた身体的攻撃に比べればまだ穏やかだったとはいえ、挑発の抗弁に該当するだけの蓄積効果があった。謀殺の有罪判決は破棄され、法廷は再審を命じた。しかし、挑発が上訴の頼みの綱だったのに対し、二度目の審理におけるサラの抗弁は、メンタルヘルスの問題とパーソナリティ障害に重点が置かれていた。彼女は謀殺については無罪となり、限定責任能力を理由に故殺罪の判決を受けた。入所してすでに五年が経っていたため、直ちに釈放された。

アルワリアとソーントンの事件では、家庭内暴力の問題と、長期にわたる虐待の末に突如反撃に転じて、虐待者に致命的な結果をもたらした被害者に対する裁判所の処遇に注目が集まった。なかにはこの裁定が、あまりに浅薄な不満から夫を殺害する自由裁量権を女性に与え、彼女たちが謀殺による有罪判決を免れるのではないかと危惧する声も聞かれた。キランジットがサウソール・ブラック・シスターズのラヒーラ・グプタと共同執筆した自叙伝は、『挑発されて（*Provoked*）』と題され、彼女の半生に着想を得た同名の映画も制作された。とはいえ、事件そのものは挑発に関する実際の法律にほとんど変化をもたらさなかったものの（彼女の謀殺の有罪判決は、実際には限定責任能力を理由に破棄された）、事件をきっかけに、長年の懸案だった法律のこの側面を再検討する動きに弾みがつき、その後の改革のための道が開かれた。法廷弁護士《バリスター》のヘレナ・ケネディ勅選弁護士は、これまでに刑事裁判所で家庭内暴力を受けた多くの女性の弁護を務めており、つぎのように述べた。

［これらの事件から］司法関係者や一般の人々は法の欠陥について学んだ。その結果、いまでは陪審員は裁判で女性の立場になって考え、事件の状況を考慮するよう指導されている。裁判所は蓄積された挑発を認めなければいけないという認識があり、こうした挑発においては、長期にわたる虐待の末に女性の正気を失わせる最後の行為が、それほど重大には見えなくても、我慢の限界を超えるきっかけになる可能性がある。

〈ブリッジウォーター・フォー〉の解放

〈バーミンガム・シックス〉とキランジット・アルワリアが控訴院で勝訴し、釈放を喜んだのとは対照的に、カール・ブリッジウォーターの殺害容疑で有罪になった男たちは、いまだに刑務所でみじめな暮らしを送っていた。彼らは一九八一年に初めて判決に異議を唱えたが、ひとつ目のハードルでつまずき、裁判所から控訴許可を得られなかった。四人がスタッフォード刑事法院で有罪になってから何年ものあいだ、家族や友人は一致団結して大々的な社会運動を繰り広げ、多くの支援を集めてきた。調査報道ジャーナリストのポール・フットは、デイリー・ミラー紙の特別寄稿欄でブリッジウォーターの事件を大きく取り上げ、一九八六年には『農場における殺人　誰がカール・ブリッジウォーターを殺したのか？（*Murder at the farm: Who killed Carl Bridgewater?*）』を出版し、科学捜査に基づいた説得力のある文章で彼らの冤罪を訴えた。フットの調査は六年近くにおよび、最終章には明確な言葉で結論がまとめられている。

疑いの余地がないと思われるのは、カール・ブリッジウォーターを撃ったのは、ヴィンセント・ヒッキーでもマイケル・ヒッキーでもジェームズ・ロビンソンでもパトリック・モロイでもなく、四人の誰ひとりとして、一九七八年九月一九日だけでなくほかのどの日も、イチイ農家には行っていないということだ。

この本と、本に集まった世間の注目が当時の内務大臣ダグラス・ハードの説得に一役買い、事件は一九八七年に控訴院に差し戻されたが、控訴そのものは却下された。ハードの後任のケネス・クラークは一九九三年に二度目の控訴請求を却下した。そのころにはカール・ブリッジウォーターの事件とその支援運動はＢＢＣに取り上げられ、同社は『悪い仲間（*Bad*

Company)』というタイトルで裁判と四人の却下された控訴の顚末をドラマ化した。つづいて一九九六年には、犯罪ノンフィクションの先駆けともいえる人気ドキュメンタリー番組『ラフ・ジャスティス(*Rough Justice*)』の一話で事件が紹介され、番組は誤審が疑われる事件の再審を求めた。*テレビ報道で注目され、新たな弾みがついた〈ブリッジウォーター・フォー〉の解放運動の先頭に立ったのが、マイケル・ヒッキーの母親アン・ウィーランだった。

政府に対する圧力が強まり、議員のなかにはその地位を利用して四人の解放運動を支援する者も現れ、一九九六年二月には議会で事件について議論されるようになった。マイケル・ハワード内務大臣は四人の三度目の控訴申請に言葉を濁していたが、一九九六年後半にはついに折れて事件をふたたび裁判所に差し戻した。そのころには、〈ブリッジウォーター・フォー〉の四人は三人になっていた。メンバーの最年長者パトリック・モロイは、その数年前に依然として無実を訴えながら獄中で死亡した。一九九七年二月に高等法院で行なわれた審理で、訴追側は彼らがもう訴訟を争うことはないと発表し、三人は控訴の完全審理中に保釈された。スト

＊映画『トレインスポッティング』に出演した俳優ジョニー・リー・ミラーは、『悪い仲間』でも『ラフ・ジャスティス』のブリッジウォーター事件の放送回の再現ドラマシーンでも、マイケル・ヒッキー役を演じた。

ランド街の王立裁判所の外では、集まった支援者や一般の人々、報道陣らがひしめき合い、歓喜に沸くなか、マイケル・ヒッキー、ヴィンセント・ヒッキー、ジェームズ・ロビンソンは、約一八年ぶりに外の世界に足を踏み出した。

五カ月後、数週間つづいた審問の後、控訴院はつぎのような判決を言い渡した。

われわれがたどり着いた不幸な結論は、この事件では、刑事司法プロセスが本来そうすべきようには公正に機能しなかったということである。

裁判所は、モロイやヴィンセント・ヒッキーからどのように自白を引き出したかについての警察の説明が、「ありえないとは言わないまでも、あまりに信じがたい」という新たな証言をとくに重視したうえで、謀殺の有罪判決をすべて破棄した。一夜にして〈ブリッジウォーター・フォー〉の容疑は晴れ、残されたのは誰もが思いつく疑問だった。いったい誰が一九七八年にカールを殺したのか？

捜査は、四人が捜査線上に浮かんだ時点でほぼ止まっていた。それ以降、警察は容疑者を確保したという仮定に基づいて行動していた。しかし四人が二度目の強盗で捕まるまえ、地元のある男が重要参考人として浮上していた。バート・スペンサーといい、現場近くの病院で働く救急隊員だった。男の車と仕事着は、カールが死亡した日の午後、農家につづく小道で青い車に乗った制服姿の男性を見たという目撃者の説明と一致していた。しかも男は骨董品に興味があり、イチイ農家とその周辺の土地に詳しいうえ、農家の裏に広がる原野でよく狩猟をしていた。けれども、バーミンガムの四人の男たちが逮捕されたときには捜査線上から外れていた。スペンサーがふたたび容疑者として浮上したのは、〈ブリッジウォーター・フォー〉が有罪と宣告されたわずか一カ月後に、スペンサーが友人を銃撃して殺害したときで、その犯行手口はカールの死に方と驚くほど似ていて、現場はイチイ農家から西に数百ヤードしか離れていない赤レンガの農家で、A449を挟んだ向かい側に建っていた。

スペンサーは友人の謀殺で有罪が決定し、ふたつの事件をつなぐ偶然の一致は、事件を扱ったポール・フットの著作にも、何年にもわたる〈ブリッジウォーター・フォー〉の控訴申立書類にも大きく取り上げられたほか、最後の控訴に先立つ議会の討論でも言及された。警察が最初に疑った救急隊員の男と二軒目の農家の殺人は、ドラマ『悪い仲間』では重要な筋になっており、『ラフ・ジャスティス』の事件分析にも登場した。けれども、裁判の数年後に行なわれた四人の民間警察隊による事情聴取では、スペンサーの関与は立証されず、警察はそれ以上の措置を講じていない。スペンサーは一貫してカール銃撃の関与を否定しているが、〈ブリッジウォーター・フォー〉が自由の身になった直後に釈放されてからも、この悲劇的な事件の疑惑がたえずつきまとった。バーミンガム・パブ爆破事件が未解決であるのと同様に、カールの殺害事件は発生から四〇年以上が経過したいまも解決していない。

刑事事件再審委員会の設立

カール・ブリッジウォーター殺害の冤罪で有罪となった男たちが釈放された約二〇年前を最後に、内務大臣は誤審に対して上訴する権限を持つ最終調停者ではなくなった。一九九七年四月、創設されたばかりの刑事事件再審委員会は事務所を開設した。設立に五年ほど要したものの、政府はついに、〈バーミンガム・シックス〉の控訴に基づく勧告に従って、誤審が疑われる事件を捜査する独立機関を設けた。同委員会には、法令によって個々の事件を調査し、有罪判決が覆る可能性が極めて高い新たな証拠が見つかった場合には、内務大臣に代わって事件を控訴院に付託する権限が与えられた。

刑事事件再審委員会の役割は、内務大臣よりはるかに包括的なものとなることを目指していた。同委員会には、関係者や関連機関の書類を押収する権利や、目撃者を事情聴取する権利など、ひとつの事件をあらゆる角度から捜査できる幅広い権限が与えられた。とくに複雑な事件では、同委員会が発見した問題の取り調べを開始するよう、警察に指示することもできた。また、控訴の過程における役割だけでなく、恩赦が考慮された際には内務大臣に助言する役割も果たした——政府もその権限を保持していたが、複雑な事件では同委員会に勧告が求められるケースが多かった。

同委員会への調査付託には期限がなかった。設立当初の成功例のひとつに、一九九八年に控訴院に差し戻された故デレク・ベントリーの有罪判決の調査付託がある。二〇二〇年、同委員会は政府から設立以来最も歴史的な任務を与えられた。一七〇年前に下されたサラ・チェシャムの有罪判決について、恩赦の付与を視野に見直してほしいという要請だった。ヴィクトリア朝の記者団に〝ヒ素のサリー〟と命名されたサラは、夫で農夫のリチャードを謀殺した罪で、一八五一年にエセックス州チェルムズフォードで絞首刑に処された。リチャードの死は突然だった。検死解剖の結果、胃からヒ素の痕跡が発見され、直ちに妻に嫌疑がかけられた。折悪しく、リチャードが亡くなる数年前、サラはふたりの幼い息子と地元の少年を毒殺したとして訴えられていたが、法廷では無罪を言い渡された。リチャードの死をめぐる裁判で、運が彼女に味方することはなかった。

ヴィクトリア朝の人々は、家庭内の毒殺に病的なほど関心を寄せていた。リチャード・チェシャムら被害者がもだえ苦しむ様子をセンセーショナルに綴った新聞記事の影響である。歴史家のジュディス・フランダースによると、数あるなかでもとりわけ恐れられていた毒物があった。

ヒ素には色も臭いも味もなく、何といっても安価だった。また、絵具や染料、石鹸、医薬品など、家庭のさまざまな備品に使われた。ほかにも有害生物の駆除、肥料や除草剤として、さらに厩舎で馬の毛を洗うときや、農場で羊の寄生虫駆除液としても用いられた。

サラの子孫が求めた事件の再審によって、恩赦が要請された。現代の分析技術のおかげで、またヴィクトリア朝の各家庭にヒ素が普及していたことを踏まえると、一九世紀の多くの「毒殺」の原因は、図らずも摂取してしまったか、医薬品や化粧品を介して体内に少量入ったかのいずれかだと考えられている。同委員会によるサラの事件の再審査はいまもつづいている。

刑事事件再審委員会の創設は、〈バーミンガム・シックス〉や〈ブリッジウォーター・フォー〉のような人々による、ときには何十年にもわたる正義の闘いをしなくてすむようにすることを目的としていた。法制度が抱える問題や、法制度がその誤りに対処できなかったことを浮き彫りにしたのが、こうした謀殺の有罪判決をめぐる論争だった。政府は依然として控訴院の最後の門番であったが、一九五〇年代の悪名高い事件で見られたように、いまだに一貫性の欠如と不正義というリスクを抱えていた。こうした懸念に対処するために同委員会が創設されたものの、批判を免れることはなく、刑事司法制度は今後、誤審を認めて訂正する能力を維持できるのかという問題が提起された。二〇一九年、誤審に関する議員連盟は、刑事事件再審委員会の有効性を調べたうえで、必要に応じてさらなる改革を提案するために、新たな調査を開始した。その闘いはいまもつづいているようだ。

殺人法の盲点にもなる大量殺人

不当な判決は、とくに謀殺では幸いなことにまれだが、関与するすべての人にとってショッキングな出来事である。それでも、どの物語にもふたつの側面があることを心に留める必要がある。〈ブリッジウォーター・フォー〉のような人々の名誉回復を取り巻く歓喜のさなかでは、謀殺の被害者は、報道という点でも、世間の関心という点でも、誤審による被害者よりも存在が薄れがちだ。四人の控訴に関する議会討論では、ひとりの下院議員が鋭い意見を述べた。もし報道陣が「イチイ農家の四人」というニックネームを思いついていたなら、カールとその家族に対する配慮はもっと行き届いていただろうと。だが、時すでに遅く、〈ブリッジウォーター・フォー〉の名は定着していた。

同じように、バーミンガム・パブ爆破事件のようなテロリストによる残虐行為は、謀殺事件としては軽視されがちだ。広範な文脈にとらわれすぎるあまり、なぜか実際に関与している犯罪から切り離されてしまう。こうした事件は主として政治的行為とみなされ、亡くなった人も謀殺の犠牲者であるという事実が、ときには二の次になる。〈マルベリー・ブッシュ〉と〈タヴァーン・イン・ザ・タウン〉を爆破した犯人は、それが誰であれ、爆発が起きたときには現場から遠く離れた場所にいて、誰が死んだかも、そもそも何人死んだかもまったくわかっていなかった。それに対して、「謀殺《マーダー》」という言葉はどこか個人的な、どういうわけか親密で、感情に訴える何かを連想させる。殺人犯と犠牲者のあいだには、束の間であっても何らかの関係性が期待される。

爆破などの大惨事のような産業規模ともいえる大量殺人は、殺人法の盲点となるリスクにさらされていた。バーミンガムのパブ爆破以後の数年間は、ショックを受けた生存者たちや日常生活に支障のない軽傷者たちの映像が、テレビのニュース報道で日常的に取り上げられるようになった。だが多くの場合、そこに映っていたのは、テロ攻撃など意図的な残虐行為による事件ではなく、事故として軽視されがちな災害だった。

一九八〇年代後半以降、英国では大量の死者を出したにもかかわらず、起訴対象となる明らかな「謀殺者」のいない痛ましい事故が相次ぎ、衝撃が広がった。殺人法は、悪意によってではなく、怠慢、無関心、不適切な管理によって殺人を犯した者を適切に処罰できないようだった。こうした事件に謀殺法を適用しても、その殺人者が企業や組織であった場合、失敗に終わる運命にあった。謀殺を犯すために必要な精神的意図を形成できるのは人間だけである。とはいえ、この状況——罪のない人が何百人も亡くなった事件において、人間以外のものに一切の法的責任がないという状況——も、いつまでも維持できるわけではなかった。何らかの措置を講じる必要があった。

第八章

法人

「空気はたっぷりあります」

パイパー・アルファの石油・天然ガスプラットフォームは、スコットランドのアバディーンから約一〇〇マイル〔約一六〇キロメートル〕先の北海沖に建っていた。いかにもスコットランドらしくタータンとクレイモアと名づけられたふたつのプラットフォームとともに、パイパーでは海底から原油と天然ガスを採取し、パイプラインを通じてオークニー諸島のフロッタ島にある石油基地に送っていた。一九八八年七月六日の夜、プラットフォームには二〇〇人を超える乗組員が駐在していた。その晩は六〇人が交替制で勤務していて、残りの乗組員の大半は、海抜一七〇フィート〔約五〇メートル〕の原油・天然ガス生産エリア上部にある居住区画にいて、食事をしているか、眠っているか、ただくつろいでいた。午後一〇時少しまえ、生産現場の管理者たちはどこからか聞こえてきた甲高い騒音にぎょっとした。人が絞め殺されているような音だったという者もいれば、妖精バンシーの泣き叫ぶ声に喩えた者もいた。ケルト神話では、この邪悪な妖精の叫び声は死が迫っている予兆だと言われている。

ちょうどそのころ、掘削リグの潜水チームのひとりが支援船のうちの一隻の船首に立っていた。船はパイパーから数百ヤード離れて停泊していた。その男性は甲板に出て、プラットフォームの写真を撮ろうとしていた。学校の宿題でエネルギー資源について調べている息子のためだ。目の高さまでカメラを持ち上げたとき、パイパーの上甲板から突然炎が勢いよく吹き出すのが見え、つづいて黒い煙がもうもうと立ち昇った。目にしていることの重大性に気づくと、男性は目の前の光景を写真に撮りはじめた。

その後一時間のあいだに、パイパーと油田内のほかの二カ所のリグをつなぐガスの竪管が破裂し、大きな爆発がさらに二度発生して、プラットフォームは大きく揺れた。乗組員のなかには、なんとか下甲板にたどり着き、できるだけリグのそばに引き寄せた支援船に乗り込んだ者もいた。だが、多くは炎の真上に位置する居住区画に閉じ込められていた。無線を通して、支援船のうちの一隻〈タロス〉に、パイパーの乗組員が聴き取りづらい声で内部の混乱を伝えた。「大部分が厨房付近にいる。〈タロス〉が来る。道を空けろ……ホースを。ひどくなってる」。一面に立ちこめる黒煙のせいで、スコットランド本土のロシマス空軍基地から緊急発進したヘリコプターはプラットフォーム最上部のヘリパッドに着陸できずにいた。プラットフォームには一部の乗組員がどうにか集まってきていて、危険を覚悟でヘリパッドから眼下の海に飛び込みはじめた。

午後一一時には炎がプラットフォームの上部構造の大半を覆い尽くし、パイパー・アルファは崩壊して海に沈みだした。翌朝、ヘリコプターが生存者を探して上空を旋回するも見つからず、燃え尽きた下甲板の骨組みだけがまだ立っていた。前の晩にプラットフォームにいた二二六人のうち、安全に避難できたのは六一人だけだった。一六五人が死亡し、三〇人の遺体はついに発見されなかった。

この悲劇の公開審問を行なった結果、爆発と火災は、漏れた凝縮ガスが雲を形成したあと、保守作業の際に生じた火花か電気系統の欠陥部分から発火して起きた可能性が高いことが判明した。竪管に設置された防火壁や安全弁等のリスク軽減措置は、その日作動していなかった。また、通信システムに不備があったせいで避難指示が遅れ、犠牲者の数を増やすことになった。事故に対する責任はまぎれもなく、プラットフォームを所有する米オキシデンタル・ペトロリアム社にあった。審問報告書は、リグからの避難を要請する重大な緊急時の計画性が全面的に欠けていたとして、同社の安全性に対する姿勢を厳しく批判した。しかも、警告がなかったというわけではなかった。

この一年足らずまえ、オキシデンタル社はパイパーの作業員一名の死を受けて安全衛生法違反の罪で起訴されていたが、その後も業務の工程と手順はほとんど変わっていなかった。驚いたことに、痛烈な批判を浴び、以前にも安全面で違反していたにもかかわらず、政府は、二〇〇人近い従業員の命が犠牲になった職場事故でオキシデンタル社を起訴するには証拠不充分だとして、同社を刑事訴追しなかったのである。ほどなくしてオキシデンタル社は英国事業を売却し、大西洋から撤退した。

政府がこの問題の追及に及び腰だったのは、おそらく、自ら災害の発生に一役買ったことを示す審問報告書で提起された疑問も一因だろう。パイパー・アルファの悲劇が起きたとき、沖合のエネルギー設備を運営、管理していたのはエネルギー省だった。審問の結果、同省の検査工程がうわべだけにすぎなかったのは、おもに資格のある検査官の不足が原因であることがわかった。じつはパイパーには、爆発の一週間ほどまえにエネルギー省の検査官が訪問していて、検査の結果、問題なしとして終了していた。検査官が見逃したのは、バルブの欠損によるガス漏れのリスクと、シフト交替で仕事を引き継ぐときに乗組員たちが問題点を確認し合うプロセスの欠如だった。訴追手続きが進められていれば、まず間違いなく、こうした危険産業における政府の管理の不備に注目が集まっていただろう。

だが、パイパー・アルファの災害を容赦なく招いたミスや見落としの類が気がかりなほど連続したのは、なにも海底油田に限ったことではなかった。一九八〇年代後半は多数の被害者が出る災害が相次ぎ、いずれも多くの命が失われた。おびただしい数の人が列車に乗り、パーティに出席し、いつものように出勤したまま帰らぬ人となったのである。一九八七年一一月、キングズ・クロス地下鉄駅は、木製エスカレーターに投げ捨てられた一本のマッチが出火元となって炎に包まれ、三一名が死亡した。その一年ほどあとに起きたクラパムジャンクション駅の鉄道事故では、ほぼ同数の人が死亡した。また、一九八八年一二月にパンアメリカン航空一〇三便の乗客二五九名が死亡したロッカビー爆破事件から一カ月も経たないうちに、今度はイーストミッドランズ空港に緊急着陸しようとした旅客機が高速幹線道路一号線上空から墜落、乗客一二六名のうち四七名が死亡した。さらに一九八九年八月にはテムズ川を運航するクルーズ船〈マーショネス〉が浚渫《しゅんせつ》船と衝突し、サザク橋付近で沈没、船上でパーティをしていた乗客のうち五一名が死亡した。

パイパー・アルファの災害から二〇年の節目となる二〇〇八年に庶民院で開かれた討論会で、アバディーンのフランク・ドラン下院議員は、こうした大勢の人々が巻き込まれる大災害の死傷者数がもたらす波及効果について、つぎのように詳述した。

パイパー・アルファの被害者名簿は長く、そこには生存者の名前も含まれている。あの厳しい状況で、生存者だけでなく遺体も家に送り届けた救急隊員たち、重傷者を迎え入れるためにアバディーンでヘリコプターを待った医療チーム……多くの犠牲者が収容されていた居住区画の残骸から遺体を回収したクレーン船の乗組員たち、遺体を回収するために居住区画が取り外されて岸に運ばれたとき、区画に入った警察官やその他の人たち、そして生存者や遺族だけでなく、多くの救急隊員にも寄り添った精神科医、心理学者、ソーシャルワーカー、カウンセラーたち。

こうした事故の影響があまりにひどく広範にわたるとき、失われた命という点でも、事故によって永遠に変わってしまった人生という点でも、誰かに——またはどこかの組織体に——その責任を取らせたいと思うのは当然の欲求である。ところが、一九八〇年代末のこれほど短い間に放送波を独占したひどい災害のうち、訴追されたものはひとつもなく、一九七〇年代半ば以降に制定された安全衛生法に基づいて訴追されることもなかった。こうした悲劇の多くに伴う必須の審問では、刑事責任の所在を明らかにすることができなかった。アンソニー・ヒドゥン勅選弁護士は、クラパムジャンクション駅の鉄道事故に関する調査書で、審問過程の目的だけでなくその制約についても手短にまとめた。

［鉄道事故の］審問は裁判ではない。民事であれ刑事であれ、法的責任の試金石でもない。その手順は弾劾主義的ではない。誰も裁判にかけられない……その手順はむしろ糾問主義的で、この調査は真相の解明を目的としている。

審問の結果がどれほど手厳しくても、審問には、誰かを起訴する権限はおろか、訴追手続きを勧告する権限すらない。犯罪の観点からすると、こうした事件は事実上、不幸な事故のように取り扱われた。大きな組織の監視下で死者が出ると、現在の法律はそうした状況に適切に対処していないという不安が高まっていた。安全衛生法は本来、規制に関連する問題、つまり事業経営の官僚的体質に不可欠な部分とみなされていた。こうした法律に違反しても、まぎれもない刑事犯罪であっても〝本当の〟犯罪とはみなされなかった。実際に違反が生じても、安全衛生法違反の有罪判決は汚名を着せられるほどではなかったため、支援活動家たちは、過失を犯した企業の行為はその実情に則して法人故殺と呼ぶべきだと主張した。

企業を故殺で有罪にはできないのか？

パイパー・アルファの災害が起こる一年ほどまえ、一九八七年春の夕方六時ごろ、フェリー〈ヘラルド・オブ・フリーエンタープライズ〉はベルギーのゼーブルッヘ港を出発して、通常どおり海を渡ってドーヴァーに向かうはずだった。フェリーには四五九名が乗船しており、その多くはザ・サン紙が提供するチケットを利用して手ごろな日帰りベルギー旅行を楽しんだ英国人観光客だった。その日は天気が良く、海も穏やかで、フェリーは外港の岸壁をスムーズに通過し、午後六時三〇分少しまえに外洋に出た。

ところが五分もしないうちに〈ヘラルド〉は突然転覆し、左舷からゼーブルッヘ港の浅瀬に乗り上げた。出帆後すぐにフェリー中央にあるレストランに向かっていた多くの乗客にとっては、まさに世界が逆さまになった。水面下ではたちまち船内に海水が充満した。転覆はあまりに急で、乗組員たちには救命ボートを下ろしたりライフジャケットを渡したりする時間もなかった。ひっくり返ったときにはまだ港から見えており、救助活動はすみやかに行なわれた。ベルギーとフランスの救助船に加えて、極寒の海から助け出した生存者を空輸するため、何機もの空軍のヘリコプターが南岸と東岸の基地を発って英仏海峡を渡った。

この災害の最初の報道は、混乱こそしていたが圧倒的に楽観的だった。その晩のBBCのニュース番組では、冒頭で事故のニュースを放映し、実際の死者数をはるかに下まわる当初の死傷者数を中継で伝えた。リポーターのクリストファー・モリスは、視聴者を安心させようとして「内部［船体］には生存者がはっきりと見てとれ、空気はたっぷりあります」と伝えた。だが救助隊によると、船内に閉じ込められた生存者が充満した冷たい海水のなかで生き延びられるのは、せいぜい三〇分かそれ以下だろうとのことだった。また、リポーターは誤って八〇名の乗組員全員が救助されたと報道したが、実際には三八名が命を落とし、最終的には、この沈没によって一九三名の死亡が確認された。

リポーターたちは、フェリーがいきなり浸水沈没した理由についても解説しようとした。転覆直後は、ゼーブルッヘ港を出たフェリーが岸壁にぶつかったか、砂州で座礁して停止したのではないかと考えられていた。事故現場で一目瞭然だったのは、船首にある巨大な扉――そこから車がフェリーの車両甲板に出入りできる扉――が開いていたことだった。当初は、扉が開いていたのは〈ヘラルド〉が転覆したからで、何かに衝突したか力がかかるかして船が横倒しになり、勢いよく開いたのだろうと考えられた。ところが、翌朝にはさらに気になる情報が入ってきた。救助された一部の乗組員が調査官に語ったところによると、フェリーは実際には船首扉が開いた状態で出航していたというのだ。それが本当だとすれば、その事実が意味するところは厄介だった。

〈ヘラルド〉は「ロールオン／ロールオフ」方式のフェリーで、これは話し言葉では「RORO」船と呼ばれる。船の全長にわたる車両甲板には、船首と船尾の両方に大きな扉がついていて、乗船するときは車両を自走で搭載（「ロールオン」）し、ドックに入るときには船の反対側の端から揚陸（「ロールオフ」）できた。これにより渡航を終えて入港したときに車を降ろすために向きを変える時間が省け、往来の多い混雑した英仏海峡横断ルートをより速く運行することができた。ROROフェリーのデザインは、車両甲板が船体を貫く便利なトンネル構造になっていて、両端の扉を閉めさえすれば安全を確保できた。もしフェリーが船首扉を開けたまま出航していたのなら、事故の原因が明らかになる新たな説が浮上する。フェリーが前進したとき、開いた扉から海水が一斉に流れ込んで車両甲板が水浸しになり、たちまち船全体がバランスを崩したというわけだ。

転覆から一カ月後、〈ヘラルド〉は浜に乗り上げた巨大な鯨のように、赤と白の側面を空に向けてゼーブルッヘ港の入り口に放置されていた。四月初旬、破船を引き上げる大がかりな作業が開始された。フェリーを何隻もの巨大なはしけで引っ張り上げてまっすぐに立ててから、砂州の上に竜骨《キール》を横たえると、ダイバーたちは果敢にも船内に潜り込み、犠牲者を探して内部の状況を見てまわった。それから一週間ほどでフェリーは港に到着し、遺体を取り出す忌まわしい作業がはじまった。最終的な死亡者数が判明するまで数ヵ月かかり、フェリーが空になったあとも一部の乗客は行方不明のままだった。数ヵ月が経過しても、ゼーブルッヘ港周辺の海底の浚渫作業中に男性一人の遺体が見つかっただけだった。

沈没後、数週間のうちに運輸省はこの災害の調査を開始した。こうした裁きの場は、〈ヘラルド〉の事故直後、多くの被害者が出た大惨事を背景に、一九八〇年代後半から一九九〇年代前半にかけてよく見られるようになった。調査の結果、これはまれな事故などではなく、また扉を開けたまま出航したROROフェリーは〈ヘラルド〉が初めてではないことが判明した。しかも信じがたいことに、船名に「フリーエンタープライズ」が入ったフェリーで、このような航行をした船は〈ヘラルド〉が最初ではなかった。ゼーブルッヘ港の悲劇の四年前、〈ヘラルド〉の姉妹船〈プライド・オブ・フリーエンタープライズ〉もまた、ドーヴァーからカレーまで扉が開いたまま航行していたのである。

調査によって直ちに明らかになったのは、大惨事の原因は立てつづけに起きた人為的ミスだということで、フェリーの安全監視体制に欠陥があったため事態はさらに悪化した。出航前に車両甲板の扉を閉じるのは副甲板長の任務だったが、フェリーの出航準備中、それぞれの持ち場につくようスピーカーから乗組員に指示が流れているあいだ、副甲板長は船室で休んでいた。車両甲板に車を乗せていた乗組員は皆、扉が閉じているかの確認はほかの乗組員の仕事だと考えていた。積み荷規定には、扉の再確認を求める項目は組み込まれていなかった。ブリッジでは〈ヘラルド〉の船長が出航を命じていたが、それは船首扉が閉じているかの確認を求めるものではなかった。扉位置の表示灯もなければ、システムの動作確認も行なわれなかった。船長は乗組員から寄せられる問題報告を頼りにしていて、そうした報告がなければ、事実上安全に出航できると判断していた。船首扉が開いた状態で海峡を横断したために起きた過去の事件を考えれば、これが危険な判断であることは明らかだった。

ほかにも調査によって特定された要因があり、それら一つひとつは難破の原因としては不充分だったとはいえ、こうした惨事にはよくあるように、致命的な出来事がいくつも組み合わさって今回の災害につながった。〈ヘラルド〉の通常の航路はドーヴァー・カレー間で、乗組員たちはゼーブルッヘ港での作業に慣れておらず、積み荷の手順が違っていたうえ、車両甲板に立ち入ることのできる乗組員の数も限られていた。フェリーが港を離れたときの速度にも疑問が残った。出航時に速度を上げたせいでフェリーの船首から波が押し寄せ、甲板に流れ込む水が増えたと考えられる。とはいえ、これらの要因はどれも、出航前に三〇秒ほど、誰かが船の前部が大きく開いていないか確認すれば軽減できたはずだった。
沈没を引き起こした失態が一つひとつ報告書に明示される一方で、調査は、不運な乗組員たちよりも大きな対象に狙いを定めていた。〈ヘラルド〉を所有していたのはP&Oの略称で知られるペニンシュラ・アンド・オリエンタル・スチーム・ナヴィゲーション・カンパニーの子会社、タウンゼンド・カー・フェリーズだった。報告書によって、悲劇を招いた問題はフェリーの乗組員に混ざった腐ったリンゴ数個よりはるかに根深いことが明らかになった。

だが、災害状況の徹底的な調査により、潜在的または重大な過失の責任はおもに会社（タウンゼンド社）にあることが否応なく導き出される。同社の取締役会は、所有する船の安全管理責任を正しく認識していなかった……経営に関与する者は皆、取締役会役員から若手管理者まで、全員が経営の失敗の分担責任を負うべきだという点で過失を犯していた。この法人は、上から下まで杜撰という病に冒されていたのである。

調査の分析によると、〈ヘラルド〉の沈没を招いたのはまさに〝自由企業体制（フリーエンタープライズ）〟の追求にほかならず、同社が乗客の安全を軽視し、航行を急ぐあまり正しい手順を省き、利益を優先させたことが原因だった。辛辣な非難の声があがったが、政府は非協力的な態度を取りつづけた。ポール・シャノン運輸大臣は、報告書の公開をめぐる議会の討論で野党議員席から激しい攻撃を受けたが、タウンゼンド社を刑事告発しないと頑として譲らなかった。討論で取り上げられなかったためにかえって故殺の疑いが際立つうえ、政府は、船首扉を大きく開けたまま航行した大型フェリーが刑事犯罪に当たらないとする馬鹿げた姿勢を崩さなかった。船の堪航能力を定めた商船法の一節には、出航時の船の一部分の「状態」についての言及しかなく、そうした部分の向きについては言及がなかった。

この一節をきっかけに庶民院での討論では、扉が大きく開いていた事実を都合よく見過ごし、船首扉は沈没時に正常に作動していたのだから、〈ヘラルド〉が航海に適していなかったわけではないという考えを運輸省が擁護、促進するという不条理な事態が生じた。当時の影の運輸大臣ジョン・プレスコットは、タウンゼンド社が調査に協力したのは政府から訴追しないという約束を取りつけたからだと、庶務院で怒りをあらわにした。

だが、災害後数カ月で政府に対する圧力は高まりつづけた。一九八七年一〇月、〈ヘラルド〉の沈没による犠牲者の死因審問の結果、彼らは非合法的に殺害されたという評決が下された。検死官は、タウンゼンド社かP&Oに法人故殺の評決を下すべきだという遺族の弁護士たちの主張を認めなかった。それでも公訴局長官†は、死因審問の評決を踏まえて、刑事犯罪が行なわれたか否かを突き止めるために警察に捜査を命じるしかなかった。そして警察は、建前上の海事法違反には興味がなかった――彼らは殺人罪で起訴する可能性を検討していた。

死因審問の評決が発表された翌日、Ｐ＆Ｏは反撃を開始した。サー・ジェフリー・スターリング会長は報道陣に対して、この悲劇は完全にフェリーの船長と乗組員の過失であり、Ｐ＆Ｏが責任を負うべきだという提案には「かなり無理がある」と語った。のちにこの発言の傲慢さが同社に跳ね返ることになるのは、一九八九年六月に公訴局長官が警察の捜査結果を発表したときだった。Ｐ＆Ｏは、取締役三名とフェリーの乗組員四名とともに故殺の罪で起訴された。

Ｐ＆Ｏの訴追手続きを取り上げた報道記事はこう指摘した。「同社に下された出頭命令は……法制史に残るだろう。これまでにイングランド法で会社が故殺で有罪になった例はない」。これは確かに正しいが、そのための努力が払われてこなかったわけではない。会社に不慮の死の責任を取らせようとする試みは、二〇世紀前半から行なわれていた。

会社の故殺罪をめぐる六〇余年ぶりの裁判

コーリー・ブラザーズ社は、第一次世界大戦が終結した数年後には、南ウェールズの渓谷にいくつもの炭鉱を所有、運営していた。同社の鉱山帝国にはオグモア・ヴェイル村の大型発電所も含まれ、近隣地域の炭鉱一三カ所に電力を供給していた。そのうちの一カ所で雇われていたのが一六歳の炭鉱夫見習いブリンモア・ジョンだった。

一九二六年八月のある晩、ブリンモアは村の起伏ある通り沿いに建つスレート造りの田舎家をそっと抜け出すと、谷間を流れる川のそばで友人らと落ち合った。仲間のうちふたりが綱で引かれた猟犬を連れてきて、ひとりはフェレットを伴っていた。少年たちは川岸に沿ってネズミ狩りに出かけた。テリアのうちの一匹が走り出して発電所に張り巡らされた囲いに体をねじ込ませて入っていき、ブリンモアと友人のウィリアム・パークハウスもあとにつづいて、金網製のフェンスの下の隙間を潜り抜けて犬を捕まえた。だが、その動きが発電所の夜間警備員の目に留まり、急いで逃げようとしたブリンモアはつまずいた拍子に金網のフェンスに倒れ込んだ。フェンスには電気が流れていた。警備員が電気を止めようと建物に駆け込んだときに、ウィリアムは友人を助けようとした。けれども、ブリンモアが体を痙攣させて地面に横たわり、その皮膚が見たこともない黄色に変色していくのをただ見ているしかなかった。警備員が戻ってきたときには、ブリンモアは亡くなっていた。

ブリンモア少年の死因審問の結果、電気フェンスはその日の早くに取り付けられたばかりで、設置したのは、発電所に保管していた発電機を動かす石炭の盗難が相次いだためだとわかった。検死官は故殺の評決を下し、地域住民は歓声に沸いた。ブリンモアの兄ジョージは、のちに地元の炭鉱組合の支援を得て、フェンスを設置した三人の技師と発電所を所有する法人コーリー・ブラザーズ社に対する私人訴追を開始した。ちょうど一年前に法律が改定されて、人間でない実体、つまり法人に対する刑事犯罪の訴追手続きが可能になっていたが、殺人罪にはまだ一度も適用されていなかった。
技師たちによると、電流の設定はかなり低く、侵入者がふれても〝ピリピリ〟する程度で、フェンスはあくまでも抑止効果を狙ったにすぎないと主張した。だがその主張は、近所のフィッシュアンドチップス店のオーナーの証言によって覆された。ブリンモアが亡くなる数日前、オーナーは技師たちがフィッシュアンドチップスを食べながらフェンスの話をしているのを耳にしていた。

俺らでこいつを止めようぜ。上に何かをのせて俺が電気のスイッチを入れれば、［卑語削除］のやつら、こっぴどく叱られるぜ。

法廷は、本来なら対人暴力に適用される罪で会社を有罪にできるという訴追側の主張に納得しなかった。会社に対する故殺容疑の訴え退けられ、三人の技師は全員無罪となった。
こうして人間でない実体を殺人罪で起訴しようとした初の試みは失敗に終わった。当時もいまも、会社を謀殺罪で起訴できる見込みはなく、法人を死刑に処することも投獄することもできなかったため、故殺（何よりも罰金で処罰できる）しか選択肢がなかった。一九二〇年代から一九三〇年代に相次いだ重過失故殺を受けた法律の拡大解釈によって、会社に対して訴訟を起こせる可能性が高まったとはいえ、一九八九年にP&Oに対する故殺容疑が発表されたころには、法廷が訴訟手続きを認めるかどうかは依然としてかなり不透明だった。

法廷審問の開始当初、P&Oは故殺罪を犯すことができるのは（歴史的に有名なサー・エドワード・クックの謀殺を定義する言葉を思い起こさせる）「自然人」のみで、よって会社を故殺で有罪にすることはできない、と頑なに主張した。また、コーリー・ブラザーズ社に対する訴訟が却下された点についても、そのような罪はイングランド法に存在しないという判決例のひとつであると指摘した。だが実際には、企業活動は数十年ものあいだに急激に拡大しており、そこにはまさに人の命が関与していた。もし会社が、犯罪行為の責任を回避する手段としてその法的地位を利用できるなら、それは危険な逸脱行為となる。誰かの死を招いたのならなおさらだ。さらに、法律も別の方向へ動き出していた――安全衛生法には要求に違反した法人に責任を負わせる明文が記載された。

法廷の判断は明確だった。

> あえて言うならば、法人が、その代理人のひとりの責任者を通じて故殺罪の必要条件を満たす行為を行なう場合、当然、故殺罪で正式起訴されるべきである。

裁判所は、イングランドの法制史上初めて、会社、組織、その他の機関を殺人で有罪にできることを確認した。こうしてP&Oやほかの被告に対する訴訟が進められることになった。

〈ヘラルド〉の裁判は、一九九〇年九月にオールド・ベイリーで開かれた。ひとつの殺人行為の犠牲者数があまりに多いと、個人の悲劇は途方もない規模の惨事のなかに埋もれてしまう。刑事法院は、船上で起きた全員の死に対して七人の被告人をひとりずつ起訴する代わりに（そうすると故殺罪の件数が全部で一〇〇〇件を超えてしまう）、乗客一名の殺害について、すべての罪のうちひとつを見本として起訴することにした。その乗客であるロンドン北部出身の二七歳、アリソン・ゲイラードの物語は、それゆえ〈ヘラルド〉で亡くなった一人ひとりを表す縮図となる。第一次世界大戦の莫大な数の死傷者が、無名戦士の墓に埋葬されたひとりの兵士に体現されるように。アリソンは夫フランシスとフェリーで旅行をしていた。結婚してまだ一年半で、日帰りのベルギー旅行は出発ぎりぎりに予約した。アリソンの遺体は最初の救助活動で岸に引き揚げられたが、フランシスは数週間後にフェリーの引き揚げ作業がはじまってからようやく発見された。

P&Oの訴追手続きを法人故殺罪で進められるというニュースを、同様の災害で死亡した被害者の遺族たちは歓迎した。キングズ・クロス火災と〈マーショネス〉沈没の被害者の親族は、これらの悲劇に関与した会社も殺人罪で起訴すべきだと公訴局長官に圧力をかけ、ついに正義が実現するという期待を新たにした。

ところが、その後二七日間にわたって証言を聞いたのち、裁判官は〈ヘラルド〉の裁判を突如中止した。タウンゼンドの重役に開示された証拠は、裁判官からすれば故殺の有罪判決を裏づけるには充分ではなかった。訴追側は「明白で深刻なリスクを考慮しなかったか、「考慮した」にもかかわらず経営をつづけた」ことを証明できなかった。裁判官は陪審員にP＆Oとその重役に無罪の評決を下すよう命じ、乗組員に対する訴追も取り下げられることになった。六〇余年ぶりにイングランドの法廷で開かれた会社の故殺罪をめぐる裁判は頓挫してしまった。

まず法人故殺の訴追手続きを進めるにあたって、裁判官は訴追が成功する状況も同時に厳しく制限した。会社の有罪は、その「責任者」の有罪行為を証明できるか否かにかかっていた。このルールは「同一視理論」と呼ばれ、死因が組織の責任者の行為と決定に関連することを証明できなければ、裁判所は法人などの組織体を故殺で有罪にすることができなかった。有罪にするには、訴追人は事実上罪を犯した組織内上層部の個人一名を特定しなければならなかった。

実際には、責任者の一部となるために必要な、業務活動に影響を与えられる高い地位にあると考えられたのは、P＆Oの取締役会役員だけだった。小規模な会社ならこうした関係を結びつけやすかったが、大企業には幾重もの経営層があり、経営陣の決定と死を結びつける鎖は切れがちだった。重役が故殺で有罪にならなければ、会社も自動的に有罪にはならなかった。P&Oの無罪放免は事実上、イングランドの法人殺人罪の見通しに致命的なダメージを残した。

「一年と一日ルール」の廃止

一九八〇年代後半に英国を苦しめた、多数の被害者を出したひどい災害の説明責任を誰にも問えなかったことは、四〇年近く経ったいまでも薄れることのない英国法制度の汚点となっている。とはいえ、この失敗をきっかけに殺人法について、また殺人法が「謀殺」の伝統的な考えに一致しない殺害や悲劇に適切に対処しているかについて、多くの疑問が投げかけられるようになった。

司法関係者からは、とくに殺害する意図を証明しようにも証拠を示しにくい訴訟について、謀殺罪を構成する概念の成文化と簡素化が必要だという不満の声が何年もあがっていた。さらに、キランジット・アルワリアやサラ・ソーントンのような女性の有罪判決をめぐり巻き起こった論争によって、挑発を取り巻く法律に対する信頼と、家庭内暴力の被害者への適用に対する信頼が徐々に損なわれていった。また、法人故殺に適用された場合に生じる法律の不備も、被害者、弁護士、支援活動家たちが数十年にわたって要求してきた殺人法の改正の検討事項に加えられた。

こうした事例が発するメッセージは明らかだった。これほど強く求められた法律の徹底的な見直しに着手できるのは議会だけである。それぞれの事件で裁判所が果たす役割は、法律をありのままに解釈することであって、新たな法律を制定することではない。ときには、そうした解釈によって法律が変更されたり、法律の一部が拡大解釈されたりするなどして徐々に個別に整備されていくこともある。しかし、ルールの性質や土台そのものを大幅に変えることができるのは、法案を通す政府だけだ。二〇世紀の最後の数年間には、こうした方向への議会の動きが若干見られたものの、おもに殺人法のごく周辺的な問題に限定されていた。

その一例が、由緒ある「一年と一日ルール」(Year and a Day Rule)の廃止である。謀殺の草創期に作られたこうした時代遅れの遺物がうっかり掘り起こされては、ときおり法の大混乱を招いた。このルールでは、犠牲者が死の原因になった危害を加えられてから三六七日以降に亡くなると、その殺害は不法とはみなされない。ある学者はこう表現した。「不運な犠牲者は一年を超えて生きながらえ、幸運な犯罪者は謀殺の訴追を免れる」

一年と一日ルールの起源は、中世の謀殺罪の不明瞭な成り立ちにさかのぼる。謀殺が殺人の独立したカテゴリーとして成立しつつあった当時、ほとんどの訴追は、まず殺人者を訴訟の場に連れ出して起訴するところからはじめなければならなかった。訴追手続きには一年と一日の期限が設けられ、期限を過ぎると訴訟は無効となった。時の経過とともに、いまとなっては定かでない理由から、この恣意的な期限は結局、法的手続きの開始日から致命的行為が起きた日へと移動した。一六世紀にサー・エドワード・クックが自身の定義を取り決めたころにはこのルールが確立されていて、実際クックは謀殺の制限範囲にこのルールを盛り込んだ。[*] このため、この一年と一日ルールは殺人の規範にしっかりと組み込まれ、謀殺と故殺のどちらの事件にも適用された。だがこれは、実践よりも理論で遭遇しがちだったルールで、だからこそ長期にわたって存続できたのだろう。

その昔、病理学がまだ充分に発達しておらず、死後かなりの時間が経過すると死因を特定できなかった時代には、このルールはたしかに人を不正義から守る有効な役目を果たしていた。被告側からすれば、このルールのおかげで刑事訴訟手続きのプロセスに期限が設けられ、謀殺での訴追の影に無期限に怯える必要がなかった。だが、二〇世紀後半にはルールの継続効果が疑問視されるようになった。医学の著しい発達のおかげで、すべてとは言わないまでも、ほとんどの殺人事件で確実に死因を特定できるようになったからだ。とくにＤＮＡ鑑定の登場など法科学の進歩によって、現代の陪審は刑事裁判での複雑化する科学問題の扱いに慣れてきてい

*クックによる謀殺の定義は、「負傷した当事者が……負傷してから一年と一日以内に……負傷により死亡する」という記述がつづく。

た。医療の介入によって犠牲者が予想以上に長く死を寄せつけず、ついにこの世を去ったときに、図らずも加害者を起訴から守ることになった悲惨な事件が相次ぎ、下院議員たちはこの問題を審議するよう迫られた。

そうしたなかで、もっとも注目を集めたのがトニー・ブランドの事例だった。一九八九年四月一五日土曜日、十代の熱狂的なサッカーファンだったトニーは、ひいきチームのリヴァプールがノッティンガム・フォレストと対戦するFAカップ準決勝を観るため、ヨークシャー州キースリーの自宅を出発した。試合が開催されるのは中立地の会場、シェフィールド・ウェンズデイの本拠地ヒルズボロ・スタジアムだ。スタジアムでは、群衆整理を担う警官隊が入場者をつぎつぎと立見席に案内したため、最大収容人数二〇〇〇人のエリアに五〇〇〇人ものファンが押し込まれた。トニーは大勢のリヴァプールサポーターがひしめくレッピングズ・レーン側スタンドの檻《ペン》と呼ばれる区画にいた。スタンドはピッチのゴール裏から柵で仕切られていて、観客がなおも檻に詰めこまれると、最前列のファンはつぎつぎと後ろから入ってくる人の波で金網の防柵に押しつけられた。開始六分、事態はようやく審判団の知るところとなり、試合は中止された。

その午後、スタンドまたはピッチで九四名が死亡した。犠牲者のひとりは大惨事の数日後に病院で死亡した。トニーは押しつぶされたときに胸に重傷を負い、脳に酸素が供給されなくなった。意識はないが生きている状態で地元キースリーのエアデール総合病院に移され、そのまま四年間生き延びた。トニーは低酸素症で脳にダメージを受け、医師がいうところの「遷延性植物状態」に陥った。息はできても、刺激に対する一部の反射的な反応を除けば自分を取り巻く世界を一切認識できず、チューブから栄養を送り込まなければならなかった。

一九八九年八月、トニーがヒルズボロで負傷した四カ月後に、看護を担当した医療チームは容態が回復する見込みはほとんどないと結論づけた。実際、トニーは人工栄養だけでなんとか生きながらえていた。神経科医長のジム・ハウは、ヒルズボロの犠牲者全員の死因審問を行なったシェフィールドの検死官に助言を求めた。ハウは、トニーが回復する見込みはきわめて低いため、病院側から栄養チューブを外して尊厳死させる提案をしたと詳しく説明した。ところがハウが驚いたことに、検死官は、そうした行為は違法にあたり、実行すれば医師も謀殺で訴追されるおそれがあると告げた。

トニーの両親やほかの家族全員の支持を得て、エアデール総合病院は生命を維持する栄養チューブ処置の除去は事実上合法である、という声明を裁判所から得る法手続きを開始した。*

＊これは二〇〇〇年に結合双生児ジョディとメアリの分離手術担当医が正式な許可を求めた訴訟手続きと事実上同じだった。

トニーは裁判に一切参加できなかったため、代理を務める公認事務弁護士《オフィシャルソリシター》が任命された。オフィシャルソリシター局は、精神的無能力により訴訟に参加できない脆弱な人々の代理を務めるために介入する政府機関である。トニーを誰よりも愛し、よく知っている人たちの願いも空しく、オフィシャルソリシターは病院の提案に反対した。

訴訟は数年におよび、政府が数多くの上訴を行なったため、貴族院に持ち込まれた。一九九三年二月に法律貴族は、原審の裁判官が下した判決と、控訴院がのちに再確認した判決を支持して、病院はトニーを生かしていた栄養チューブを合法的に外してもよいと命じた。その数週間後の三月三日にトニーは死亡し、約四年前に起きたヒルズボロの悲劇の九六人目の犠牲者となった。

トニーの訴訟は、患者から生命維持装置・処置を外せば死に至ることを承知のうえで、医師がチューブを外すことの合法性がイングランドの法廷で問われた初のケースだった。法廷が決定すべき重要な問題は、栄養チューブによる処置は治療か否かという点だった。アメリカ合衆国の訴訟には、栄養チューブは治療だとする説得力ある前例があり、チューブの中断が当該患者の最大の利益になると医師がみなした場合には中断することができた。これが、法廷でのエアデール総合病院の主張の論拠だった。オフィシャルソリシターの考えは、栄養チューブは治療ではなく、よってチューブの除去はトニーに死をもたらすことを意図した故意の行為、つまり謀殺だというものだった。そうした考えの根底には、病院に有利な決定が下されれば、法律が破滅に至る坂道を転げ落ち、英国における不正な手段による安楽死の合法化につながるのではないかという懸念があった。

法廷が請け負った任務は、要は命の尊厳と自己決定権のあいだの綱渡りで、裁判官は、トニーが決定を下せたなら望んだであろうことを首尾よく決定していた。病院が提案した行動指針を承認するにあたって、法廷は、チューブで栄養を与えられることがトニーの最善の利益ではない場合、医療チームがトニーに対して負う注意義務の適用範囲が、人工的に栄養を与える行為に拡大されないことに納得した。とはいえ、貴族院はこの決定にはいくつかの矛盾が伴うことを認めた。ブラウン゠ウィルキンソン裁判官は、長期間にわたる裁判で最終判決を下す五人の法律貴族のひとりとして、つぎのように述べた。

なぜ、痛みがないとはいえ、数週間にわたって食料を減らして患者を徐々に死なせることが合法的で、患者の家族にすでに起きている悲劇に新たな試練が加わらないよう、薬物注射で即死させることは非合法的だといえるのか？　この質問に倫理的な答えを見出すのは難しい。だが、これがまぎれもなく法律で、私の述べたことは、命を終わらせようとする積極的な行為の実施が謀殺で、今後も変わらないという主張に何ら疑問を投げかけるものではない。

トニー・ブランドの死は謀殺ではなく、謀殺にはなりえないとする裁判所の態度は揺るがなかったが、論議を呼ぶこの訴訟に関わった支援運動家たちにとっては、それだけでは充分ではなかった。トニーが亡くなった二週間後、スコットランド在住のローマ・カトリックの司祭がヨークシャー州ビングリーの治安判事裁判所に赴き、トニーの担当医ジム・ハウに対して謀殺罪の私人訴追を申し立てようとした。法務総裁のニコラス・ライエルはこうした申し立てが却下されることをすでにハウに確約しており、治安判事は令状の発行を拒否した。

一九九六年に政府は、トニーのような犠牲者が不正義にさらされるリスクに対する激しい抗議に促されて、一年と一日ルールを廃止する法律を制定した。これにより、殺人とみなすにはある人物の死亡が一定期間内に起こらなければならない、という期間制限はなくなった。とはいえ、死の原因となる行為を受けてから被害者が三年以上生き延びている場合、訴追手続きは、政府の上級法務官である法務総裁の認可を受けなければならなかった。ヒルズボロで起きた死をめぐって殺人罪を問う裁判が開かれるのはそれから何年も先のことで、犠牲者の遺族は、避けられたであろう大惨事で亡くなった大切な人の正義を求めて闘う親族のグループに合流することになる。

しかし、ヒルズボロの悲劇によってもたらされた法律論争は、その後も法廷を悩ませ、当時の報道で大きく取り上げられた。一九九八年には、悲劇の日にスタジアムで警備にあたっていた警察官たちが集団で、雇用主であるサウスヨークシャー州警察を相手取り、人身被害の賠償請求を起こした。これは刑事訴訟ではなく民事訴訟で、仕事中に被った損害に対する賠償請求だった。警察官たちは身体的危害を加えられたわけではなかった（し、危害のリスクにさらされたわけでもなかった）が、スタジアムで目撃した恐怖による精神的損害を受けていた。彼らの大半は一種の心的外傷後ストレス障害（ＰＴＳＤ）と診断されていた。

身体的外傷を受けなかった原告が、精神的損害に対する賠償を請求できるようになったのは、賛否両論あるものの、比較的最近のイングランドの過失法の進展だった。かつての訴訟では「精神的ショック」に対する損害賠償請求と呼ばれていたが、一九九〇年代には診断に沿ったより正確な規定に置き換えられた。警察官たちの訴えは、警察当局はサッカースタジアムで自分たちを心的外傷が残る状況に配置したことで負うべき注意義務を怠った、という主張に基づいており、ヒルズボロの悲劇もこの段階まで来ると、ついにサウスヨークシャー州警察が折れ、レッピングズ・レーン側スタンドの区画を危険なほど超満員にした行為は過失だったと認めた。こうして、少なくとも当面は賠償請求がうまくいったかに見えた。だがこの状況には、法廷が向き合わなければならないある厄介なニュアンスが含まれていた。警察官たちが賠償請求を行なう六年前の一九九二年、ヒルズボロの被害者の一部の親族は、サウスヨークシャー州警察を相手取ってほぼ同様の賠償請求を起こし、失敗に終わっていたのである。

ヒルズボロで精神的損害を被った被害者家族は、法廷で痛ましい証言をした。押し合いのときに大切な人のそばにいた者もいれば、テレビの生中継で悲劇の様子を見て、観客のなかから身内を見つけた者もいた。けれども法廷は、当時の状況から警察側に損害の責任があると考えるには不充分だとする強固な態度を崩さなかった。また法廷は、警察官の請求を取り下げる際に、遺族に行なわれなかった補償が警官に行なわれれば、国民が憤慨する可能性をはっきりと理解していた。ヒルズボロの訴訟によって、精神的損害に対する法律の取り組みが明確になり、当時定められた規則はいまでも類似の賠償請求に適用されていて、この災害が遺した不朽の法律のひとつとなっている。

法人故殺法の成立

パイパー・アルファ、ゼーブルッヘ、ヒルズボロの悲劇のあと、何年にもわたって非難の声があがり、支援活動が繰り広げられたにもかかわらず、死者数は増加しつづけた。だが、P&O訴訟の過ちを正すような事件がさらに起きた。一九九七年九月、スウォンジー発パディントン行きの旅客列車は、ロンドンへ向かう最後の走行でふたつの警戒信号を通過し、赤信号に近づいていた。終点に着くころ、運転士はリュックサックを持ち上げて降りる準備をしていて、少しのあいだ目の前の線路から目を離した。信号の接近を知らせる運転室の自動列車警報装置は、ふたつともスイッチが切れていた。一台の貨物列車が前方の線路を横切ってきて、スウォンジー発の急行は時速八〇マイル〔約一三〇キロ〕で貨物列車と衝突した。この事故で乗客七名が死亡、一五〇名以上が負傷した。

運転士と、列車を運営するグレート・ウェスタン・トレインズ（GWT）は、いずれも故殺罪で起訴された。訴追側は、重大な信号を見落とした運転士の個人的な過失だったとはいえ、GWTは故障や誤作動時に作動するフェイルセーフ装置などの高性能な装置を所定位置に導入し、警報装置を手動で切れないようにすべきだったと主張した。列車がこのような状況で駅を出発できたのは、乗客に対する会社の重大な注意義務違反だった。ところが法廷は納得しなかった。鉄道会社に対する訴追手続きは、数年前のP＆O訴訟と同じ状況下で退けられた。法廷は依然として、会社を故殺で有罪にするには社内で上層部と認められる人物を特定し、その人物の過失が死の原因となったことを明らかにしなければならない、という姿勢を頑として崩さなかったが、P＆Oのときと同様、責任を負うことのできる重役を一名特定するのは不可能だった。犠牲者の友人のひとりは悔しそうにこう語った。「まさにカフカの世界だ。GWTにとっては安全装置を導入するより人を殺すほうが安上がりなんだ」。驚いたことに裁判官は、これは「上級管理者の重大な過失」だとして、GWTがすでに認めていた安全衛生法違反の別の罪で同社に一五〇万ポンドの罰金を科した。しかし、同じ上級管理者の過失を理由に同社を故殺で有罪にはできないという事態の皮肉さについては言及しなかった。

この一〇年足らずで、故殺罪で起訴されながら無罪放免になった会社がこれで二社目であることに対し、ついに世間や政治の怒りがあふれ出した。サウソール列車事故の数カ月前、トニー・ブレアが首相に就任し、彼の率いる労働党政権は直ちに措置を講じると約束した。一九九七年一〇月に開催された党大会では、ジャック・ストロー内務大臣が、企業活動によって人が死亡した場合、刑事責任から逃れられないようにする新法の導入を検討すると発表した。ストローの一見果敢な姿勢によって、法人故殺罪が英国政府に認められるまで、なぜこれほど時間がかかったのかという問題は巧みにかわされた。アバヴァンの災害でパントグラス小学校が崩壊してから三〇年以上が経過しても、石炭庁は犠牲者の死に対するいかなる刑事責任からも免れていた。だが一九九七年までは、英国政府がこの法律の欠陥に真剣に取り組もうとする動きはなかった。変化はおもに、二〇世紀後半の政治状況で最も異論の多い特徴のひとつ、つまり民営化を背景に生じていた。

アバヴァンの大惨事が起きたとき、石炭鉱業は、鉄道やガス・電気など、多くの危険を伴うほかの事業と同じように国営事業だった。国営企業の究極の所有者で、刑事司法制度の権化でもある政府は、事実上、こうした会社による刑事犯罪では、犯す側であると同時に取り締まる側でもあった。科せられる罰金は、ある部署から別の部署に移動するだけで、政府資金の単なる移動にすぎなかった。政府には自らを有罪にしようとする動機付けがなかった。けれども一九七〇年代後半以降、マーガレット・サッチャー率いる長きにわたる保守政権が着手したこれらの事業の民営化計画に伴い、規制という織物についていたこのしわが伸びるようになり、適切な法人故殺の法律が機能する可能性が高まった。

とはいうものの、ストローの約束が実行に移されるにはさらに一〇年を要する。法人故殺罪は二〇〇一年の総選挙でふたたび労働党のマニフェストに登場したが、ほかの優先事項に押しやられ、ようやく法案が公表されたのは二〇〇五年のことだった。さらにその二年後、法人故殺法†はついに法令集に掲載されることになった。政府に立法を促したサウソール列車事故から一〇年が経過していた。法人故殺法には法人故殺（corporate manslaughter）の具体的な罪*が設けられ、新法では、過去の訴訟で大きなハードルとなっていた「同一視」の原則から焦点を移す狙いがあった。現在では、会社の方針、プロセス、安全とリスクを取り巻く一般文化などに

＊スコットランドでは「法人殺人（corporate homicide）」と呼ばれている。

目を向けることで、「上級管理者による［組織の］活動の管理・組織方法」の幅広い概念に注意が向けられるようになった。これは過去の取り組みの不備を補い、新たな故殺罪を安全衛生法に基づく取り組みに見合った罪にすることを目的としており、安全衛生法のもとでは三〇年以上前にさかのぼって会社を起訴することができた。コーリー・ブラザーズ社とその従業員によるブリンモア・ジョンの死から一世紀近くが経過して、ようやくイングランド法は会社も人を殺せるということを認めた。

法人による犯罪は、これまでも、そしてこれからも人目を引くことはないだろう。安全衛生法違反による訴追や法人故殺罪の訴訟は、連続殺人犯やサイコパスほどには人々の興味をかき立てないからだ。とはいえ、法人殺人罪を新たに設けたことは、殺人法のあらゆる改革のなかでもとりわけ大きな出来事だった。これによってようやく、犠牲者と殺人者が必ずしも昔からあるような謀殺と故殺の歴史的な原型に当てはまるわけではなく、組織の怠慢が招いた意図せぬ結果が、個人の邪悪な行為と同じくらい甚大な被害をもたらしうることが認識された。謀殺と故殺はアングロサクソン語を起源として長い道のりを歩んできたが、その歴史的なＤＮＡは、いまも今日の私たちの法律の一部をなす犯罪の中心にある。法律は、罰すべき人を罰し、罪なき人の仇を討つために、たえず更新されつづけなければならない。イングランドの謀殺法が二度目の千年期に入るとき、その進展と革新の周期が止まることはなかった。

第九章

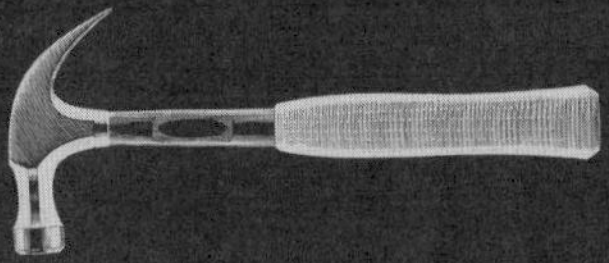

謀殺：手引き

「社会の進展に伴い……」

二一世紀も三〇年目に突入し、イングランドの謀殺罪は、一〇〇年ほどの誤差はあれど生誕一〇〇〇年を迎えている。この二〇年間で、殺人法を改正し、書き換えるという近年で最も重要な取り組みが見られたが、そうした試みがどれほど効果的か、また、現代の謀殺法は目的にかなっているかどうかについてはまだ結論が出ていない。同時に、論議を呼ぶ訴訟はいまも私たちの知る法的境界線を押しつづけていて、その一つひとつがこの先何年にもわたって法律を変えていく可能性を秘めている。謀殺の法的定義は、基本的にはこの四〇〇年間変わっておらず、もしサー・エドワード・クックが現代に甦ったなら、自分の言葉がいまもイングランドの法廷で引用されていると聞いてさぞ驚くだろう。現代の殺人法は、エドワード懺悔王の時代に制定された法律で言及されている殺人罪の *murdrum* とは似ても似つかないが、その下に入るさまざまな犯罪をたどると、どれも同じ太古のルーツに行き着く。そのルーツはいまなお、今日の恐怖に対処するよう順応しつづける法の核心にとどまっている。

これから述べるのは、今日のイングランドで謀殺、故殺、その他の殺人罪の法律が置かれている状況についての、いわば手引きであり、誕生から一〇〇〇年近く経ったいまも由緒あるこの犯罪に異議を唱えるとともに、その形を作りつづけている問題に基づいている。まずは、こうした犯罪すべてのうち最も新しい出来事について、人はどのようにして、また、なぜ殺人を犯しつづけるのかという問いとともに順を追って検討していきたい。

謀殺の神話と現実とのあいだにあるずれ

今日の法律では、人を意図的に殺すか、死を招く重大な身体的危害を故意に加えた場合、謀殺を犯したことになる。つまり法の目から見れば、力加減がわからぬままパブで喧嘩する者も、殺人の契約を交わす殺し屋も、入念な大量殺人計画を実行する連続殺人犯も、同様に「謀殺者」だということになる。現代の法廷は、サー・エドワード・クックが定めた用語を現代向けに解釈しようと悪戦苦闘してきたために、この犯罪の法的現実が、「計画的犯意」および予謀に対する大衆の強いこだわりからかけ離れてしまい、多くの人が謀殺について考えるときに心に浮かぶことが反映されていない。

多くの刑事犯罪と同様に、謀殺はふたつの要素で構成されており、有罪を確定させるにはどちらも立証されなければならない。ひとつめの「犯罪行為《アクトゥス・レウス》」は、他人を殺害することだ。単純に聞こえるかもしれないが、いくつか例外があり、その多くはいまもクックの定義に由来する。殺害は「国王の平和の下」でなければならず、戦争における敵の殺害は除外される。このため、兵士たちは日常的に戦場での殺害で謀殺罪に問われることはない。とはいえ警察官にはそうした例外はなく、市民の治安を維持する彼らは市民と同じ刑法に従うが、職務中に殺害を行った場合には正当防衛が議論になることが多い。

謀殺の被害者は、「本質的に理性ある生物」でなければならない。つまり、殺害が発生するまえに生まれた人間を意味する。母親から独立した存在のない胎児は、存在する人ではないため殺害のしようがない。嬰児殺しの罪は一九世紀から二〇世紀への変わり目に設けられた罪で、いまでいう産後うつの影響で心のバランスを崩した母親による生後一二カ月未満の乳児の殺害に関連する。謀殺の精神的な要素、すなわち「犯意意図《メンズ・レア》」は、いまなお刑法では簡単そうでじつは手ごわい要素のひとつである。現代の法廷ではクックの「計画的犯意」を、殺害する、または重大な身体的危害を加える意図を持って行為がなされたという意味に解釈している。この意図が否定された場合、殺人者の行為によって危害が加えられる明らかな危険性があれば、法律がその意図を推測することがある。

テューダー朝にキャリアを築きはじめた弁護士が書いた定義にいまだに依拠する刑事犯罪はそれほど多くない。二〇世紀半ば以降、法廷は、法律のなかで最も悪名高いこの犯罪が、混乱しているうえに混乱を招きやすく、適切な法改正も大幅に遅れているという苦情を訴えてきた。二〇〇六年にようやく、法律委員会は、イングランドおよびウェールズの殺人法を徹底的に見直すための広範にわたる提案書を発表した。提案書自体には目新しい項目は何もなかった。法律委員会の任務はこの国の法律を定期的に見直して、必要に応じて政府に改正を勧告することである。過去の会議で論じられたテーマは、中傷の手紙から一夫多妻婚まで多岐にわたる。しかし、殺人罪を見直すにあたって同委員会は、誰も法廷で議論したがらない最大の問題に対処することにした。彼らは不法な殺人に関する法律について、この一〇〇年間で最も包括的な見直しを行ない、抜本的な改革を提案した。採択されれば、私たちの知っているイングランドの謀殺法は書き換えられることになる。

謀殺法に関する問題の一端に、サー・エドワード・クックの死後三〇〇年以上にわたって、裁判官は陪審員にこの法律を説明するときに、彼が示した謀殺罪の定義にいつまでも依拠していた点がある。「クック裁判官は火薬陰謀事件の首謀者を訴追できたとはいえ、彼の刑法の知識にはむらがあるうえ、その謀殺の説明には不適切な誤りが含まれていた」。法廷がそうした時代遅れの定義に依拠したせいで、何世紀にもわたって不正義が行なわれたことは間違いなく、二一世紀を迎えるころには、法律委員会もこのことが原因で謀殺法は「不安定な基礎の上に置かれた倒れそうな構造」のまま放置されてきたと結論づけた。同委員会が考えたように、法律を合理化、体系化する包括的な制度の構築こそが、法律を理解しやすくし、矛盾なく適用されるようにするための唯一の解決策であった。

謀殺の神話と現実とのあいだの認識のずれを埋めるため、法律委員会は米国の制度と同じような、新たな殺人の分類体系を提案した。米国では各州が別々の管轄区域として機能し、各州が適用する法律にばらつきが生じるため、米国法をひとくくりにして語るのは難しい。しかし殺人の場合、その訴訟手続きは国内全域で適度に一貫性がある。ほとんどの州が異なる謀殺の「等級」を区別していて、その等級は殺人者の有責性および、とくに残酷な殺害や拷問の使用などの責任加重要素によって異なる。いわゆる「死刑存置州」では、第一級謀殺[†]の有罪が決定すると死刑が科される。

　法律委員会によって提案された新たなイングランドおよびウェールズの殺人法では、何十年もつづいた司法の欺《ぎ》瞞《まん》が一掃され、三つの明白な罪に置き換えるとされていた。それが第一級謀殺、第二級謀殺、故殺である。第一級謀殺には、故意および意図的な殺害という謀殺の共通認識が反映された。第二級謀殺と呼ばれる新たな犯罪は、現行法に見られる謀殺罪と故殺罪の隙間を埋める役割を果たす。ここには、現在は謀殺に分類されている、重大な危害を加える意図はあっても殺害する意図はなかった被告人の事例が含まれるが、自ら引き起こした死のリスクに対して殺人者が無関心な場合も当てはまる。これは現状では故殺の区分の最上位に落ち着くものだ。既存の限定責任能力と挑発の抗弁は、引きつづき第二級謀殺の事例に適用された。別個の犯罪として維持される故殺は、第二級謀殺の下位に置かれ、重大な過失または不法行為による死に適用された。

　それぞれの犯罪は、きわめて残忍な行為だけがそのように区分されるよう確実を期すことで、社会の公正さを全体的に改善する狙いから法律で明確に定義された。これにより、明敏で実利的な法律委員会の委員たちにとっても、彼らの賢明な提案にとっても願ったり叶ったりの展開となるはずだった。ところがそうはならなかった。政府は同委員会が提案した重要な法改正を見送ることを決定し、殺人法の大半を手つかずのままにした。司法省が二〇一一年に発表した報告書によって、政府は法律委員会が描いた殺人の新たな枠組みの青写真を数年間検討したのち、改正の内容を退けていたことが確認された。

政府は……報告書の［謀殺を等級分けする］提案を慎重に検討していた。だが、これほど大がかりな刑法の改正を進めるのは時期尚早であるという結論に達した。

法律のなかで最も悪名高く、議論の的となる犯罪を徹底的に見直すという任務は、どの政府にとっても魅力的とはいえない。着手すれば、法と秩序、犯罪者の分類、公共の安全、量刑の方針をめぐる議論が沸き起こるのは避けられないからだ。私たちは「謀殺《マーダー》」という言葉に感情的かつ本能的に反応する。誰もが謀殺に独自の見解を持っている。たとえ謀殺が本来そうであるべきほどには広く理解されていないとしてもだ。ある概念が、社会に共通する潜在意識にあまりにも定着していると、それを変えようとする試みは、たとえどれほど合法的に思えたとしても、直観的な反応を呼び起こす。だから議会は危うきには近寄らぬことにしたのだ。謀殺罪の改正は、裁判官や弁護士や被害者グループが長年求めてきたものであったが、ふたたび棚上げされることになった。

限定責任能力と挑発の新たな定義

とはいえ、改正案のなかにはついに日の目を見た項目もあった。政府が長いあいだ成立を約束し、ようやく二〇〇七年に法令集に掲載された法人故殺法のように、労働党政権のときに殺人法に追加された修正箇所がいくつかあった。二〇〇九年には、法律委員会の勧告に基づき、謀殺を構成する要素のうち一部だけでも現代に合うよう改正するため、限定責任能力と挑発の新たな定義が法律に加えられた。

挑発は、少なくとも一七世紀以降には、当然ながら謀殺の抗弁に定められていたが、限定責任能力は一九五七年殺人法でようやく設けられた。意図的な殺害は、ともすれば謀殺に分類されるが、挑発または限定責任能力の抗弁が首尾よく通れば故殺に減軽される。この場合は「故意故殺†」とも呼ばれ、殺害自体は意図的だが、部分的抗弁によって殺害者の有責性は軽減される。

限定責任能力は、導入されてから何十年ものあいだ、いわばPRの問題に悩まされてきた。限定責任能力は、何らかの精神的欠陥の影響を受けて殺害したが、法の定める心神喪失の基準値を満たさなかった者について、謀殺の有罪判決（とその後の死刑）と心神喪失の抗弁のあいだの折衷案を提示することを目的としていた。しかし、その概念は犯罪の精神的責任能力が損なわれた「心の異常性」と呼ばれ、長いあいだあまりに漠然としすぎていると考えられてきた。限定責任能力に対する世間のイメージがさらに悪化したのが一九八〇年代で、当時起きた一部の凶悪事件で引き合いに出されたためだ。一九八〇年代に裁判にかけられて議論の的となった事件のうち、ヨークシャーの切り裂き魔ピーター・サトクリフの、女性を殺すよう神から指示されたという主張は、陪審によって容赦なく却下された。ところが、サトクリフはのちに収監中に妄想型統合失調症であると診断された。しかも、これは彼の裁判に限ったことではなかったのである。

一九八三年、サトクリフの有罪が決定した二年後に、警察はワンルームフラットが建ち並ぶロンドン北部マズウェル・ヒルのマンホールに死体があるという通報を受けた。フラットの最上階の住民は職業安定所に勤めるデニス・ニルセンで、のちに若い男性を少なくとも一二人殺害したと自白したが、実際の被害者数はこれよりも多いと考えられている。遺体はマズウェル・ヒルのフラットと、その数マイル先にあるデニスが以前住んでいたクリックルウッドの家で発見された。一九七〇年代後半から一九八〇年代前半の五年間にわたり、ニルセンはロンドンのパブやクラブをうろついては被害者たちを自分のフラットに誘い込んでいた。いずれの被害者も、家族が失踪に気づくまでは事件が発覚せず、しかもニルセンはありふれた場所に巧妙に隠れていたせいで、警察も逮捕するまでは、自分たちが捜しているのが連続殺人犯だとは気づかなかった。

オールド・ベイリーで開かれた六件の謀殺と二件の謀殺未遂の裁判でニルセンは、犯行当時は限定責任能力の状態にあったと訴えた。彼に代わって証言した精神科医たちも、ニルセンは心神喪失状態にはなかったものの深刻なパーソナリティ障害を患っており、そのせいで精神的責任能力が損なわれていたと確信していた。サトクリフの事件と同様、陪審員は被告人側の医療証明書を退けて、ニルセンを謀殺で有罪とした。

謀殺事件における限定責任能力の抗弁の行使は、おもに心身喪失問題に取って代わるものであった。被告人にとっては、マクノートン準則に従って完全な心神喪失状態にあったことを証明するよりも、限定責任能力の要件を満たすほうがはるかに易しいからだ。同準則は成立から一七〇年以上経ったいまでも、イングランド法で効力を有している。限定責任能力に基づいて、謀殺の容疑について無罪となった被告人に対処する法廷の権限には、病院に指示を出す任務が含まれ、そうした権限のもと、殺人者は刑務所ではなく医療施設に拘束される。

こうしたすべての施設のうち、最も有名で、これまで見てきたように謀殺事件で重要な役割を果たし、精神的欠陥および刑事責任に関わる法律の初期の発展を形作った施設はいまも存続し、世界最古の精神科病院となっている。一九三〇年にベスレム王立病院は、サザク自治区から広大な緑豊かなロンドン郊外のベカナムにふたたび移転した。同病院は専門の診療科をいくつか備え、国じゅうの患者に治療を施すほか、不安と摂食障害に特化した国内有数の科も設置されている。

一九八〇年代以降、一二〇年間の休止期を経て、ベスレム病院は中程度の警備体制を敷いた新病棟で、精神障害を抱える犯罪者に対する施設の提供を再開した。新病棟では、ブロードムア病院、ランプトン病院、アッシュワース病院のような高度な警備体制が要求されない患者を受け入れる。アール・デコ調の病棟が建ち並ぶ様子はさながら郊外住宅地で、一八世紀から一九世紀にかけての「ベドラム」のイメージとはほど遠い。当時のロンドンの上流人士たちにとっては、混乱状態の病棟を訪問することが観光の目玉のひとつだった。ヴィクトリア朝期に収容されたダニエル・マクノートンら悪名高い犯罪狂人たちはとっくにこの世を去った。だがいまも、ベスレム病院の神話化されてきた大都市の過去とのつながりは消えていない。同病院は一九四八年にNHS（国民保健サービス）に組み込まれたが、ロンドンの大通りピカデリーの土地の大部分を所有するなど、その歴史を通じて授けられた慈善遺産の恩恵に与っている。ベスレムのウェストエンドのテナントのなかでも、高級食料品店のフォートナム・アンド・メイソンはとりわけ有名だ。

サトクリフやニルセンのような怪物が、失敗に終わったとはいえ、限定責任能力を訴えて謀殺を免れようとしたことに対する世間の反応は芳しくなく、この複雑な法律のあまりに多くの領域と同様に、何かを変えなければという不満の声がずっとあがっていた。限定責任能力の最新の定義が法律に記載されたのは二〇一〇年のことで、もし被告人が「精神機能の異常」を患ったことにより、自分のしていたことを理解したり、理性的な判断を下したり、自らの行為を自制したりする能力が損なわれたことを証明できる場合には、謀殺の有罪判決は故殺に軽減される。その場合の異常は「一般的に認められている病態」から生じていなければならないが、その病態自体が実際に精神医学的である必要はないという点は注目に値する。つまり、身体的であれ精神的であれ、それが殺人者の心理作用に影響を与えていれば、どんな病気でもいいということだ。二〇一七年に発表されたデモントフォート大学の調査結果によると、限定責任能力の事例で最もよく見られた症状は、統合失調症、うつ病、パーソナリティ障害、精神病であった。

こうした抗弁に関する明確な記述が新たに加わった背景には、境界を厳しく設定し、被告人が訴える精神的欠陥の影響に注意を向ける狙いがあり、そうすることで「以前の体制下では、陪審の決定にとって道義的責任の試金石だったものが、決定の際に専門家の「医学的」証拠が求められる医学的なものになった」。心神喪失の抗弁が全盛期を迎えていた一九世紀半ばに開かれたフレデリック・ベイカーやリチャード・アーチャーの謀殺事件の裁判がそうであったように、とくに厄介な状況で精神的責任能力が問われるような複雑な問題がからむ事件では、医師がふたたび法廷劇で注目を集めている。

「挑発の抗弁」から「自制心の喪失」へ

二〇一一年の夏、サリー・チャレンは夫リチャードの謀殺で有罪となり、二二年の最低刑期付き終身刑を宣告された。リチャードの死亡当時、ふたりは別れていたが和解の糸口を探っていた。サリーはサリー州クレイゲートの家を出ていて、二〇一〇年八月一四日土曜日はリチャードに会いに来ていた。リチャードが台所のテーブルでサリーの用意した昼食を食べていたとき、彼女はハンドバッグからハンマーを取り出すと頭を数回強く殴った。リチャードが動かなくなったのを見て、遺体をブランケットで覆い、その上に「愛してる　サリー」と書いたメモを残した。

翌朝、警察は自殺の名所で知られる崖の端に女性がいるという通報を受けて、ビーチー岬に呼び出された。女性はサリーだった。その後四時間かけて、彼女は警察に前日に台所で起きたことを話した。彼女は、リチャードがほかの女性に声をかけたり会ったりしていることを知ったという。そうした態度が三〇年の結婚生活の不当な扱いと相まって、彼女の怒りは頂点に達した。その後、ようやく崖の端から離れた彼女は、直ちにリチャードの謀殺容疑で逮捕された。終身刑を宣告されて八年が過ぎたころ、サリーは判決を不服として上訴した。上訴の理由は、ふたりの関係がつづいていたときにリチャードから受けた強制的支配の新証拠を入手したことで、添えられた診断書には、以前は未確定だったパーソナリティ障害を患っていることが記されていた。上訴は成功し、二〇一九年に謀殺の有罪判決は取り消された。控訴院は再審を命じたが、公訴局は故殺罪の訴えを受け入れ、すでに服役していた期間を理由に彼女は刑務所から釈放された。

この事件とサリーの釈放は大々的に報道され、「強制的支配」という合い言葉が人々の関心を集め、謀殺罪の新たな抗弁に加えられた。控訴院は、サリーが一五歳でリチャードと出会い、成人期のほとんどを彼の支配下で暮らしたという証言を聞いた。リチャードは結婚しているあいだ日常的にサリーを脅し、巧妙に操って服従させていて、「こうした問題は「サリーの第一審では」まったく追求されなかったか、虐待や軟禁状態といった言葉ではなく、不幸や不安という言葉で陪審員に示されていた」。強制的支配そのものが独立した刑事犯罪になったのは二〇一五年のことで、サリーの有罪が決定して四年が経過していたが、殺人法の主要部には組み込まれていなかった。控訴院はその状態が維持されていることをつぎのように確認した。

ここで覚えておくべきことは、強制的支配自体は謀殺罪に対する抗弁ではないということだ。［サリーが］利用できる唯一の部分的抗弁は挑発と限定責任能力で、強制的支配が関連するのはこのふたつの抗弁の文脈においてのみである。

控訴院がサリーの判決は充分な信用を置けないと結論づけたのは、ふたりのこれまでの関係性と、リチャードの死亡前と死亡時にサリーが双極性感情障害を患っていたことを示す新たな医療証明書が背景にあったからである。

これまでの被告人と同様、サリー・チャレンの有罪判決とその後の上訴は、家庭内暴力に関わる限定責任能力と挑発の複雑なもつれが関係していた。挑発の抗弁は、一八世紀初頭からイングランド法に組み込まれており、二〇〇九年の改正で正式に廃止されて「自制心の喪失」†に変更された。こうした徹底的な見直しは遅きに失したものであり、そもそもジョージ王朝時代の貴族たちを決闘から救い出すために作られた殺人法の要素は、もはや二一世紀の社会にはなじまないという事実をようやく認めるものでもあった。被告人がこの抗弁に依拠できるのは、被害者による深刻な暴力の脅威によって、あるいは、「過酷な状況に追い込まれた彼らが、ひどく不当な扱いを受けている［という］無理からぬ感覚になる」言動によって、自制心を失ったことが示せるときである。いまでは、昔の法律で定められていたような、自制心の喪失が突発的または一時的でなければいけないという要件はない。いわゆる「徐々に怒りがつのる」挑発がらみの事件においては、キランジット・アルワリアのような女性たちにとってこれが大きなハードルとなっていた。

また、新法は挑発の概念について、最も有害でありながらしぶとく残る神話のひとつに決然と取り組んだ。さかのぼること一七〇七年、ジョン・モーグリッジが謀殺罪で裁判にかけられたとき、ロンドン市庁法廷の裁判官は、姦通罪が謀殺を故殺に軽減する充分な理由となることを明確にした。

ある男が別の男の妻と姦通して捕まったとき、その女性の夫が姦通者を刺すか、その頭を強く殴れば、これは明らかな故殺であり、夫は嫉妬に駆られたのであって、姦通は所有物の最大の侵害となる。

時代が下るにつれ、挑発の抗弁の範囲が法廷によってしだいに狭められ、妻を寝取られた配偶者に殺害許可証が与えられるという考えは、おおむね法律から消え去った。とはいえ、法的現実はともかく、こうした考えは都市伝説として独自の生命のようなものを持つようになっていた。

一九四〇年代半ばに至ってもなお、妻ペギー謀殺の罪に問われたレナード・ホームズの裁判を、新聞は「不義の告白は謀殺罪を故殺罪に減軽するには充分な挑発だ［という］」、いわば〝ジャングルの不文律〟」だと報じた。この事件は悲しくもどこか哀れで、そこからは妻を残して第二次世界大戦で戦い、故郷に戻ってきた軍人が遭遇する最悪の恐怖がうかがえる。一九四五年一一月のある晩、レナードと妻のペギーが地元ノッティンガムのパブで呑んでいたとき、レナードはペギーを品定めするように見ていたふたりの飛行兵に腹を立てた。帰宅後、口論はひと晩じゅうつづいた。夫は妻に、出兵中に浮気していたんだろうとなじり、妻はそうだと認めた。ホームズは暖炉からハンマーを取り出すとペギーの頭を殴りつけた。

妻はしばらくもがいていたが、手遅れでどうしようもなかった。横たわって苦しむ姿を見ていたくなかったので、首に両手をまわして息をしなくなるまで押さえつけた。ほんの数秒の出来事だった。

ホームズはそれから自分の服を燃やすと、お茶を入れ、遺体のそばに座って一夜を明かした。翌朝子供たちが起きると、朝食を作って学校に送り出した。子供たちは母親が家で死んでいることにはまったく気づかなかった。その後ホームズはハダーズフィールドに出かけた。軍隊にいたころ駐在していた町だ。そこでかつて〝親密な仲〟だった地元の女性との再会を楽しんだ。数日後、家に戻ろうとしたホームズはレットフォード駅で警察に逮捕された。その前日、彼の兄がふたりの住むバンガローに立ち寄り、居間に横たわるペギーの遺体を発見していたのだ。
一九四六年二月、ホームズは裁判で謀殺の有罪判決を受け、控訴院への申し立ても却下された。だが、不実な妻の告白に駆り立てられて夫が妻を殺害するという考えは、いまだ広く受け入れられていた。ホームズは、判決が挑発に基づく故殺に軽減されるべきか審議するため、事件を確実に貴族院に付託させることができた。ホームズの事件は、一九三六年に妻ヴァイオレットの謀殺によるレジナルド・ウールミントンの有罪判決が法律貴族によって覆されて以来、初めて貴族院に上訴された謀殺事件だった。ホームズの弁護団には、当時刑事裁判所に勤める数少ない女性法廷弁護士《バリスター》のひとり、エリザベス・レーンもいて、記者団は、謀殺事件で貴族院に出席する初の女性として注目していた。*

ホームズの弁護団は、一七〇七年のモーグリッジの事件で提示された挑発の区分にまでさかのぼり、原審では挑発の問題が適切に審議されていなかったと主張した。ところが、ホームズの証言に亀裂が生じはじめた。彼は、口論の最中にペギーがハダーズフィールドの〝別の女〟を持ち出し、その罵りに怒り心頭に発した可能性が高いことを認めた。ペギーの検死解剖を行なった医師の証拠資料により、彼女が直ちに治療を受けていれば、頭の傷そのものは致命傷ではなかったことが確認された。ホームズは慈悲ある行為として絞殺したと説明したが、こうなると情け容赦なく始末した可能性が高くなる。さらに詩趣に富んだ判断として、貴族院は、満場一致で上訴を棄却したときにシェイクスピアの戯曲を引き合いに出した。

たとえデズデモーナの貞操に対するイアーゴーの当てこすりが真実だったとしても、オセロの犯罪は謀殺にほかならない……いきなり不義を［一度］告白されたからといって、謀殺が故殺に軽減されるような挑発になるわけではなく……私たちは、夫に対する妻の服従が婚姻関係の基礎と法でみなされていた時代に取り残されている……社会の進展に伴い、すべての事件において高度な自制心が求められるべきである。

だが、モーグリッジ神話はホームズの事件からかなり経ったいまも残っていて、法廷がパートナーを殺した男性を扱う際の典型例となった。二〇一八年の著書『イヴの後悔（*Eve Was Shamed*）』でヘレナ・ケネディ勅選弁護士は、多くの人がいまも、不義に基づく挑発の抗弁を

＊レーン氏は法曹界でのキャリアを通じて歴史を塗り替えつづけており、のちに女性初の勅選弁護士および高等法院裁判官に任命された。

主張して成功していると指摘した。

法廷は、夫がいわゆる「痴情に基づく犯罪」を犯すに至った、性別が強く反映された独占欲の強い態度には疑問を呈さず、男性が結婚生活で裏切られて怒りが頂点に達し、自分の行動に責任が持てなくなったことをたやすく受け入れがちであった。こうした態度は、気がかりなほど最近まで、刑事裁判所では一般的に受け入れられていた。

謀殺事件では、女性が現在または過去のパートナーに殺される可能性が圧倒的に高い。国家統計局（ＯＮＳ）が集計した二〇一九年の殺人に関する数値では、女性の犠牲者の約四〇パーセントが現在または過去のパートナーの手にかかって死亡しているのに対し、男性の犠牲者はわずか四パーセントだった。過酷な現実として、サラ・ソーントンや最近ではサリー・チャレンのように、虐待を受けた女性は謀殺罪で刑務所に入るのに対し、嫉妬に駆られた独占欲の強い男性は、パートナーを殺しても故殺で逃げおおせるのである。この問題に取り組むため、新たな「自制心の喪失」の概念では抗弁の範囲から性的な不義が明確に排除された。こうして謀殺者は、殺害を正当化するために被害者の「裏切り」に頼ることがはっきりと禁じられた。しかし、この劇的な法改正のあとも、現実は若干理論とは異なっていた。

ジョン＝ジャック・クリントンは、二〇一〇年一一月にブラックネルの自宅で別居中だった妻ドーンを殺害した。ふたりは別居してまだ日が浅く、彼は妻が家を出てからほかの男と会っているのではないかと疑っていた。ドーンにほかの男との関係を持ち出されたり、結婚生活の終わりについて馬鹿にされたりしたので、妻を殴りつけて絞め殺したと述べた。

クリントンの謀殺罪の審理で、裁判官は新たに導入された「自制心の喪失」の概念に従って、ドーンが口にしたとされる新たな男との関係を証拠資料から除外し、よって自制心の喪失の抗弁には根拠がないと判定した。クリントンは謀殺で有罪となり、控訴した。目をみはる事態の展開で、控訴院は判決が正しくなかったと判断し、ヘレナ・ケネディが指摘したように、「妻が不義を働いた証拠をこっそり取り入れる方法」を見出した。控訴院の驚くべき判断として、クリントンが主張する家庭内の出来事の大半を疑いもせず引用し、妻ドーンが死に至るまでの夫の説明は正確ではないかもしれないという可能性すら認めず、クリントンには、妻ドーンが彼に示した態度をすべて挙げて自己弁護する権利があると結論づけた。不義以外の妻の罵りは、彼女が口にしたとされる不義の文脈から切り離せなかったため、夫の自制心の喪失との関係があるとみなされなければならない。クリントンの謀殺の有罪判決は取り消され、再審が命じられた。

しかし、被告人に対する控訴院の寛大さに被告人自身が恥じ入ったらしく、再審初日、クリントンは人には明かさない事由により謀殺の罪を認め、ふたたび終身刑を宣告された。クリントンの事件における控訴院の判断は、そもそも挑発の抗弁の法改正にかなり批判的だった司法組織による、驚くべき被害者叩きだった。自制心の喪失という抗弁が導入された当時、国内最上級の判事であったフィリップス首席裁判官は、陪審が不義を挑発の根拠とみなせなくなることが「気がかり」だと述べた。背景にある状況を鑑みれば、クリントンの事件によってクローズアップされた、社会に浸透しているこの考え方もさほど驚くには当たらないのかもしれない。

殺人に関する責任の範囲を広げる根拠

分娩中のメアリ・アン・ハーディングを死亡させたとしてパーシー・ベイトマン医師が訴追されたあと、重過失故殺の概念が法律の辞書に加わるようになった。ベイトマン医師が裁判にかけられた一九二〇年代に医療従事者たちが予言した、医師の刑事訴追が殺到する事態はまだ起きていないものの、いわゆる「医療関連故殺」の事例は、過去一〇〇年にわたって重大な過失による殺人の法律の発展において重要な地位を保っている。とはいえ、医師と患者の関係に根差した臨床上のはじまりから、法廷はこの故殺区分をさまざまな状況や関係に適用してきたが、施した処置によって患者を死亡させた医師に対する訴訟は、いまも法律のこの分野の重要な特徴のひとつとなっている。

二〇〇〇年夏、戸外で休暇をすごすショーン・フィリップスが馬跳びをしていて車止めのポールの高さを見誤ったとき、膝への打撃があれほど深刻な事態になるとは思いもよらなかった。実際には膝蓋腱《しつがいけん》を損傷し、痛みはあったが、通常は命にかかわる傷とみなされることはない。六月二三日に、彼は地元のサウサンプトン総合病院で膝の修復手術を受けた。ショーンは三一歳で、膝の怪我を除けばいたって健康だった。よくある手術で、すぐに退院できるはずだった。回復期にショーンの世話を担当したのは、整形外科病棟の上級研修医のラジーヴ・スリヴァスタヴァとアミット・ミスラだった。

手術後の数日間、ショーンの手術創にとりわけ厄介な感染の症状が出た。体温が上がるにつれて血圧が下がり、下痢と吐き気に襲われた。彼を担当した看護師たちの懸念は深まっていったが、担当医はいずれも急性感染症の徴候を見逃し、気づいたときにはすでに手遅れだった。手術の四日後、ショーンは毒素性ショック症候群で亡くなった。あとに残されたのは、二歳の息子と打ちひしがれたパートナーだった。その後まもなく、地元の検死官は、ショーンの死は病院の医療体制に不備があったせいだと告発する匿名の電話を受けた。警察は調査を開始し、三年後にスリヴァスタヴァとミスラは重過失致死で起訴された。

ベイトマン医師と同様、彼らは有罪となり、懲役一八カ月の判決が下された。ただしベイトマンとはちがい、有罪判決に異議を唱えた彼らは控訴院に進んだ。ふたりの医師は、ショーンの病状の重大さに気づかなかったことは認めたが、ショーンに施した処置については、あとから考えれば満足のいくものではなかったとはいえ、重大な過失があったとはいえないと主張した。訴追側に証言する際、ひとりの鑑定人は、医学部の三年生でもショーンの症状から感染症を診断できたはずだし、平均的な親にしても、高い体温が示唆するところを理解できるだけの医療の常識を持ち合わせているはずだと語った。彼らは直ちに血液検査を命じるべきだったし、抗生物質も処方すべきだった。どちらも行なっていれば感染は抑えられた可能性が高く、毒素性ショック症候群を発症することもなかった。訴追側からすれば、ベイトマンの基準を満たす重過失の事例であることは明らかだった。控訴院は同意し、ふたりの有罪判決は妥当だと認められた。

この事件を受けて、全国医学協議会はミスラ医師を登録名簿から抹消し、スリヴァスタヴァ医師を三年間の業務停止処分にした。だが、ふたりの医師の事例はひどく厄介な氷山の一角にすぎないことがわかった。検死官への匿名の密告が引き金となって実施された捜査によって、ショーンの死をめぐる状況が、サウサンプトン総合病院の広範にわたる欠陥を示していたことが判明したのである。ミスラとスリヴァスタヴァは、整形外科病棟のお粗末な臨床診療と管理業務を端的に表していただけだった。研修医は適切な指示を受けておらず、医療スタッフ間のコミュニケーションは極端に不足していた。また数百人もの患者が病院の欠陥が直接原因で危険にさらされていることが明らかになった。サウサンプトン総合病院は、ショーンの死に関してのちに安全衛生法に基づいて訴追され、一〇万ポンドの罰金を科された。

医療訴訟はさておき、このように故殺の範囲を拡大して過失による死を含めたことこそが、最終的には法人故殺罪の道を開き、ほかの状況下の殺人についても責任の範囲を広げる根拠となった。重過失は、ヒルズボロの悲劇から生じた遅きに失した訴追の基盤であり、ようやく審理がはじまったのが二〇一九年のことで、悲劇から三〇年が経過していた。三〇年ものあいだ、スタジアムで亡くなった人々の死の責任と説明義務をめぐる論争はほぼ途切れることなくつづいていた。一九九〇年に公訴局は、犯罪が行なわれたことを示す証拠はなかったという結論に達した。犠牲者一人ひとりの死因審問は延期されたが、犯罪捜査は続行され、一九九一年三月に検死官は、悲劇で亡くなった全員について事故死の評決を下した。その後の数年間、ヒルズボロの被害者家族は死因審問の評決を覆せぬまま、審問は再開されたものの、堂々めぐりする法の論理の渦に陥った。公訴局が犯罪は行なわれなかったと結論づけたため、事故死の審問結果もそれに準じなければならなかった。それに検死官が不慮の死だと断定したのなら、犯罪捜査を再開するわけにはいかなかった。しかし長年の支援活動の末、二〇一二年に、高等法院は、もとの判決を取り消して新たな死因審問を命じた。最終的には、二〇一六年に不法な殺人という新しい評決が下されて審問は終了した。これによって、警察の新たな捜査と訴追の可能性の扉が開かれた。

新たな捜査が終了し、九五人の犠牲者に関する殺人罪が発表された。前述のとおり、スタジアムの悲劇から一九九三年のトニー・ブランドの死までに四年が経過していたため、一年と一日ルールに抵触していた。トニーの死亡当時、同ルールはまだイングランド法で有効だった。さらに二〇一九年にデイヴィッド・ダッケンフィールドは、一九八九年三月にヒルズボロの犠牲者の故殺容疑で裁判にかけられた。サウスヨークシャー州警察の本部長だったダッケンフィールドは、試合当日はスタジアムの警備指揮官をしていた。彼は試合を観戦する何万人ものサポーターを警護する義務を負っていたが、スタンドに観客を詰め込みすぎてこの義務に違反したというのが訴追側の主張だった。ダッケンフィールドは一九九〇年代にすでに被害者の親族による私人訴追を受けていたが、陪審が評決に達しなかったため失敗に終わっていた。二〇一九年の裁判では、またしてもダッケンフィールドの過失を判定することができず、陪審の解散が告げられるというほぼ同じ状況で決裂した。その年の後半に開かれた再審で彼は無罪放免となった。彼だけでなく他の誰ひとりとして、これまでにヒルズボロで亡くなった九六人の死に関して、殺人罪で有罪になった者はいない。

法人故殺罪の適用

限定責任能力と自制心の喪失の抗弁の背景にある考えは、重過失故殺の概念と同様、長年この国の殺人法の一部でありつづけてきた。とはいえ、法人故殺罪は二〇〇七年の創設時にはじつに急進的な法律だった。故殺罪が制定法に規定されたのはこのときが初めてで、殺人法が人間でない実体に適用されたのも、このときが初めてだった。しかし制定から一〇年以上が経過しても、おもにそうした状況がなかったことと、メディアをにぎわす大惨事が起きなかったために、法人故殺罪はいまだ当初の約束を果たせていない。

法人故殺の有罪判決が初めて言い渡されたのは二〇一一年のことで、コッツウォルド・ジオテクニカル・ホールディングズ・リミテッドは従業員一名を死亡させたとして有罪となった。地質学者のアレグザンダー・ライトが、同社に依頼された地盤調査の一環として、住宅開発用地で深さ一二フィート（約三・五メートル）の溝から土壌サンプルを採集していたとき、崩壊した土壁が覆いかぶさってきた。同社は三八万五〇〇〇ポンドの罰金を科された。

コッツウォルド・ジオテクニカル社のように法人故殺罪ができてから有罪となった会社の大半は、従業員一名を死亡させたとして有罪となり、しかもその多くは、一九八〇年代後半から一九九〇年代の大惨事を受けて、法改正のきっかけとなったP＆Oのような最大手ではなく、中小規模の組織だった。この新法は、「責任者」を明確にする難しさを解消する目的で制定されたものの、大量の死者を出した交通災害につづいて、一九九〇年に起きたＰ＆Ｏのフェリー事故と一九九七年のグレート・ウェスタン・トレインズ事故の無罪放免につながっており、二〇〇七年に制定された法律に基づく法人故殺の基盤は、いまだに経営層の不正または過失の立証にかかっている。この新法は、旧法で求められた制定法上の管理者よりも広い範囲の人員に目を向けているとはいえ、実際には訴追側は、大企業における第一線の業務とその経営上層部の関連性の立証に際して、これまでと変わらない数多くの困難に遭遇している。

この新たな犯罪で有罪となった大企業はまだない。裁判所が科す罰金は、被告席に着く会社の総売上高に基づいて決定されるため、有罪が決定しても科される罰金は比較的低額にとどまる。罰金の平均額は約四〇万ポンドで、これまでに故殺で一〇〇万ポンド超の罰金を科された会社は一社しかない。これに対し、二〇一七年には水道会社が淡水汚染の罪で二〇〇〇万ポンド近くの罰金を科されたが、唯一の被害者は数匹の魚だった。

法人故殺罪は一見広範囲におよぶようだが、法律の細字部分に記載された詳細事項からは、新たな体制下でも法人殺人をめぐる論争が確実につづくであろうことが見てとれる。このため、警察や軍のような組織体には訴追に対する包括的な免責がないものの、法人故殺法にはさまざまな状況でそうした組織体が故殺で訴追されないようにする重要な制約がある。南ウェールズの山脈ブレコン・ビーコンズでは、二〇一三年だけでなく二〇一六年にも、盛夏のうだるような暑さのなかで実施された陸軍行進訓練で合わせて四人の兵士が卒倒し、死亡した。明らかに危険な行為で、過去の事件の教訓を活かせなかったにもかかわらず、危険な軍事訓練による死は法人故殺罪から明確に排除されるため、国防省を法人故殺で起訴することはできなかった。行進を組織、主導した将校たちに個別の殺人罪を適用することも検討されたが、実施されなかった。

このように法改正による影響が控えめなのは、そうした状況がなかったからでもある。前述のとおり、法人故殺罪の施行以来、過去数十年間に見られた多数の被害者を出す大規模な災害は起きておらず、〈ヘラルド〉や〈マーショネス〉のように法人故殺罪に深くかかわる悲劇も起きていなかった。だがそれも、二〇一七年六月一七日未明までのことだった。

午前一時過ぎ、ケンジントンに建つ高層公営住宅グレンフェル・タワーの四階のフラット16に、出勤要請を受けた消防隊が最初に入ったとき、火元はキッチンに置かれた冷凍冷蔵庫であることがすぐに判明した。ロンドン西部に位置する二四階建ての建物内部に一二九戸のフラットを収容するタワーの防災規約には、火災が発生しても出火元の近くで消し止められるため、住民には屋内にとどまるよう指示すべきだと記されていた。だが消防隊が到着して三〇分もしないうちに、炎はキッチンの窓の外に燃え広がり、棟の東側を覆い尽くした。通りで見ていた人たちにも、フラットの窓のあいだのパネル伝いに炎が広がり、火が這うように建物の側面を上っていく様子が見えた。

グレンフェル・タワーは二四時間燃えつづけ、七二名が死亡し、家族を複数名亡くした家庭もあった。多くの人が目にした赤々と燃える建物の外壁パネルが、直ちに大火災の根本原因として特定された。外装材は非常に燃えやすく、築四〇年のタワーの改修工事を行なった一年前に取り付けられたばかりだった。二〇一九年六月、悲劇からほぼ二年後、警察は、法人故殺罪の可能性も視野に入れて火災調査を行なっており、いまなお具体的な検討が進められていると発表した。だが、グレンフェルの公開審問は火災から四年以上が経過してもまだ継続中で、潜在的責任の複雑なもつれを明らかにしている。いかなる刑事訴追も、どこに過失があるかを突き止めるために、所有者、管理組織、製造業者、建築家、プロジェクトマネジャー、請負業者、下請け業者の複雑な泥沼から慎重に導き出されなければならない。

グレンフェルの炎は、何百人もの人々が自宅にいるだけで命を危険にさらしている社会的不正義の象徴となった。たとえ何年かかろうと、刑事告発がなされないということは考えられない。この災害が法律に与える潜在的影響を分析した法学者ヴィクトリア・ローパーはこう述べた。

グレンフェル・タワーは現在の［法人故殺］法にとって、最も重要な試金石となる可能性が高い……こうした事態に対処すべく制定されたこの法律は、多数の死者を出す災害を引き起こした組織を首尾よく訴追できるだろうか？　……もし法人故殺の訴追が一切行なわれなければ、この法律は失敗とみなされる。訴追が行なわれてもうまくいかなければ、この法律は失敗とみなされる……私たちは、グレンフェルの炎で亡くなった人々のように毎年徒《いたずら》に亡くなる多くの人のためにも、完璧を期して努力する義務がある。

嬰児殺しを取り巻く法律

法人故殺罪が数十年ぶりに創設されたまったく新しい殺人罪だったのに対し、法律のより由緒ある側面のなかには、いまも法廷でその存在感を示しつづけている犯罪がある。

先に述べた嬰児殺しの罪は、産後うつに悩まされて幼子を殺害した母親を謀殺で有罪にしたがらない陪審員に対処するために、一九二〇年代にようやく法令集に記載された。以来、この罪は法律の一部になっているが、いまでは幸いなことにまれな事件となっている。しかし嬰児殺しの問題は、それを生んだヴィクトリア朝のスラム街や道徳観とともに歴史に葬り去られても、いまなお現代の殺人法でその役割を担っている。

二〇一七年六月、レイチェル・タンスティルは生まれたばかりの娘ミアを謀殺したとして有罪を言い渡された。ミアは、タンスティルがパートナーと暮らすバーンリーの家の浴室の床に密かに産み落とされた。出産直後、タンスティルはミアにハサミを突き刺したあと遺体を隠した。数日後、彼女は医師に流産したと告げたが、すぐに疑いの目が向けられた。

娘謀殺の罪に問われた裁判で、タンスティルは精神科医の医療証明書の記載を頼りにした。彼女は妊娠する数年前にアスペルガー症候群と診断され、医師は、彼女が殺害時にうつ病だけでなく統合失調症を患っていたと結論づけた。妊娠を周囲に隠して密かに出産したことで「急性ストレス反応」を伴うこれらの症状を発症し、ミアの殺害に至ったというのだ。タンスティルの弁護士たちはこの考えに依拠し、限定責任能力の抗弁、もしくは、謀殺ではなく嬰児殺しだとする評決を支持した。

嬰児殺しを取り巻く法律は、一世紀近くまえにこの犯罪が初めて設けられてから変わっていない。タンスティルは、生まれたばかりの娘を殺害したのは、出産の影響で心のバランスを失っていたためであることを証明しなければならなかった。訴追側は医療専門家の診断に異議を唱えた。裁判官は同情を示さず、この訴訟に嬰児殺しの抗弁は当てはまらないとした。タンスティルが患っていた精神障害は、それがなんであれ、既存の精神状態によって引き起こされたものであり、出産によって引き起こされたものではなかった。彼女は謀殺の有罪判決を受けて終身刑を宣告され、二〇年の最低刑期が示された。
タンスティルは、嬰児殺しの制約に関する裁判官の裁定を理由に判決を不服として上訴した。彼女の弁護団は、この裁定により、既存の精神疾患を持つ母親はそうでない母親よりも不利な立場に置かれると主張した。控訴院の裁判官は同意し、判決は覆された。嬰児殺しの法律においては、殺害のまえにメンタルヘルスの問題が背景にある場合、陪審員がその問題を考慮しないということはけっしてなかった。タンスティルの謀殺の有罪判決は破棄され、再審が命じられた。しかし彼女の勝利は長くはつづかず、二〇一九年一月に開かれた第二審ではふたたび謀殺で有罪となった。このとき陪審員には嬰児殺しの評決を検討する選択肢が与えられたが、彼らは選択しなかった。控訴院の決定について、弁護士のカレン・ブレナンとエマ・ミルンはこう述べた。

もし第一審裁判官の立場が……控訴院で支持されていれば、嬰児殺法は、まさに何よりも求められる状況に適用できなくなっていただろう。つまり、妊娠を隠してひとりで産まなければと考える、弱い立場の女性や十代の少女が関わるような状況である。

「危険な自転車運転致死」罪を導入すべきか

約一世紀前に設けられてから改正されていない嬰児殺しの罪とはちがい、一九五〇年代に道路交通法によって導入された自動車運転殺人罪は、その後数十年間で増加しており、車やバイクの運転、自転車や歩行者の急増するリスクに対処している。交通安全のリスクは、ブリジット・ドリスコルが、明らかにゆったりとした時速四マイル（約六・四キロ）で運転していた車に轢かれて以来著しく増加していて、運転には負傷したりさせたりする可能性がつきものであることが認められるようになった。一九三〇年代にウィルフレッド・アンドルーズが有罪を宣告されたあと、故殺罪が車の運転に適用されるケースはほとんどなかったが、現在では、ある種の異常な運転による致死に関連して、七つの犯罪が設けられている。なかでも知られているのは危険運転または不注意運転に関する罪だが、無保険や無免許、薬物の影響下での運転中に殺害を行なった運転手に対しては個別の罪がある。

謀殺や故殺とは異なり、運転過失致死は法律で厳格に定義されているため起訴しやすく、有罪判決を確定しやすい。危険運転はつぎのように定義されている。

［運転の基準が］有能かつ慎重な運転者に期待されるものをはるかに下まわり、有能

かつ慎重な運転者にとって、そのような運転が危険であることが明らかな［場合］。

不注意運転は、充分な注意を払わない運転と呼ばれることも多く、同じく有能かつ慎重な運転手という指標に従って定義されるが、こちらのほうが基準値は低い。危険運転致死や不注意運転致死による有罪判決は、故殺より刑が軽く、最大刑期はそれぞれ一四年と五年である。そもそも危険運転致死に個別の刑事犯罪が導入されたのは、こうした訴訟で陪審員が故殺で有罪とすることを渋りがちだったからで、近年では、別の種類の交通事故死について歴史が繰り返されている。

二〇一六年二月、キム・ブリッグズは昼休みにロンドン東部のオールドストリートを渡っていた。チャーリー・アリストンは、前輪ブレーキのない自転車に乗って時速約一四マイル（約二三キロメートル）で走行していて、道路の真ん中でブリッグズと衝突した。ブリッグズは地面に打ちつけられて頭に重傷を負い、その後病院で亡くなった。アリストンが車を運転していたのなら話は単純だったが、公訴局は何カ月も審議したのちようやく彼を起訴した。二〇一七年九月、アリストンはブリッグズの死について懲役一八カ月の刑を言い渡された。有罪判決を確定させるために、訴追人は一八六一年対人犯罪法にまでさかのぼってアリストンを起訴する罪を見つけなければならなかった。アリストンは一八六一年対人犯罪法下の犯罪である「身体的被害を引き起こす車両の……勝手気ままな、または猛烈な運転」という時代遅れの罪で有罪となった。それに代わる故殺という罪は陪審によって退けられた。

有罪が決定したあと、キムの夫マシューは法廷の外で法律が直面した問題をまとめてこう語った。

この事件は、法律が危険な自転車運転による死または重傷に対処するとき、そこに欠陥があるということがはっきりと示されている。一方では故殺に、他方では死を招く可能性にふれもしないヴィクトリア朝の法律に頼らなければいけないという現状こそが、欠陥があることを私たちに教えてくれる。キムに起きた出来事がまれだからといって、救済方法がないという言い訳にはならない。

こうしたジレンマはいまにはじまったことではない。イングランド法は二〇世紀半ばにまったく同じ問題に直面したことがあり、陪審員は交通違反の訴訟において故殺で有罪とすることを渋ったものの、そうしなければ、運転手が人を死亡させたときに、事の重大さが適切に反映されないことが明らかになった。アリストンの事件を受けて、運輸省は「危険な自転車運転致死」罪を新たに導入すべきかについて審議を開始した。同省は、新法の刑罰は運転過失致死に対する罪と一致させるべきだと提案した。審議は二〇一八年後半に終了したが、本書の執筆時点では政府による新たな情報は発表されていない。

たえず変化してきた謀殺法

四〇〇年以上前に定義されてから基本的に変わっていない犯罪にしては、謀殺は、その長く論議を呼んできた歴史を通して、じつにつかみどころのない概念であることがわかってきた。また、謀殺が放つ不気味な魅力はいまも変わらず強い。万人受けする本、映画、ポッドキャストの中核にあるのは、一見単純な犯罪で、私たちはそれをよく知っていると思い込んでいる。だがその本当の意味は、年月とともに形を変えて移ろいつづけ、社会をありのままに映し出すとともに自在に姿をゆがめ、いまなお私たちを寝るのも忘れるほど惹きつけてやまない。謀殺は、獰猛なノース人、血気盛んなジョージ王朝時代の人々、いい加減な医師、虐待された妻、不注意な会社など、連綿とつづく代々の恐怖や妄想を相手取った終わりなき競争のなかにある。

本書の冒頭に登場したメッキー・メッサー、あるいはマック・ザ・ナイフのイメージは、謀殺と聞いて私たちが思い浮かべる共通のイメージに強力な影響をおよぼしている——隅から忍び寄る影。罪なき犠牲者を突き刺してそっと立ち去る。だが誰もが知っている大好きな、あのゾクッとするフィクションよりも、事実はさらに陰惨で不可解だ。現実では、絶望的な状況で生き延びるためにリチャード・パーカーを殺害したトマス・ダドリーのような人物も謀殺者に含まれる。発砲するどころか銃には一度もふれていないのに、マイルズ巡査の命を断った謀殺者として処刑されたデレク・ベントリーもいれば、状況やタイミングが悪かった謀殺者もいる。ルース・エリスがデイヴィッド・ブレイクリーを撃つのがあと二年遅ければ、彼女の犯罪は新たに導入された限定責任能力の抗弁に基づいて故殺に軽減されていただろう。ラッセル・シャンクランドがコンクリートブロックを投げてデイヴィッド・ウィルキーを死亡させたのは、たしかに浅はかで無謀ですらあったが、この行為だけでは謀殺にならないと、シャンクランドは一貫して否認した。ほかにもキランジット・アルワリアのように、虐待関係に陥って先手を打たざるをえなくなった女性は数えきれないほどいて、その場合、最終的にどちらか一方が亡くなるのは単なる時間の問題だ。

フレデリック・ベイカーやヨークシャーの切り裂き魔や切り裂きジャックといった極悪非道な人物は、悪夢のような謀殺のイメージにぴったりで、まさに真に迫っているため、彼らの犯罪の希少性がその恐怖を減じることはない。だが本書に登場した殺人者の多くは、ただならぬ事態に見舞われ、致命的な結末を迎えることになった普通の人々である。そうした事態に対する彼らの反応は、愚かで、軽率で、ひどい判断だったかもしれない。だが、あからさまな悪意はまずなかった。法律に多大な影響をおよぼしてきた謀殺者たちは、私たちのイメージする残忍な人物像にはほど遠く、私たちとそう変わらない。

謀殺、故殺、そのふたつのあいだに横たわる断絶がニュースにならない日はない。しかし、それらに関連する法律は、いまだによく誤解され、誤って解釈されがちだ。こうした解釈の違いが、この犯罪を構成する概念に明確な定義がないために少なからず生じており、これが実際の不正義と、不正義と受け取られかねない言動を生み出している。関連する用語や犯罪には、あまりに多くの意味が盛り込まれているせいで、その意味以外のものが見えなくなりやすい。故殺の有罪判決は、それ自体が重罪というよりも、「謀殺を逃れるため」の罪とみなされることがある。故殺では終身刑も宣告されるが、たとえ受けた宣告が同じでも、終身刑というレッテルはつねに最も重要な犯罪に付される。

社会が進展するにつれて、とくに過去五〇年間で、法律はことあるごとに遅れまいと奮闘してきた。私たちはもはや、紳士らしく決闘で論争を解決したりしないが、挑発の抗弁は、いまだに現代の人間関係の現実よりも一八世紀の流儀になじんでいる。犠牲者の不義が謀殺の抗弁になる危険なフィクションをなんとか終わらせようとしても、法廷そのものに阻まれてしまう。自社の従業員や一般の人々の命を奪った会社を適切に処罰するには、包括的な法体系が必要だと政府が理解するまで何年もかかった——しかも、それすら完璧とはいえない。にもかかわらず、二〇〇〇年代前半の法律委員会の提案に沿って、殺人の下にあるほかの犯罪を同様に成文化しようとする動きは大幅に遅れている。約一〇〇〇年前の誕生以来、一〇世紀にわたる致命的な行為と法廷劇を経て、イングランドの謀殺法はたえず変化している。二一世紀以降に合うよう法律を改正するには、政治的な勇気ある行為と資本が必要だが、これ以上避けては通れない。私たちはどのようにして、また、なぜ、この最も聖書と関わりが深い罪を犯した者を有罪にするのか。この問いは、多種多様なかたちで、この先もずっと私たちの心をとらえて離さないだろう。

選択書誌および出典注記

注意：個々の事件の判決については、章別の書誌に発表年とLaw Reports（『判例集』）の項目を示す引用情報《サイテーション》を挙げておく。多くはBritish and Irish Legal Information Institute（英国およびアイルランド法情報研究所）のウェブサイト（bailii.org）で事件の名称とサイテーションを検索すれば、オンラインでアクセスできる。

全般

Allderidge, Patricia, *The Bethlem Royal Hospital: An Illustrated History*, 1995, The Bethlem & Maudsley NHS Trust

Arnold, Catharine, *Bedlam: London and Its Mad* (2009), Simon & Schuster

Birkett, Sir Norman (ed), *The Newgate Calendar* (1951), The Folio Society

——*The New Newgate Calendar* (1960), The Folio Society

Cooper, David, *The Lesson of the Scaffold* (1974), Allen Lane

Deane Potter, John, *The Fatal Gallows Tree* (1965), Elek. Books

Emsley, Clive, *Crime and Society in England 1750-1900* (1987), Longman

Flanders, Judith, *The Invention of Murder* (2011), Harper press

Grant, Thomas, *Court Number One* (2019), John Murray

Hopton, Richard, *Pistols at Dawn* (2007), Portrait

Horder, Jeremy, 'The Duel and the English Law of Homicide' (1992), *Oxford Journal of Legal Studies*, vol. 12 (3)

Kennedy, Helena, *Eve Was Framed* (1992), Vintage

—— *Eve Was Shamed* (2018), Chatto & Windus

Linnane, Fergus, *London: The Wicked City* (2003), Robson

Marr, Andrew, *A History of Modern Britain* (2007), Macmillan

Ormerod, David and Laird, Karl, *Smith, Hogan and Ormerod's Criminal Law* (2017), Oxford University Press

Stephens, Sir James Fitzjames, *A History of the Criminal Law of England*, vol. III (1883), Cambridge University Press.

Walker, Nigel, *Crime and Insanity in England*, vol. I (1968), Edinburgh University Press.

Walker, Nigel, *Crime and Insanity in England*, vol. I (1968), Edinburgh University Press

——*Crime and Insanity in England*, vol. II (1973), Edinburgh University Press

Wiener, Martin, *Reconstructing the Criminal* (1990), Cambridge University Press.

イントロダクション　汝、殺すなかれ

Ancient Laws & Institutes of England (1840), The Law Society

Bellamy, John, *The Criminal Trial in Late Medieval England* (1998), Sutton Publishing

Coke, Sir Edward, *The Third Part of the Institutes of the Laws of England* (1817 edn), W. Clarke & Sons

Homicide in England & Wales: Year ending March 2019 (13 February 2020), Office for National Statistics

Lambert, Tom, *Law & Order in Anglo-Saxon England* (2017), Oxford University Press

Robertson, A. J., *The Laws of the Kings of England from Edmund to Henry I: Part 1Edmund to Canute* (1925), Cambridge University Press.

第一章　決闘場

ジョン・モーグリッジ　JOHN MAWGRIDGE

モーグリッジの裁判の判決は、裁判官のサー・ジョン・ケリング（Sir John Kelyng）が有名な裁判の概説書である *A Report of Divers Cases in Pleas of the Crown* (1708) で報告している。モーグリッジのゲントでの逃亡・捕縛の詳細は、*A Biographical Dictionary of English Court*

Musicians 1485-1714, vol. I (2018), David Lasocki, Routledge に記されている。

ジュゼッペ・バレッティ　GIUSEPPE BARETTI

ジェームズ・ボズウェル（James Boswell）がバレッティ謀殺事件の裁判について著書 *Life of Samuel Johnson*（『サミュエル・ジョンソン伝』中野好之訳、みすず書房、二〇一一年）および、自身の日記 *The Journals of James Boswell* (1991), edited by John Wain, Heinemann で言及している。

エイブラハム・ソーントン　ABRAHAM THORNTON

大英図書館には、メアリ・アシュフォードの謀殺に関する当時の報告を編集した *Tracts Relating to the Murder of Mary Ashford* (1818-19) が所蔵されており、サットン・コールドフィールド図書館にも関連する切り抜きのコレクションがある。ナオミ・クリフォード（Naomi Clifford）は著書 *The Murder of Mary Ashford* (2018), Pen & Sword で、この事件を詳しく再調査した。

第二章　悪の狂気

アーチボルド・キンロッホ　ARCHIBALD KINLOCH

The Trial of Sir Archibald Gordon Kinloch (2019) HardPress にアーチボルドの裁判記録の

複製が収録されている。

ダニエル・マクノートン　DANIEL M'NAGHTEN

貴族院の判決は *M'Naghten's Case [1843] UKHL 16* として報告されている。リチャード・モラン（Richard Moran）は一九八一年の著書 *Knowing Right from Wrong*, Simon & Schuster でこの事件を詳しく調査した。

フレデリック・ベイカー　FREDERICK BAKER

ベイカーの恐ろしい犯罪とその後の裁判の詳細は、*The Police News Edition of the Life and Examination of Frederick Baker* と *The Police News Edition of the Trial and Condemnation of Frederick Baker* に赤裸々に語られている。

リチャード・アーチャー　RICHARD ARCHER

アーチャーの裁判の全記録は、ウェブサイト Old Bailey Proceedings Online の *Richard Arthur [sic] Prince, Killing - murder, 10th January 1898* で参照できる。

第三章　自治領の外へ

トマス・ダドリーとエドウィン・スティーヴンズ　THOMAS DUDLEY AND EDWIN

STEPHENS

コールリッジ首席裁判官の判決は *R v Dudley and Stephens [1884] All ER 61* で報告されている。公海上でのカニバリズムの法的観点と歴史については、*Cannibalism and the Common Law* (1984) by A. W. B. Simpson（University of Chicago Press）で考察されている。乗組員のファルマス到着と最初の法廷審問の詳細は当時のイヴニング・スタンダード紙および、ファルマス・パケット&コーンウォール・アドヴァタイザー紙の取材記事から抜粋した。

US v Holmes (1842) (Case No.15383) の事例はダドリーとスティーヴンズの事件の法廷で検討された。現代の事件である *Re: A (2000) EWCA Civ 254* では、緊急避難の抗弁の可能性が医療倫理の観点から再検証された。

ジョルジュ・コデール　GEORGES CODERE

国立公文書館にはコデールの裁判（HO45/25850）、獄中生活（PCOM 8/342）、釈放（PRO 30/69/229）に関するファイルがある。彼の事件の控訴院判決は *R v Codere (1916) Cr 12App R 21* で報告されている。この事件の詳細は一部、デイリー・レコード紙とハンプシャー・アドヴァタイザー紙に掲載された当時の報道から引用されている。

第四章　まかせてください、医者ではないので

パーシー・ベイトマン医師　DR PERCY BATEMAN

ベイトマン医師の事件の控訴院判決は、メアリ・アン・ハーディングの運命にまつわる陰惨な細部も含め、*R v Bateman [1925] Cr 19App R 8* で報告されている。この事件の背景情報は、ランカスター・イヴニング・ポスト紙、グロスター・シティズン紙、ウェスタン・メール紙の当時の記事から抜粋し、この事件に関する手紙の引用はブリティッシュ・メディカル・ジャーナル誌を典拠としている。

パネル医療制度の説明については、アン・ディグビー（Anne Digby）とニック・ボーザンケット（Nick Bosanquet）が 'Doctors and Patients in an Era of National Health Insurance and Private Practice', *Economic History Review*, 1988, vol. XLI(1) にまとめた。嬰児殺しの暗い歴史は、A・ハント（A. Hunt）が 'Calculations and Concealments: Infanticide in Mid-Nineteenth Century Britain', *Victorian Literature and Culture*, 2006, vol. 34(1) で論じている。勅選弁護士のマイケル・パワーズ医師（Michael Powers）は、医療関連故殺の発生を法医学会で発表した二〇〇五年の論文 'Manslaughter - How Did We Get Here?' で概説した。

レジナルド・ウールミントン　REGINALD WOOLMINGTON

貴族院の詳しい判決は、*Woolmington v DPP [1935] UKHL1* で報告されている。ヴァイオレット・ウールミントンの生と死の詳細は、バース・クロニクルとウィークリー・ガゼット、トーントン・クーリエ、リヴァプール・エコー、ウェスタン・モーニング・ニューズなど、同時代の各紙記事に見つかる。レッジのその後の運命と、ローズ・バッドの死の奇妙な一致については、ブライアン・ブロック（Brian Block）とジョン・ホステトラー（John Hostettler）が *Famous Cases: Nine Trials that Changed the Law* (2002), Waterside Press で論じた。

ウィルフレッド・アンドルーズ　WILFRED ANDREWS

致死事故の詳細はグロスター・シティズン紙とリーズ・マーキュリー紙の記事から抜粋している。貴族院の判決は *Andrews v DPP [1937] UKHL 1* で報告されている。ブリジット・ドリスコルの死の状況については、クロイドン・ガーディアン紙とバリー・フリー・プレス紙の取材記事から抜粋した。

第五章　収穫逓減とキャピタル・ゲイン

ルース・エリス　RUTH ELLIS

キャロル・アン・リー（Carol Ann Lee）の好著 *A Fine Day for a Hanging (2013, Mainstream)* では、エリスの生い立ちやデイヴィッド・ブレイクリーとの関係が詳しく描かれ、謀殺事件の裁判も鮮烈に再現されている。この事件はゴードン・ハニーコーム（Gordon Honeycombe）の *More Murders of the Black Museum, 1835-1985*(1993), Hutchinson でも取り上げられた。死後の控訴院審理の判決は *R v Ellis [2003] EWCA 3556* で報告されている。

ルネー・ダフィ　RENEE DUFFY

ジョージ・ダフィの謀殺、妻ルネーの謀殺罪裁判、この事件に対する世間の反応の詳細は、マンチェスター・イヴニング・ニューズ、リヴァプール・エコー、グロスターシャー・エコー、サンダーランド・デイリー・エコー、アバディーン・プレス・アンド・ジャーナル、ハートフルプール・ノーザン・デイリー・メール各紙の当時の報道を典拠とした。この事件の判決は*R v Duffy [1949] All ER 932* で報告されている。

デレク・ベントリー　DEREK BENTLEY

デレク・ベントリーの謀殺罪の判決を覆した控訴院の判決は、*R v Bentley (deceased) [1998] EWCA Cr 2516* で報告されており、事件の詳細の多くは控訴院の判決における包括的な議論から抜粋している。偶然の類似点が見られたアプルビーとオスラーの事件は*R v Appleby [1940] 28 Cr App R 1* で報告されている。

ジョン・クリスティ　JOHN CHRISTIE

リリントン・プレイスでの謀殺事件に関して一九六五年にダニエル・ブレイビン（Daniel Brabin）が行なった調査の報告書の縮約版が、*Uncovered Editions: Rillington Place*（1999, Stationery Office）として出版された。ルドヴィック・ケネディ（Ludovic Kennedy）による、この謀殺事件の徹底的な調査は*10 Rillington Place*(1961), Littlehampton という本に結実した。同書はティモシー・エヴァンズが誤審の被害者であると論じて、事件が再捜査されるきっかけとなり、最終的にジョン・クリスティは有罪判決を受けて処刑される。

パトリック・バーン　PATRICK BYRNE

ステファニー・ベアードの謀殺事件の捜査と、それにつづくパトリック・バーンの逮捕・裁判の詳細の多くは、バーミンガム・メール紙の事件報道から抜粋した。バーンの控訴審の判決は *R v Byrne [1960] 2 QB 396* で報告されている。

第六章 HIRAETH《ヒーライス》

ラスプーチン　RASPUTIN

ラスプーチンの殺害計画とその混乱をきわめた遂行は、ロバート・マッシー（Robert Massie）の *Nicholas & Alexandra: The Tragic, Compelling Story of the Last Tsar and His Family*(1967), Sphere（『ニコライ二世とアレクサンドラ皇后：ロシア最後の皇帝一家の悲劇』佐藤俊二訳、時事通信社、一九九七年）に記述されている。

シリル・チャーチ　CYRIL CHURCH

控訴院の判決は *R v Church [1965] EWCA Cr 1* に報告されている。事件と原審の詳細については、デイリー・ミラー紙、デイリー・ヘラルド紙、アバディーン・イヴニング・エクスプレス紙、バーミンガム・ポスト紙の報道記事から抜粋した。

アバヴァン　ABERFAN

この大惨事と原因究明調査の経緯は、一九六七年に発表された *Inquiry into the Aberfan Disaster: Report of the Tribunal appointed under the Tribunals of Inquiry (Evidence) Act*

1921 に記載されている。

ピーター・サトクリフ　PETER SUTCLIFFE

サトクリフの逮捕の状況と、ヨークシャーの切り裂き魔連続殺人事件に関する警察の捜査は、*The Yorkshire Ripper Case: Review of the Police Investigation of the Case by Lawrence Byford Esq. CBE QPM, Her Majesty's Inspector of Constabulary*(1982) で包括的に取り扱われている。この報告書は Byford Report と呼ばれ、政府は二〇〇六年にようやく公表した。詳細については、ガーディアン紙の当時の事件報道からも抜粋した。

この事件は、二〇〇九年に発行された犯罪学者デイヴィッド・ウィルソン（David Wilson）の著書 *A History of British Serial Killing*, Sphere に記載されている。サトクリフの裁判における限定責任能力の抗弁については、彼の刑罰を再検討した高等法院と控訴院の判決で述べられ、*R v Coonan (formerly Sutcliffe) [2010] EWHC 1741 QB* および *R v Coonan (formerly Sutcliffe) [2011] EWCA Cr 5* に報告されている。

レジナルド・ハンコックとラッセル・シャンクランド　REGINALD HANCOCK AND RUSSELL SHANKLAND

全国紙はデイヴィッド・ウィルキーの悲劇的な死を大々的に報道した。その詳細と引用は、サンデー・ミラー紙、ニューカッスル・ジャーナル紙、アバディーン・プレス・アンド・ジャーナル紙、リヴァプール・エコー紙から抜粋している。貴族院による訴訟の判決は *R v Hancock and Shankland [1985] 2 WLR 1014* に報告されている。マシュー・ダイソン

(Matthew Dyson) は、二〇一五年に発表した研究論文 'Hancock and Shankland [1986] AC 455', *University of Cambridge Legal Studies Research Paper Series (Paper Number 59/2015)* で、この事件を広範にわたる法的・政治的状況も含めて取り扱っている。この犯罪審議におけるトニー・マーロウ（Tony Marlow）下院議員の修辞疑問は国会議事録 *vol.82 (4 July 1985)* に報告されている。

アリスター・モローニー（Alistair Moloney）とアンソニー・カニンガム（Anthony Cunningham）の訴えは *R v Moloney [1985] 1 AC 905* と *R v Cunningham [1982] AC 566* に報告されている。

第七章　鏡に口紅

ブリッジウォーター・フォー　THE BRIDGE WATER FOUR

ポール・フット（Paul Foot）がカール・ブリッジウォーターの殺害について記述した *Murder at the Farm: Who Killed Carl Bridgewater?* (1986), Penguin では、法医学的観点の詳細から事件を扱い、事件を控訴院に付託できたものの、控訴院では退けられた。庶民院における同事件の討論は、国会議事録の *28th February 1996 (vol. 272, pp. 819-842)* に報告されている。その後、彼らの有罪判決を覆した一九九七年の控訴院の判決は *R v Hickey [1997] EWCA Cr 2028* に報告されている。

バーミンガム・シックス　THE BIRMINGHAM SIX

パブ爆破事件の説明は控訴院の詳細にわたる判決に基づいており、*R v McIlkenny [1991] EWCA Cr 2* に報告されている。訴訟によって巻き起こった論争に対処するため、一九九三年に *the Report of the Royal Commission on Criminal Justice (Cm2263)* が発表された。

キランジット・アルワリア　KIRANJIT AHLUWALIA

訴訟の詳細の大半は、キランジット・アルワリア（Kiranjit Ahluwalia）がラヒーラ・グプタ（Rahila Gupta）と共同執筆した自叙伝 *Provoked* (2007), HarperCollins より抜粋している。控訴院の判決は *R v Ahluwalia [1992] EWCA Cr 1* に報告されている。

サラ・ソーントン　SARA THORNTON

サラ・ソーントンの訴訟における控訴院のふたつの判決は *R v Thornton [1991]* および *[1995] EWCA Cr 6* に報告されている。

第八章　法人

パイパー・アルファ　PIPER ALPHA

北海で起きたこの事故の説明はおもに、一九九〇年一一月の調査報告書 *Department of Energy: Public Inquiry into the Piper Alpha Disaster (Cm. 1310)* から抜粋しており、悲劇の生存者たちの多くの目撃証言が記載されている。パイパー・アルファの事故から二〇年目の節目に行なわれた庶民院の審議については、国会議事録の *2nd July 2008 (Column 233H)* に報告されている。また、クラパムジャンクション駅の鉄道事故に関するアンソニー・ヒドゥン勅選弁護士の一九八九年一一月付の報告書も参照している。

ヘラルド・オブ・フリーエンタープライズ　HERALD OF FREE ENTERPRISE

運輸省の災害に関する報告書 *The Department of Transport's Report No. 8074* には、この大惨事の詳細にわたる調査と原因が記述されている。事故の余波と、結果として生じる法的手続きに関する詳細情報は、アバディーン・プレス・アンド・ジャーナル紙、ダンディー・クーリエ紙、リーディング・イヴニング・ポスト紙、サンドウェル・イヴニング・メール紙の報道記事から抜粋している。Ｐ＆Ｏに対する故殺の訴追を認める裁判所の決定は *R v P&O European Ferries Dover Ltd [1991] 93 Cr App R* に報告されている。

コーリー・ブラザーズ社に対する訴訟の判決は *R v Cory Bros & Co Ltd [1927] 1 KB 810* に報告されており、ブリンモア・ジョンの死に関する詳細は、ベルシル・スピーカー紙、シェフィールド・デイリー・テレグラフ紙、ポーツマス・イヴニング・ニューズ紙、ダービー・デイリー・テレグラフ紙の当時の報道記事から抜粋している。

ヒルズボロ　HILLSBOROUGH

トニー・ブランドの悲劇的な事件の詳細は、*Airedale NHS Trust v Bland [1993] AC 789* の法廷の判決で広範にわたり取り扱われている。一年と一日ルールの歴史については、D. E. C. Yale in 'A Year and a Day in Homicide', *Cambridge Law Journal*, 1989, vol. 48(2) で論じられた。

サウスヨークシャー州警察を相手取った人身被害の賠償請求は *Alcock v Chief Constable of South Yorkshire Police [1992] 1 AC 310* および *White v Chief Constable of South Yorkshire [1999] 2 AC 455* に報告されている。

サウソール列車事故　SOUTHALL RAIL CRASH

法人故殺に適用される同一視の原則を確認する裁判所の判決は *Attorney-General's Reference 2/1999 [2000] EWCA Cr 91* に報告されている。事故と棄却された訴追の詳細は、ガーディアン紙に掲載された訴訟の報告書から抜粋している。法人故殺法案に関する内務特別委員会の追加報告書は二〇〇五年一二月に発表された。

第九章　謀殺：手引き

法律委員会　LAW COMMISSION

殺人法を徹底的に見直すための法律委員会の提案書は *Consultation Paper No. 177: A New Homicide Act for England & Wales?* とつぎの *Report No. 304: Murder, Manslaughter & Infanticide* で論じられた。政府のやや粗略な反応については、二〇一一年一月二四日付の司法省の *Report on the Implementation of Law Commission Proposals* に記載されている。

限定責任能力　DIMINISHED RESPONSIBILITY

限定責任能力の抗弁の改正については、R・マッケイ（R. Mackay）とバリー・ミッチェル（Barry Mitchell）の記事 'The New Diminished Responsibility Plea in Operation: Some Initial Findings', *Criminal Law Review*, 2017, vol. I で論じられた。

サリー・チャレン　SALLY CHALLEN

訴訟の詳細の大半は *R v Challen [2019] EWCA Crim 916* に報告された控訴院の判決から抜粋している。

レナード・ホームズ　LEONARD HOLMES

訴訟の説明はノッティンガム・イヴニング・ポスト紙、ノッティンガム・ジャーナル紙、ランカシャー・イヴニング・ポスト紙、リンカンシャー・エコー紙、デイリー・ヘラルド紙、ダービー・デイリー・テレグラフ紙の当時の報道記事に基づいている。

ジョン＝ジャック・クリントン　JON-JAQUES CLINTON

訴訟の判決は *R v Clinton [2012] EWCA Crim 2* に報告されている。挑発の抗弁の改正についてのフィリップス首席裁判官（Lord Chief Justice Phillips）の見解はインディペンデント紙（二〇〇八年一一月七日付）に報告されている。

ラジーヴ・スリヴァスタヴァとアミット・ミスラ　RAJEEV SRIVASTAVA & AMIT MISRA

この訴訟の判決は *R v Srivastava & Misra [2005] Cr App R 328* に報告されている。

法人故殺法　CORPORATE MANSLAUGHTER AND CORPORATE HOMICIDE ACT 2007

新たな法人故殺罪の影響については、ヴィクトリア・ローパー（Victoria Roper）が 'The Corporate Manslaughter and Corporate Homicide Act 2007 – A 10-Year Review', *Journal of Criminal Law*, 2018, vol. 82(1) で論じている。

レイチェル・タンスティル　RACHEL TUNSTILL

この訴訟の判決は *R v Tunstill [2018] EWCA Cr 1696* に報告されており、訴訟についてはカレン・ブレナン（Karen Brennan）とエマ・ミルン（Emma Milne）によって 'Infanticide: Guarding against Harshness', *New Law Journal*, 2019 にて考察が行なわれた。

チャーリー・アリストン　CHARLIE ALLISTON

この訴訟の詳細と政府の対応については、ガーディアン紙に掲載された記事の追加の見解と、ローラ・トマス（Laura Thomas）による運輸省の二〇一八年発行の *Cycle Safety Review Report* から抜粋した。

用語解説 GLOSSARY

アクトゥス・レウス *Actus reus*：イングランド刑法で禁止される犯罪行為で、罪を犯す精神状態（メンズ・レア *Mens rea* 参照）と組み合わされると、刑事犯罪の実行が立証される。すべての殺人罪のアクトゥス・レウスは、他人を不法に殺害することである。

イングランド法提要 Institutes of the Laws of England：一六世紀にサー・エドワード・クックが著した法律の教科書。

ウォンズワース刑務所 HMP Wandsworth：南ロンドンのウォンズワースにある男子刑務所。過去の収容者には、一九五三年に処刑されたデレク・ベントリーがいる。

贖罪金《ウァーギルド》（賠償《ボート》も参照） *Wergild*：アングロサクソン法では、個人の命につけられた価格で、その人物が殺された場合、殺人者が遺族に賠償《ボート》として支払わなければならなかった。

オールド・ベイリー（中央刑事裁判所も参照） Old Bailey：フリート・ストリートとラドゲイト・ヒルのあいだにあるロンドンの街路で、中央刑事裁判所の所在地。この裁判所自体も一般にオールド・ベイリーと呼ばれる。

危険運転致死　Death by dangerous driving：有能かつ慎重な運転者に期待される水準をはるかに下まわる運転が原因の死に関連した自動車運転殺人罪。一九五〇年代の道路交通法に基づいて創設された。

貴族院（最高裁判所も参照）　House of Lords：二〇〇九年まで、貴族院はイングランドの最高上訴裁判所という司法上の権能も担い、控訴院から付託された事件を審理できた。この機能はその後、新設された最高裁判所に引き継がれている。

共同企図　Joint enterprise：他人の犯罪行為を幇助した者は、直接手を下した者と同程度に罪を犯したものとして扱われる法原理。

刑事事件再審委員会　Criminal Cases Review Commission（CCRC）：一九九〇年代に設立された法定機関で、潜在的な誤審を調査し、妥当な場合は控訴院に事件を付託する。

刑事留保問題付託裁判所　Court of Crown Cases Reserved：一八四八年、議会によって設立された刑事留保問題付託裁判所は、刑事上の有罪判決を審査して覆すことができる唯一の機構だった。この裁判所への付託は、元の裁判官がその選択をした場合にのみ可能で、被告人に控訴権はなかった。一九〇八年、この裁判所に代わって刑事事件を扱う控訴院が新設されている。

決闘裁判　Wager of battle：刑事裁判の被告人が、裁判官と陪審員の前で弁明するのではなく、戦闘で裁かれることを選択する往古の権利。被告人が告発者に勝った場合は無罪となる。この考え方から大きな影響を受けたデュエル（決闘）の慣習が、一六世紀から一九世紀にかけて英国およびヨーロッパで流行した。決闘裁判を選択する権利は一八一九年、エイブラハム・ソーントンの裁判を受けて廃止された。

検死官（死因審問も参照）　Coroner：不自然な死や原因不明の死、国営の拘禁施設（刑務所など）で発生した死を調査し、死因を明らかにするために任命された裁判官。

限定責任能力　Diminished responsibility：謀殺罪に対する部分的抗弁で、殺人者の精神機能の異常性により、自身の行動への責任が限定されることに基づくもの。陪審に認められれば、限定責任能力により謀殺罪が故意故殺罪に軽減される。

故意故殺　Voluntary manslaughter：意図的な殺人で、謀殺に分類されるのは、被告人が限定的な責任能力や挑発／自制心の喪失といった部分的な抗弁に頼ることができない場合である。

控訴院（最高裁判所も参照）　Court of Appeal：イングランドおよびウェールズにおける第二の上級裁判所。刑事事件では、刑事法院の裁判での有罪判決や刑罰に対する控訴を審理する。控訴院の判決は、さらに最高裁判所（かつては貴族院）に上訴できる。

公訴局長官　Director of Public Prosecutions（DPP）：公訴局の長にして国内最上級の検察官であり、すべての刑事事件を最終的に監督する。公訴局長官は、政府の首席弁護士である法務長官に直属する。

合理的な疑いを超えて　Beyond reasonable doubt：陪審員が被告人の罪を確信し、刑事犯罪の有罪判決を下すための基準。現代のイングランド法では、これは事実上の有罪確定に相当する。

国王の慈悲大権　Prerogative of mercy：刑事犯の有罪判決を受けた者を君主は赦免できるとする慣習。死刑が廃止されるまえは、死刑判決を禁固刑に減刑することも可能とされた。現代では、この大権の行使は内務大臣に委ねられている。

故殺　Manslaughter：イングランド法における殺人の第二分類で、謀殺の下位に置かれる。意図的でない殺人（非故意故殺）と、部分的抗弁の対象となる意図的な殺人（故意故殺）が含まれる。

最高裁判所（貴族院も参照）　**Supreme Court**：二〇〇九年に設立されたイングランドの最高裁。控訴院の判決に対する上告を審理し、それまで貴族院が担っていた司法機能を代替している。

殺人　Homicide：不法に人を殺す行為の総称。

死因審問（**検死官も参照**）**Inquest**：検死官が調査中の死に関する証拠を検討する法廷審問。

自制心の喪失（**挑発も参照**）**Loss of control**：自制心を失って人を殺した場合の、謀殺に対する部分的抗弁。自制心喪失の原因は、深刻な暴力行為に対する恐怖、または過酷な状況に追いこまれた犯人の、ひどく不当な扱いを受けているという無理からぬ感覚でなくてはならない。この抗弁は二〇〇九年に法律に導入され、長く定着していた挑発の抗弁に取って代わった。

重過失故殺（**非故意故殺も参照**）**Gross negligence manslaughter**：非故意故殺の一カテゴリーで、被害者に対して負うべき注意義務に殺人者が著しく違反したために死亡したもの。

巡回裁判　Assizes/Assize Court：裁判官が全国を巡回し、各カウンティにおける重大な犯罪を裁く周期的な法廷で、中世以降、通常年二回開かれていた。一九七二年に廃止され、代わって刑事法院が設置されている。

女王／国王陛下の御意　Her/His Majesty's Pleasure：定期的に見直される不確定の拘禁刑。未成年者や精神障害の犯罪者など、そのまま終身刑を科すことが適切でない場合に用いられる。そのような場合、被告人は「女王／国王陛下の御意のままに」拘禁されることを命じられる。

心神喪失の抗弁（マクノートン準則も参照） Insanity defence：被告人が心神喪失であることを理由に、刑事責任を問われて無罪を申し立てること。心神喪失が認められた場合、女王／国王陛下の御意のままに、刑務所ではなく精神医療施設に拘禁される。犯罪者の心神喪失を判定する基準は、マクノートン準則に基づく。

聖職者の特権 Benefit of clergy：聖職者を謀殺などの死刑に値する刑事犯罪から免除する慣習。時とともに貴族や識字者にも適用されるようになった（これは宗教的な職業に就いていることの一応の証拠として認められた）。この特典を用いることは謀殺と故殺との初期の境界設定に役立った。

正当防衛 Self-defence：殺人者による力の行使が物理的な脅威から身を守るためだったことを根拠とする抗弁。立証されれば、正当防衛は謀殺罪に対する完全な抗弁となるが、被告人は用いた力と脅威のつり合いが取れ、その力を用いることが合理的な状況だったと証明しなければならない。

第一級謀殺（米国） First-degree murder（United States）：米国の大半の管轄区域における殺人の最高位の分類。通例、意図的な殺害に関連づけられる。

血の法典 Bloody Code：一八世紀から一九世紀にかけて発布された、多くの軽犯罪を含むさまざまな刑事犯罪に死刑を科す一連の法令の名称。

中央刑事裁判所（**オールド・ベイリーも参照**） **Central Criminal Court**：ロンドンの街路オールド・ベイリーにある刑事法院の建物。この裁判所はグレーターロンドン地域の刑事裁判の審理に加え、国じゅうの主要な刑事裁判にも、とくに被告人が地元の裁判所では公正な裁判を受けられないおそれがある場合や、より高度なセキュリティが求められる場合に使用される。

挑発（**自制心の喪失も参照**） **Provocation**：突然の一時的な自制心喪失による謀殺罪を、被害者の犯人に対する行動に誘発されたとする部分的抗弁。二〇〇六年、新たに定められた自制心の喪失という抗弁に取って代わられた。

道路交通法 **Road Traffic Acts**：一九五〇年代以降に制定された一連の法律で、危険運転致死罪などの自動車による殺人も含め、あらゆる側面から運転や道路使用について規制するもの。

パークハースト刑務所 **HMP Parkhurst**：ワイト島にある厳重警備の刑務所。元囚人にカナダ人兵士のジョルジュ・コデールがいる。

非故意故殺 **Involuntary manslaughter**：意図的ではない殺人で、殺人者の不法な行為または重大な過失によって死が引き起こされたもの。

ブロードムア病院　Broadmoor Hospital：一八六四年にバークシャー州に開設された重警備の精神科病院。犯罪狂人向けの初の国営精神病院を目的に建設された。

ベスレム王立病院（ベドラムも参照）　Bethlem Royal Hospital：一二四七年、ロンドンのビショップスゲイトに設立された世界最古の精神科病院。現在はグレーターロンドンのベカナムにあるが、歴史上、ムーアフィールズやサザクを拠点としたこともあり、いわゆる犯罪狂人を心神喪失の評決後に専門病棟に収容していた。病院の臨床医は、一九世紀の謀殺事件裁判で被告人の正気度が問われる場合、専門家証人として呼ばれることが多かった。

ベドラム（ベスレム王立病院も参照）　Bedlam：ベスレム王立病院の歴史的な通称で、やがて精神病院および精神障害者施設の総称となった。この言葉はその後、一般的な混沌や騒動を表す英語になる。

謀殺　Murder：イングランド法で最も重い殺人罪。他人を死亡させ、かつ、その人を殺害する、または、重大な身体的危害を加える意図があった場合、謀殺罪に問われる。謀殺の有罪判決では、終身刑が必須の量刑となる。

謀殺私訴　Appeal of murder：ノルマン時代からつづく法理で、謀殺の被害者の家族が、裁判で無罪となった人物をさらに起訴できるというもの。ほとんど使われず、消滅したものと長く思われていたが、エイブラハム・ソーントンの裁判を受けて一八一九年に正式に廃止された。

賠償《ボート》（贖罪金《ウァーギルド》も参照）　*Bot*：アングロサクソン法で、殺人者が被害者の親族に支払うよう義務づけられた補償。被害者の個々の *wergild*（贖罪金）に応じて計算された。

ホロウェイ刑務所　HMP Holloway：ロンドン北部のホロウェイにあった刑務所。ヴィクトリア期に建設され、大半の期間は女子刑務所として使用され、収容者のひとりルース・エリスは、一九五五年にこの刑務所で処刑された。二〇一六年に閉鎖されている。

マードラム　Murdrum：エドワード懺悔王の時代に制定された法律で言及されている往古の殺人罪。これに関わるのは密かな殺害で、賠償《ボート》の支払いではなく、死刑に値した。

マクノートン準則　M'Naghten rules：被告人が心神喪失の抗弁に頼れるか否かの判断に際して裁判所が適用する基準。この準則により、被告人は、心の病を患っていて、自分が何をしているか理解できない、あるいは、自分が何をしているかは理解できても、それが間違っているとは気づかないと証明することを求められる。この準則の名称は、一八四三年に心神喪失を理由に謀殺罪を免れたダニエル・マクノートンに由来する。

メンズ・レア　Mens rea：犯罪意図。刑事犯罪の実行を立証するには、アクトゥス・レウス（犯罪行為）とともに証明しなければならない。謀殺罪の場合、求められるメンズ・レアは、殺害する、または重大な危害を加える意図である。

モード／モードー　Mord/Mordor：イングランド法における殺人カテゴリーの最古の分類で、密かな殺人を指す。

ランプトン病院　Rampton Hospital：ノッティンガムシャー州にあった重警備の精神科病院。開院は一九一二年で、一八六四年開設のブロードムアにつづき、二番目に建設された国立の精神異常犯罪者専用施設だった。

＊　＊　＊

一八〇〇年犯罪狂人法　Criminal Lunatics Act 1800：心神喪失を理由に無罪とされた被告人の無期拘禁を可能にした法律。この法律は一八〇〇年、ジェームズ・ハドフィールドによるジョージ三世暗殺未遂の裁判をきっかけに可決された。

一八六一年対人犯罪法　Offences Against the Person Act 1861：殺人を含む対人暴力犯罪の大半を規定した法律。死刑の適用を謀殺のみに限定した。

一九二二年嬰児殺法　Infanticide Act 1922：嬰児殺しという犯罪を創設した法令。この殺人罪は、出産の影響で精神のバランスが崩れ、生後一二カ月未満のわが子を殺した女性にのみ適用される。この法律はそのような女性に謀殺罪で死刑を宣告する過酷さの軽減を目的としていた。

一九五七年殺人法　Homicide Act 1957：二〇世紀半ばに謀殺法を改正した法律。挑発の抗弁を成文化し、限定責任能力の抗弁を創設するとともに、謀殺事件における極刑の適用を修正した。

一九六五年謀殺（死刑廃止）法　Murder (Abolition of the Death Penalty) Act 1965：謀殺事件（当時は唯一の死罪）の死刑執行を五年間停止した制定法。執行停止は一九六九年に国会で恒久化された。

一九七四年労働安全衛生法　Health and Safety at Work Act 1974：雇用主や企業に従業員や一般市民の健康、安全、福利を確保する法定義務を課した法律。この法律により設立されたのが安全衛生庁（Health and Safety Executive）、この国の安全衛生を規制・施行する法定機関である。

二〇〇七年法人故殺法　Corporate Manslaughter and Corporate Homicide Act 2007：英国法に法人故殺罪を導入した制定法。同法のもと、企業はその活動の管理や組織化が、被害者に負うべき注意義務に著しく違反した結果として、人を死亡させた場合、罪に問われる。

謝辞

二〇二〇年が最初の本を書くのに最適な年だったのか最悪の年だったのか、まだ決めかねている。家ですごすよう強いられたことで気が散ることも減り、本書の大半は屋根裏の書斎で小さなダックスフントだけをお供に書かれた。春には、長い夏に取材旅行や図書館通いをするという計画が完全に頓挫するのではないかと心配した。それでもまた軌道に乗ることができたのは、大英図書館と国立公文書館のスタッフに負うところが大きい。彼らはひとりの例外もなく助けになってくれ、マスクをつけていても親しみやすい人たちだった。ウォルヴァーハンプトン図書館、サットン・コールドフィールド図書館、ロー・ソサエティ図書館のスタッフのおかげでもある。バーミンガム図書館のスタッフも我慢強く、マイクロフィッシュマシンの使い方を説明して、実演して、また説明してくださり、たいへんお世話になった。

この本に登場するさまざまな事件について、私の質問に答えてくださった方々に感謝している。ジェイン・ハーストはファニー・アダムズの物語について見識を示してくれ、デイヴィッド・グリーンはフレデリック・ベイカーの裁判に関する自著に向けた調査について惜しみなく時間を割いてくれた。ベスレム王立病院のデイヴィッド・ラックには、ダニエル・マクノートンの記録を探すのに貴重な力添えをいただき、ソフィーは同病院の示唆に富む〈心の博物館〉の魅力的なツアーに案内してくれた。ハワード・ワトソンには、法人故殺に関する記述に専門家の目を通してもらい、とても有益なフィードバックを頂戴した。もとより、間違いがあればすべて私自身の責任だ。

この本が生まれたのは、最高のエージェント、ユアン・ソーニクロフトがいたからこそで、彼はまさに最初からこの本を〝買って〟くれ、出版に向けて巧みに導いてきてくれた。ビル・ハミルトン、ジェシカをはじめとするA・M・ヒースのチームのみなさんにも感謝している。マッドラークとハーパーコリンズでは、わが辣腕編集者ジョエル・シモンズがこの本のために疲れ知らずで働きつづけ、いつもこれ以上ない手際のよさで、最初のミーティングのときからこのプロジェクトに揺るぎない情熱を傾けてくれた。ホリー・マクドナルドはカバーデザインをすばらしく不気味に仕上げ、イザベル・プロジャーとジュリー・マクブレインは効果的な広報とマーケティングキャンペーンを指揮してくれた。また、この作品に命を吹き込み、制作を進めてくれたサラ・ハモンドと、細心の注意を払って原稿を整理してくれたマーク・ボランドにも感謝している。オーディオ版を制作してくれたフィヌーラ・バレットにもお礼を言いたい。

足繁くカフェに通い、即席のドイツ語翻訳サービスというかたちで精神的なサポートをしてくれた友人のティアラと、ジャケットの著者近影を撮ってくれたダン・マクレインにも感謝を。両親のスー&トニーへ——いつもいろいろとありがとう。とくに読書好きになるきっかけをつくってくれたこと、ついには自分の本を書こうと思うようになりました。ほかにも関心とサポートを寄せてくれた家族のみんな。チャール&アンドルー、スティーヴ&ジュリー、ベック、グレン、イーファ&フィン、そして華やかなおばあちゃんたち、フリーダ、ナンシー&メイベル。二〇二一年はもう少しおたがいの顔を見られたらいいなと思います。

最後に、私のすばらしい夫ジェームズに——夕食をつくり、犬の散歩をして、アベリストウィスと家を車で往復して私が海辺でひとり仕事ができるようにし、何杯もお茶を淹れ、おまけに私の原稿をチェックして写真を撮り、批評して、会う人全員に妻が本を書いていると伝えてくれたこと——ありがとう、あなた《バープ》。

訳者あとがき

「ハメットはヴェネチア花瓶から殺人を取り出して、路地にころがした」（レイモンド・チャンドラー「むだのない殺しの美学」村上博基訳『トラブル・イズ・マイ・ビジネス』所収）が、本書の著者ケイト・モーガンはそれを四世紀の決闘場に戻し、さらに二〇世紀のサッカースタジアムや二一世紀の高層公営住宅に放り込んだのかもしれない。

ひと口に〝殺人〟といっても、本書の主な舞台となる英国の法律では、人間を殺害する行為全般を「殺人（homicide）」と呼び、計画的犯意のある殺人を「謀殺（murder）」、計画的犯意のない殺人を「故殺（manslaughter）」というカテゴリーに分ける（日本でも旧刑法ではこのふたつに分類されていた）。これに加え、下位分類として交通事故による死や法人による殺人があり、いずれの事例にも容赦なく切り込んでいくところに本書の真骨頂がある。

まずはもっとも重大で、かつ人々を魅了してやまない犯罪、murder の意味を語源から掘り下げ、一七世紀に法学者サー・エドワード・クックが記した「謀殺」の定義を確認する。つづいて一八世紀のロンドン塔の衛兵による塔長官代理刺殺や、サミュエル・ジョンソン博士の友人だったイタリア人作家によるポン引き殺害などを取り上げるが、俎上にのせるのは猥雑な三面記事的興趣を感じさせる事件にとどまらない。紀元四世紀のブルグンド王国で発祥したとされる決闘裁判の歴史を振り返り、心神喪失が鍵を握った猟奇的な幼女誘拐殺人、難破船が招いたカニバリズム、杜撰な医師による妊婦の死、数々の娯楽作品を生んだルース・エリスの痴情沙汰や処刑されたデレク・ベントリーの冤罪疑惑を経て、二〇世紀の企業の姿勢が問われたマーサーヴェール炭鉱事故、サッカーファンのあいだでいまも語り継がれる九五名の死者を出したヒルズボロの悲劇まで、ときに陰惨な、謎に包まれた古今の事件を探り、一八、一九世紀の犯罪目録といえる『ニューゲイト・カレンダー』や裁判記録、事件当時の新聞記事、あるいはポップカルチャーの作品を参照、引用しながら、社会の移り変わりやそれを契機とする法律の改正を追いかけ、世相や殺人の真相を浮き彫りにしていく。

陪審制や判例法主義のため、英国（主にイングランドとウェールズ）では裁判を通じて法が発展させられ、ルールや犯罪が導入、規定される側面が色濃い。伝統を重んじて歴史的継続性を保ちつつ、判決に時代が映し出される一方で、裁判結果が世論に影響を与え、両者は手に手を取りあうように変化していく。その姿を詳らかにする本書には、殺人と法という観点から見た、英国の社会史といった趣さえある。

著者ケイト・モーガンは二〇〇八年に事務弁護士の資格を取得後、長年にわたり水道業界で社内弁護士を務めるかたわら、*Commercial Litigation Journal* をはじめとする法律誌や季刊文芸誌 *Slightly Foxed* に寄稿してきた。本書 *Murder: The Biography* が著作第一作となる。

翻訳にあたっては、イントロダクションから五章までと「用語解説」「謝辞」を近藤、六章から九章を古森が担当し、「選択書誌および出典注記」については、担当の各章に対応した部分をそれぞれが訳出した。自身、法律家である著者の意図を汲み、専門性と大衆性のバランスをとりながら冷酷な事件を淡々とつづる筆致を活かせたかどうか、陪審の評決を待ちたい。

二〇二一年九月、本書でも取り上げられている、前年一一月に絶命したピーター・サトクリフの死因が、検死審問により明らかになった。収監後、持病で入退院をくりかえした〝ヨークシャーの切り裂き魔〟にとどめを刺したのは、新型コロナウイルスだった。刑務所内の隔離規定を無視した結果というわけだが、本書に描かれたように、謀殺や故殺、過失致死の枠組みは時代や社会とともに変化してきたのだとすると、世が世ならここに何かしらの過失がからみ、一種の〝殺人〟に分類される可能性もあるのだろうか？　安楽椅子弁護士の出番である。

二〇二三年七月

近藤隆文

著者略歴

ケイト・モーガン

Kate Morgan

2008年に事務弁護士の資格を取得。長年にわたり水道業界で上級社内弁護士を務め、現在はカンパニーセクレタリーとして企業の法務や管理業務に携わる。その傍ら、*Commercial Litigation Journal*をはじめとする法律専門誌に執筆し、季刊文芸誌*Slightly Foxed* に寄稿してきた。*Murder: The Biography*（本書『殺人者たちの「罪」と「罰」』の原書）は著書第一作。

訳者略歴

近藤隆文（こんどう・たかふみ）

翻訳者。一橋大学社会学部卒業。主な訳書に、マクドゥーガル『BORN TO RUN 走るために生まれた』、フォア『ものすごくうるさくて、ありえないほど近い』（以上NHK出版）、ネスター『BREATH: 呼吸の科学』（早川書房）、マカナルティ『自閉症のぼくは書くことで息をする:14歳、ナチュラリストの日記』（辰巳出版）、スピーノ『ほんとうのランニング』（木星社）など。

古森科子（こもり・しなこ）

翻訳者（英日・日英）。日本大学国際関係学部卒業。AFS第35期生として米国オレゴン州に留学。社内翻訳者を経て、2008年よりフリーランス翻訳者。共訳書：『【閲覧注意】ネットの怖い話 クリーピーパスタ』（早川書房）。翻訳者グループ「自由が丘翻訳舎」の一員。

［口絵写真］

P4 下：著者提供
P6 上：著者提供
P6 下：著者提供
P7 上左：Photo by Keystone / Staff / Getty Images
P7 上右：John Twine / ANL / Shutterstock
P7 下左：PA Images / Alamy Stock Photo
P7 右左：PA Images / Alamy Stock Photo
P8 上：PA Images / Alamy Stock Photo
P8 下：Roberto Pfeil / AP / Shutterstock

殺人者たちの「罪」と「罰」
イギリスにおける人殺しと裁判の歴史

2023年11月6日 第1刷発行

著　者　ケイト・モーガン

訳　者　近藤隆文 古森科子

装幀者　木庭貴信＋青木春香（オクターヴ）

発行者　碇 高明

発行所　株式会社 草思社
〒160-0022 東京都新宿区新宿1-10-1
電話 ［営業］03（4580）7676
［編集］03（4580）7680

本文印刷　株式会社三陽社

付物印刷　株式会社平河工業社

製本所　大口製本印刷株式会社

編集協力　品川 亮

ISBN978-4-7942-2667-9 Printed in Japan 検印省略